वाणी प्रकाशन ग्रुप

भारतीय ज्ञानपीठ

वाणी प्रकाशन : भारतीय ज्ञानपीठ की पुस्तकों के एकमात्र प्रकाशक एवं वितरक

स्त्री-अस्मिता का इतिहास

वैदिक काल से स्मृति-काल तक

णाणं पयासयं

2470 भारतीय ज्ञानपीठ 1944

स्त्री-अस्मिता का इतिहास

वैदिक काल से स्मृति-काल तक

अभय कुमार ठाकुर

वाणी प्रकाशन ग्रुप
भारतीय ज्ञानपीठ
वाणी प्रकाशन : भारतीय ज्ञानपीठ की पुस्तकों के एकमात्र प्रकाशक एवं वितरक

4695, 21-ए, दरियागंज, नयी दिल्ली-110 002
फ़ोन : 011-23273167, 23275710
ईमेल : sales@vaniprakashan.in

स्त्री-अस्मिता का इतिहास

(इतिहास/स्त्री-विमर्श)

अभय कुमार ठाकुर

ISBN : 978-93-6944-975-0

मूल्य : **595**

मुद्रक : *सिटी प्रेस, दिल्ली-110 095 में मुद्रित*

Stri Asmita Ka Itihas (History/Feminism) : *by* Abhay Kumar Thakur

निवेदन

यह पुस्तक मानव सभ्यता के विभिन्न चरणों में भारतीय स्त्री की छवि का आकलन है : साहित्य के आइने में। सवाल यह है कि भारत में स्त्री विमर्श पर इतनी सारी पुस्तकें और सामग्री के बावजूद इसका क्या प्रयोजन है? इस पुस्तक की रचना के पीछे मूल रूप से दो कारण है : पहला भारत में स्त्री विमर्श काफी हद तक एकांगी रहा है। मानव सभ्यता की सम्पूर्ण विकास यात्रा में स्त्री अस्मिता को विश्लेषित करने का प्रयास मेरी जानकारी में बहुत कम हुआ है। दूसरा प्राचीन भारतीय समाज के सन्दर्भ में स्त्री विमर्श अत्यन्त ध्रुवीकृत (Polarized) है। भारतीय समाज में स्त्री अस्मिता की बात प्राय: धर्मशास्त्रों खासकर 'मनुस्मृति' पर आधारित है। लेकिन भारत में मानव सभ्यता की लम्बी विकास प्रक्रिया में 'धर्मशास्त्र' और मनुस्मृति प्रस्थान बिन्दु नहीं हो सकते। वैदिक संहिताओं से लेकर ब्राह्मण ग्रन्थों, उपनिषदों, पुराणों तथा जैन एवं बौद्ध धर्म के ग्रन्थों में इस सम्बन्ध में विशाल सामग्री बिखरी पड़ी है। इनके साथ ही लोक कथाओं, वार्ताओं एवं संवादों में भी अत्यन्त महत्त्वपूर्ण सन्दर्भ छिपे हैं। इनके सम्यक् आकलन के बिना भारतीय समाज में स्त्री की छवि का प्रामाणिक आकलन सम्भव नहीं है। केवल स्मृतियों एवं धर्मशास्त्रों के आधार पर गढ़ी गयी स्त्री की तस्वीर निश्चित रूप से अधूरी और एकांगी ही कही जाएगी। एक और समस्या प्राचीन भारतीय समाज एवं उसके उपजीव्य ग्रन्थों को लेकर है। इनके सम्बन्ध में विचार प्राय: दो ध्रुवों पर केन्द्रित हैं। एक धड़ा इसे पूजा भाव से देखता है और उसके लिए प्राचीन साहित्य प्रश्न से परे है, वहाँ जो कुछ भी लिखा है, सब कुछ अच्छा है। दूसरा धड़ा इसे निकृष्ट मानते हुए पूरी तरह प्रतिगामी करार देता है। इसअसल पूजा और भर्त्सना के ध्रुवीय छोड़ों पर स्थित यह विमर्श हमें कहीं पहुँचने नहीं देता है। अत: मानव सभ्यता की विकास यात्रा में स्त्री अस्मिता के आकलन की आवश्यकता बनी हुई है। यह पुस्तक इसी दिशा में एक छोटा प्रयास है।

पुस्तक में प्राचीन भारतीय समाज के चार कालखण्डों को लिया गया है और इनमें स्त्री अस्मिता के विविध सरोकारों के तटस्थ आकलन का प्रयास किया गया है। प्रथम अध्याय में पूर्व वैदिक समाज में स्त्री क्रियाशीलता के विभिन्न आयामों पर चर्चा की गयी है। इस काल के साहित्यिक स्रोत समाज में स्त्रियों की व्यापक क्रियाशीलता की ओर संकेत करने है। वह युद्ध करने से लेकर रथ चलाने, गुप्तचर का कार्य करने, विदथ में भाग लेने, वंश प्रवर्तन, शिक्षा प्रचार एवं काव्य रचना जैसे जीवन के लगभग सभी क्षेत्रों में अपनी जोरदार उपस्थिति दर्ज कराती हैं। समाज की धारणा भी स्त्रियों के प्रति उदार एवं वर्जना मुक्त है जो प्रेम, विवाह एवं काम सम्बन्धों सम्बन्धी धारणा में देखा जा सकता है।

द्वितीय अध्याय में उत्तर वैदिक कालीन समाज में होने वाले सामाजिक आर्थिक परिवर्तनों एवं इसके कारण स्त्रियों के जीवन पर पड़ने वाले प्रभाव को रेखांकित किया गया है। कृषि की उन्नति एवं स्थायी वास के साथ भूमि पर नियन्त्रण का दौर शुरू होता है। राजाओं को विविध यज्ञों के माध्यम से वैधानिक स्थिति प्रदान करने के कारण पुरोहित वर्ग अत्यन्त मजबूत स्थिति में आ जाता है। सामाजिक सोपान क्रम राजसत्ता में विविध वर्गों की उपयोगिता के हिसाब से तय होता है। ऐसे में सामाजिक सोपान क्रम में स्त्रियों की स्थिति में गिरावट आती है जिसके संकेत राजसूय, वाजपेय, अग्निष्टोम आदि यज्ञों में स्त्री की लगातार कम होती भूमिका के रूप में लक्षित किया जा सकता है। इसके साथ ही इस काल में स्त्री के सम्पत्ति सम्बन्धी अधिकारों में भी गिरावट आती है तथा पारिवारिक सम्पत्ति में उसके अधिकारों को स्पष्ट तौर पर नकारा जाता है। बौद्धिक विमर्श के क्षेत्र में भी स्त्रियों की प्रश्नाकुलता के दायरे तय किए जाते हैं जिसकी स्पष्ट झलक हमें गार्गी-याज्ञवल्क्य तथा सुलभा-जनक संवाद में मिलते हैं। कुल मिलाकर इस दौर में स्त्री की क्रियाशीलता का दायरा सीमित होने लगता है।

तृतीय अध्याय उत्तर वैदिक काल के उत्तरार्द्ध में घटित सामाजिक, आर्थिक एवं धार्मिक परिस्थितियों के परिवर्तन के परिप्रेक्ष्य में स्त्री जीवन के विविध सरोकारों के आकलन का प्रयास है। इस काल में एक ओर कृषि और व्यापार में जबरदस्त उन्नति देखने को मिलती है तो दूसरी ओर ब्राह्मण धर्म में अवनति और श्रमण धर्म का प्रसार देखने को मिलता है। आगे चलकर जैन एवं बौद्ध धर्म प्रमुख श्रमण धर्म के रूप में स्थापित होकर समाज को व्यापक रूप से प्रभावित करते हैं। सैद्धांतिक धरातल पर ये धर्म जाति, वर्ण और लिंग के भेदभाव से परे मनुष्य मात्र की समानता पर आधारित हैं, लेकिन अपने भिक्षुओं को स्त्रियों के आकर्षण से दूर रखने के लिए

इन धर्मों के शास्त्रीय ग्रन्थों में स्त्रियों के दानवीकरण का सहारा लिया जाता है जो भविष्य में उनकी सामाजिक प्रतिष्ठा को आघात पहुँचाता है। स्त्रियों का ऐसा ही रूप जातक कथाओं एवं अन्य लोक कथाओं में भी दिखाई पड़ती है। इन धर्मों के साहित्य में कुछ विशिष्ट स्त्रियों जैसे-महासती, देवी एवं माताओं का गौरव गान अवश्य है, लेकिन सामान्य स्त्री की कटु निन्दा के प्रसंग भी भरे पड़े हैं।

अन्तिम अध्याय स्मृति एवं धर्मशास्त्रों के काल में स्त्री अस्मिता के रूप में होने वाले परिवर्तन पर केन्द्रित है। यह एक ओर राजनीतिक उथल-पुथल का काल है तो दूसरी और भारत की आर्थिक समृद्धि का भी। इंडो यूनानी, शक, पार्थियन जैसे अनेक अभारतीय राजवंशों की सत्ता के कारण समाज में वर्ण संकर के माध्यम से वर्णाश्रम व्यवस्था में आने वाली अराजकता को लेकर अतिरिक्त सतर्कता है। अत: इस काल के साहित्य की धुरी वर्णाश्रम व्यवस्था है जिससे सम्पूर्ण जीवन आच्छादित है। इसी प्रकार स्त्री जीवन के सभी सरोकारों के केन्द्र में पवित्रता का सिद्धान्त है जिसके आधार पर स्त्री का मूल्यांकन किया गया है। सामाजिक एवं पारिवारिक जीवन में प्रतिष्ठा से लेकर स्त्री के सम्पत्ति सम्बन्धी अधिकारों में इसकी गहरी छाया देखने को मिलती है। 'पवित्रता' पर अतिशय बल के कारण स्त्रियों की गतिशीलता बहुत सीमित हो जाती है और वे पूरी तरह पुरुषों पर निर्भर हो जाती हैं। इसके साथ ही बहु विवाह प्रथा एवं सीमित सम्पत्ति सम्बन्धी अधिकारों के कारण स्त्रियाँ घर की चारदीवारी में कैद होकर रह जाती हैं जिससे मुक्ति के लिए उन्हें लम्बी संघर्ष प्रक्रिया से गुजरना पड़ता है।

पुस्तक की विषय-सूची से यह पाठकों को इतिहास की कृति होने का भ्रम पैदा कर सकता है लेकिन मूलत: यह साहित्यिक कृति है क्योंकि विश्लेषण के लिए जिन उपकरणों की सहायता ली गयी है वे साहित्यिक हैं, ऐतिहासिक नहीं। साहित्य का विद्यार्थी होने के नाते इसी को लेकर मैं आश्वस्त हूँ। फिर भी कई बार साहित्य इतिहास के अन्तरालों को भरने का काम करता है और यह पुस्तक ऐसा करने में समर्थ हो पाए तो मेरे लिए गौरव की बात होगी।

इस पुस्तक की रचना में जिन मुख्य ग्रन्थों की सहायता ली गयी है उसका पुस्तक के अन्त में संकेत किया गया है। इन सभी रचनाकारों के प्रति हार्दिक कृतज्ञता ज्ञापित करता हूँ। काशी हिन्दू विश्वविद्यालय के प्रोफेसर राजाराम शुक्ला एवं प्रोफेसर श्री किशोर मिश्र जी का भी ऋणी हूँ जिन्होंने कई संस्कृत ग्रन्थों की प्रामाणिक व्याख्या में सहायता की है। दिल्ली विश्वविद्यालय के सहायक आचार्य

डॉ. अभिनीत श्रीवास्तव ने प्रूफ संशोधन में सहायता देकर इसे पाठकों तक पहुँचाने लायक बनाया है, मैं उनका भी हृदय से आभारी हूँ। काशी हिन्दू विश्वविद्यालय के ग्रन्थालयी डॉ. डी. के. सिंह ने अनेक प्राचीन एवं दुर्लभ पुस्तकों को उपलब्ध कराकर इस पुस्तक के निर्माण में महत्त्वपूर्ण भूमिका निभायी है, अत: वे साधुवाद के पात्र हैं।

अन्त में आप सभी सुधी पाठकों को इस आशा के साथ इस पुस्तक को समर्पित करता हूँ कि पुस्तक की सीमाओं से अवगत कराएँगे ताकि भविष्य में इसे अधिक व्यवस्थित रूप दिया जा सके।

–अभय कुमार ठाकुर

5 जनवरी, 2025

अहमदाबाद

विषय-सूची

प्रथम अध्याय

पूर्व वैदिक काल और भारतीय समाज में स्त्री की क्रियाशीलता

प्राचीन भारतीय समाज में स्त्री अस्मिता का उद्भव

भारतीय समाज में स्त्री अस्मिता का इतिहास काफ़ी उथल-पुथल भरा रहा है। वह न तो एकरेखीय है और न ही अन्य विश्व समाजों की हू-ब-हू अनुकृति। 'वन्य अवस्था' से मानव समाज में संक्रमण और उसके परिणामस्वरूप स्त्रियों की स्थिति में आनेवाले परिवर्तन को रेखांकित करते हुए फ्रेडरिक एंगेल्स ने लिखा है :

"पशुओं के झुण्ड और दूसरे प्रकार के नए धनों के अस्तित्व में आ जाने के कारण परिवार के ऊपर भी क्रान्ति आ गयी। जीवन की आवश्यकताओं को प्राप्त करना हमेशा से पुरुष का काम रहा था। वह उत्पादन करता था और उत्पादन के साधनों पर उसका अधिकार होता था।...इसलिए पशुओं पर और उनके विनिमय द्वारा प्राप्त वस्तुओं तथा दासों पर भी उस पुरुष का अधिकार होता था। नारी उपभोग में भाग लेती थी, पर उन वस्तुओं के अधिकार में उसका कोई भाग नहीं था।... अभी तक घर के अन्दर जो श्रम का विभाजन था उसके अनुसार नर और नारी के बीच सम्पत्ति के अधिकार का विभाजन होता था। श्रम का विभाजन तो वही रहा फिर भी इसने पहले के पारिवारिक संबंधों को उलट दिया क्योंकि घर के बाहर श्रम का विभाजन बदल गया था। जिस कारण से घर के अन्दर नारी का आधिपत्य स्थापित हुआ था–उसकी क्रियाशीलता का क्षेत्र घरेलू परिश्रम से बँधे होने के कारण उसका घर के अन्दर प्रभुत्व था–उसी कारण ने अब घर में पुरुष का आधिपत्य सुरक्षित कर दिया।"[1]

एंगेल्स का उपर्युक्त वक्तव्य कुछ महत्त्वपूर्ण स्थापनाओं की ओर संकेत करता है : (1) उत्पादन प्रक्रिया में हमेशा से पुरुषों का एकाधिकार था, नारी केवल

उपभोग में भाग लेती थी (2) उत्पादन के साधनों और उसके प्रतिफल पर उसका कोई अधिकार नहीं था और (3) नारी की क्रियाशीलता का क्षेत्र घरेलू परिश्रम तक सीमित था। यदि भारतीय परिदृश्य में इस सम्बन्ध में विचार करें तो एंगेल्स की उपर्युक्त मान्यताएँ पूरी तरह संगत प्रतीत नहीं होती है, कम-से-कम आरम्भिक वैदिक साहित्य तो इसी ओर संकेत करते हैं। पूर्व वैदिक काल में स्त्रियों का कार्य व्यापार पुरुषों की तरह काफ़ी विस्तृत और विविधताओं से भरा हुआ नज़र आता है। वे युद्धभूमि में भाग लेने से लेकर गुप्तचर का दायित्व निभाने, यज्ञ करने, परिवार का भरण पोषण एवं संरक्षण से लेकर बौद्धिक विमर्श एवं काव्य रचना-जीवन के सभी क्रिया व्यापारों में भाग लेती हैं।

जीवन के विविध क्षेत्रों में स्त्री की भागीदारी

ऋग्वेद के दशम मण्डल के 39 और 40 सूक्त में 'वध्रिमती' और 'विष्पला' नामक दो महिला योद्धाओं की चर्चा की गयी है।[2] घोषा कक्षीवती द्वारा दर्शित उक्त सूक्त अश्विनी कुमारों को संबोधित हैं। उनमें उनके प्रति कृतज्ञता व्यक्त की गयी है कि अश्विनी कुमारों ने किस प्रकार उन योद्धाओं की मदद की। युद्ध में 'वध्रिमती' के दोनों हथ कट जाते हैं अश्विनी कुमारों ने उसे सोने के दो हाथ दिए। इसी प्रकार की कथा विष्पला के सम्बन्ध में भी कही गयी है। महाराज रबले की सेना की एक सिपाही 'विष्पला' की युद्ध में लड़ते-लड़ते एक टांग उड़ जाती है। प्रार्थना करने पर अश्विनी कुमारों ने उसे लोहे की टांग देकर चलने योग्य बनाया। राजा मुद्गल और उनकी पत्नी मुद्गलानी का उल्लेख ऋग्वेद के दशम मण्डल (10.102) में है। युद्ध में मुद्गलानी अपने पति के रथ को चलाकर विजय दिलाने में उनकी सहायता करती है। ऋग्वेद के प्रथम मण्डल के बतीसवें सूक्त (1.32.9) में वृत्रासुर की माता 'दनु' का वर्णन है, जिसने युद्ध में भाग लेकर अपने पुत्र को बचाने के लिए जान की बाजी लगा दी और अंतत: इन्द्र के हाथों वीरगति को प्राप्त हुई। इस सूक्त के अनुसार :

"वृत्र की माता की संरक्षण करने की शक्ति कम हो गयी। वह माता पुत्र के ऊपर सो गयी, पर इन्द्र ने उस माता के नीचे से वृत्र पर प्रहार किया। उस समय माता ऊपर और पुत्र नीचे था। बछड़े के साथ जैसे धेनु सोती है, वैसी वह वृत्रमाता 'दनु' पुत्र के ऊपर सो गयी।"[3]

युद्ध में प्रत्यक्ष रूप से भाग लेने के साथ-साथ वैदिक साहित्य में स्त्री द्वारा रथ वाहिका के रूप में भूमिका निर्वाह करने के अनेक प्रसंग मिलते हैं। ऊपर राजा

मुदगल की पत्नी मुद्गलानी द्वारा युद्ध में रथ चलाने के प्रसंग का उल्लेख किया जा चुका है। ऋग्वेद के दशम मण्डल में (10.30.11) इस बात का वर्णन किया गया है कि अश्विनी कुमारों के रथ को चलाने का कार्य सूर्य की पुत्री करती है। इसी प्रकार प्रथम मण्डल में देवी 'उषा' के विविध क्रिया कलापों का विस्तार से वर्णन किया गया है, जिनमें रथ चलाने का भी प्रमुखता से उल्लेख है। उषा के लिए 'रथानां जीरा' पदबन्ध का इस्तेमाल किया गया है, जिसका अर्थ है 'रथों को चलानेवाली उषा'।[4]

योद्धा और रथवाहिका के अलावा सामाजिक जीवन में स्त्रियों की क्रियाशीलता का संकेत गुप्तचर के रूप में उत्तरदायित्व के सफलतापूर्वक निर्वाह में भी लक्षित होता है। इसका उल्लेख ऋग्वेद के दशम मण्डल में वर्णित सरमा-पणि संवाद में मिलता है। 'सरमा' इन्द्र की विश्वसनीय गुप्तचर है जिसे पणियों के पास इस बात का पता लगाने के लिए भेजा जाता है कि इन लोगों ने गायों को कहाँ छिपाकर रखा है? वैदिक साहित्य में 'पणि' शब्द का व्यवहार उन असामाजिक व्यक्तियों के लिए किया गया है, जिन्होंने छल-छदम से धनसंग्रह किया है। अपने पास अचानक आयी हुई 'सरमा' को देखकर पणि लोग उसे प्रलोभन देकर अपने पक्ष में करना चाहते हैं, लेकिन वह अपने कर्तव्य पथ से विचलित नहीं होती। इस सम्बन्ध में 'सरमा' और 'पणि' का संवाद तत्कालीन नारी की कार्य कुशलता के साथ-साथ उसकी निर्भीकता और वाक् चातुर्य का भी परिचय देता है। पणि कहते हैं :

"आप हमारी बहिन हैं, हम आपको गोधन का भाग देने के लिए तैयार हैं। अब लौटकर मत जाओ।"

इस प्रलोभन से विचलित हुए बिना 'सरमा' कहती है :

"हे पणियों! में भाई-बहन का रिश्ता नहीं जानती। इन्द्र और अंगिरस ने मुझे अच्छी तरह से रक्षित करके यहाँ भेजा है। आपकी भलाई इसी में है कि अब यहाँ से किसी दूसरी जगह आप चले जायें।"[5]

आरम्भिक भारतीय समाज में नारियों की सक्रियता को यज्ञों में उसकी भागीदारी के तौर पर भी देखा जाना चाहिए। यज्ञ जो आगे चलकर बाह्याचार के रूप में परिवर्तित हो गये, तत्कालीन सामाजिक जीवन की सबसे महत्त्वपूर्ण आचार पद्धति थी और परवर्ती पुराणों ने 'सर्व यज्ञमयं जगत' कहकर उसकी व्यापकता को रेखांकित किया गया है। यज्ञ के व्यापक महत्त्व और विस्तार को लक्षित करके ही उसके अन्तर्गत देव पूजा एवं दान के साथ-साथ सामाजिक कार्यों को भी शामिल कर लिया गया। पाणिनी के 'अष्टाध्यायी' में यज्ञ का एक अर्थ संगति करना भी है।

वैदिक काल में स्त्रियाँ स्वतंत्र रूप से या अपने पति के साथ यज्ञ करती है।[6] अथर्ववेद के छठे मण्डल में स्त्रियों के लिए 'यज्ञिया:' विशेषण का प्रयोग स्पष्ट रूप से संकेत करता है कि वे यज्ञ की अधिकारी मानी जाती थी :

"मैं शुद्ध, पवित्र, यज्ञ की अधिकारिणी बन स्त्रियों को विद्वानों के हाथों में प्रसन्नतापूर्वक अर्पित करती हूँ।"[7]

स्त्रियों द्वारा स्वतन्त्र रूप से यज्ञ करने के साथ-साथ पति-पत्नी द्वारा संयुक्त रूप से सम्पन्न यज्ञों के अनेक प्रसंग वैदिक संहिताओं में मिलते हैं। ऋग्वेद के प्रथम मण्डल में पति-पत्नी द्वारा संयुक्त रूप से 'अग्नि' की पूजा का वृतान्त दिया गया है :

हे अग्ने! उन याजकों ने सम्यक् प्रकार से जानकर अपनी पत्नियों सहित नमस्कार के योग्य तेरे सम्मुख घुटनों के बल बैठकर पूजा की।[8] इसी तरह संयुक्त रूप से अग्नि की पूजा का उल्लेख ऋग्वेद के पाचवें मण्डल में भी मिलता है। (5.43:15)

उत्पादक कार्यों में स्त्री की भूमिका

वैदिक साहित्य में अनेक ऐसे प्रसंग मिलते हैं जो स्त्रियों के उत्पादन सम्बन्धी विविध गतिविधियों में उनकी सक्रिय भागीदारी की ओर संकेत करते हैं। वस्त्र उद्योग से जुड़े विभिन्न कार्यों जैसे- बुनने, रंगने एवं कशीदाकारी में उन्हें निपुणता हासिल थी। यद्यपि तत्कालीन समाज में वस्त्र बुनने का काम पुरुष और स्त्री दोनों ही किया करते थे, लेकिन ऐस प्रतीत हुआ है कि स्त्रियों को इसमें ख़ास महारत हासिल थी। तभी ऋग्वेद के द्वितीय मण्डल में उषा और रात्रि दोनों की तुलना वस्त्र बुनने वाली नारी से की गयी है :

"हमारे उत्तम कर्मों को प्रेरणा देनेवाली, बाजा बजाने में कुशल, लोगों के समक्ष स्तुत होती हुई, फैले हुए धागों को बुनती हुई उत्तम प्रकार से गति करने वाली, सभी प्रकार की अभिलाषाओं को पूर्ण करने वाली तथा जल आदि तत्त्वों से परिपूर्ण उषा और रात्रि ये दोनों देवियाँ यज्ञ के रूप को सुन्दर बनाती हैं।[9]

वैदिक साहित्य में स्त्रियों के लिए अनेक ऐसे शब्दों का प्रयोग किया गया है, जो वस्त्र उद्योग में उनकी सक्रिय भागीदारी को दर्शाता है। सरी-वयित्री (जुलाहा), रजयिनी (रंगरेजिन) वास: पप्पूली (धोबिन) आदि शब्दों से स्पष्ट है कि इस उद्योग के विविध कार्यों से स्त्रियों का घनिष्ठ सम्बन्ध था। इसके अतिरिक्त यजुर्वेद (30/9) में 'पेशस्करी' शब्द का उल्लेख किया गया है जिसका अर्थ है कपड़े पर नक्काशी का काम करने वाली स्त्री।

वस्त्र उद्योग के अलावा भी तत्कालीन समाज में स्त्रियाँ अनेक शिल्पों में दक्ष थी : अत: उनके लिए ऋग्वेद में 'सुशिल्पे' शब्द का प्रयोग किया गया है अर्थात् शिल्प में दक्ष (9,5.6) नारी। इसी प्रकार ऋग्वेद में 'सुपस्था' (9,61.21) एवं 'उपल प्रक्षिणी' (9,112.3) शब्द का प्रयोग भी स्त्रियों के लिए किया गया है। 'उपल प्रक्षिणी' का अर्थ यास्क ने सत्तू बनाने वाली नारी के अर्थ में किया है। इसी प्रकार ऋग्वेद के दशम मण्डल (10,114.3) में एक युवती को 'चतुष्कपर्दा' कहा गया है जिसका अर्थ है–यज्ञ की वेदी बनानेवाली स्त्री। इसके अतिरिक्त ऋग्वेद में नर्तकी का उल्लेख भी किया गया है। इसमें उषा की तुलना नर्तकी (1,92.4) से करते हुए कहा गया है कि "उषा नर्तकी के समान विविध रूपों को धारण करती है।[10]

वैदिक साहित्य में कन्याओं के प्रमुख कार्यों में भी शिक्षा प्राप्ति के अलावा गो-रक्षण एवं गाय दुहने के कार्य को भी शामिल किया गया है। 'दुहिता' शब्द का अर्थ है दूहने वाली। इसके अतिरिक्त वस्त्र बुनना एवं नक्काशी करना जैसे महत्त्वपूर्ण आर्थिक गतिविधियाँ भी उनके कर्तव्यों में शुमार किए जाते थे। इन प्रसंगों से स्पष्ट है कि वैदिक समाज में उत्पादक कार्यों में स्त्रियों की पर्याप्त भागीदारी थी।

'विदथ' में स्त्री की सहभागिता

पूर्व वैदिक काल में सामाजिक जीवन में स्त्रियों की क्रियाशीलता का प्रमाण 'विदथ' में उनकी सक्रिय भागीदारी से भी स्पष्ट होती है। यह पूर्व वैदिक काल की एक महत्त्वपूर्ण जनसभा थी, जिसका उल्लेख ऋग्वेद में एक सौ बाईस बार और अथर्ववेद में बाईस बार हुआ है। ऋग्वेद में सभा का उल्लेख आठ बार जबकि समिति का उल्लेख नौ बार हुआ है। अथर्ववेद में सभा शब्द सत्रह बार और 'समिति' का उल्लेख तेरह बार किया गया है। जहाँ आरम्भिक वैदिक ग्रन्थ 'विदथ' के उल्लेख से भरे पड़े हैं, परवर्ती वैदिक ग्रन्थों में यह काफ़ी कम होता गया है और बाद में बिल्कुल समाप्त हो गया है। इससे प्रतीत होता है कि परवर्ती वैदिक काल में 'विदथ' के स्थान पर 'सभा' और 'समिति' जैसी संस्थाएँ प्रमुख होती गयीं और अन्तत: पूरी तरह स्थापित हो गयी।

'विदथ' के अर्थ, स्वरूप और कार्य निष्पादन की प्रकृति को लेकर वैदिक साहित्य के विद्वान और इतिहासकार एकमत नहीं हैं। यास्क ने निरुक्त में इसका अर्थ 'यज्ञ' के रूप में किया है और वैदिक साहित्य के अधिकतर विद्वानों ने इसी का अनुसरण किया है। लेकिन सभी प्रसंगों में इस अर्थ की संगति नहीं बैठती है। वैसे

यह बात उल्लेखनीय है कि पाणिनी ने अपने प्रसिद्ध ग्रन्थ 'अष्टाध्यायी' में यज्ञ का एक अर्थ 'संगति करना' भी बताया है और इस अर्थ में संगति करने के स्थान या जनसभा के रूप में 'विदथ' की संगति अधिक समीचीन प्रतीत होती है। पूर्व वैदिक काल में यज्ञ एक व्यापक अवधारणा थी और उसके कार्यों में सामाजिक कार्य भी निहित थे, वह परवर्ती काल की तरह मात्र एक कर्मकाण्ड नहीं था। इतिहासकार राथ के अनुसार 'विदथ' धार्मिक, धर्मेतर और सैनिक, ये तीनों तरह का प्रयोजन सिद्ध करने वाली सभा थी। उनके मत से साम्य रखते हुए जायसवाल ने अपनी पुस्तक 'हिन्दू पॉलिटी' में यह विचार व्यक्त किया है कि 'विदथ' संभवत: वह मूल जनसंस्था थी जिससे आगे चलकर 'सभा', 'समिति' और सेना का अलग-अलग संस्थाओं के रूप में विकास हुआ। इसके गठन और विशिष्टता का उल्लेख करते हुए इतिहासकार रामशरण शर्मा ने लिखा है:

"जहाँ तक इसके गठन का प्रश्न है, इसकी अपनी अलग विशिष्टता यह है कि इसमें स्त्रियाँ भी बैठती थीं। इस दृष्टि से यह सभा और समिति से भिन्न है। ऋग्वेद में केवल एक प्रसंग में उसे 'सभा' में शामिल होने की योग्यता से संपन्न बताया गया है। लेकिन वह 'समिति' में भी बैठती थी, ऐसा कोई उल्लेख नहीं मिलता। सभा के सम्बन्ध में भी 'मैत्रायणी संहिता' में दिखलाया गया है कि परवर्ती काल में स्त्रियों का सभा में जाना बन्द हो गया। लेकिन ऋक और अथर्व संहिताओं को मिलाकर ऐसे कम-से-कम सात उल्लेख मिलते हैं जिनसे न केवल विदथ में स्त्रियों की उपस्थिति, बल्कि वाद-विवाद में उनके भाग लेने की चर्चा है।"[11]

'विदथ : सबसे पुरानी जनसभा' नामक इसी लेख में वह आगे लिखते हैं कि 'ऋग्वेद से जानकारी मिलती है कि योषा विदथ में शरीक हुई थी' और इसके प्रमाण स्वरूप ऋग्वेद के प्रथम मण्डल का यह सूक्त उद्धृत करते हैं :

"भली भाँति सुदृढ़ ढंग से पकड़ी हुई, तेज़ बनायी हुई सुवर्ण की तरह चमकने वाली तलवार जिन वीरों के निकट सदैव रहा करती है, वह परदे में संचार करती हुई मानव-स्त्री के समान कभी अदृश्य रहती है और कभी विदथ (सभा) में वाणी की भाँति प्रकट हुआ करती है।"[12]

यद्यपि यहाँ 'योषा' शब्द का प्रयोग किसी ख़ास स्त्री के सन्दर्भ में नहीं हुआ है, जैसा कि डॉ. रामशरण शर्मा संकेत करते हैं, बल्कि स्त्री के पर्याय के रूप में है तथापि इस सूक्त से विदथ में स्त्रियों के बोलने का सन्दर्भ बिल्कुल स्पष्ट है। इस सूक्त में एक और महत्त्वपूर्ण बात यह है कि इसमें 'विदथ' और 'सभा' का एक साथ प्रयोग किया गया है लेकिन 'सभावती' शब्द यहाँ विशेषण के तौर पर प्रयोग

किया गया है मानव स्त्री के लिए, जिसका अर्थ है सभा में शामिल होने की योग्यता से सम्पन्न स्त्री। इस सूक्त में स्त्री को न केवल 'विदथ' नामक सभा में शामिल होने योग्य माना गया है बल्कि उसे बोलते हुए भी दर्शाया गया है।

इसी प्रकार ऋग्वेद के दशम मण्डल में स्त्री के साधिकार बोलने का उल्लेख किया गया है। 26वें मन्त्र में कहा गया है :

"घर जाओ ताकि गृहपत्नी बनो विदथ में साधिकार बोलो।"[13]

उपर्युक्त मन्त्र में जहाँ 'विदथ' में केवल स्त्री के साधिकार बोलने का उल्लेख है वहीं अगले मन्त्र में दम्पत्ति के रूप में पति और पत्नी दोनों के विदथ में बोलने की बात कही गयी है :

"पति के साथ तुम्हारा संयोग हो और तुम दोनों वृद्ध दम्पत्ति के रूप में विदथ में बोलो।"[14]

यहाँ 'विदथ' का अर्थ 'यज्ञ' के रूप में करने से मन्त्र की समुचित अर्थसंगति नहीं बैठती है क्योंकि यज्ञ में किसी भी वृद्ध दम्पत्ति या स्त्री के बोलने का औचित्य नहीं जान पड़ता है। अत: 'विदथ' का 'सभा' के अर्थ में उल्लेख अधिक संगत प्रतीत होता है। उपर्युक्त प्रसंगों से स्पष्ट है कि 'विदथ' में विचार विमर्श या वाद-विवाद में पुरुष और स्त्रियों के अधिकार समान थे। इस सभा में न केवल स्त्रियाँ सक्रिय रूप से भाग लेती थी, बल्कि विचार विनिमय में भी प्रखर रूप से योगदान करती थी। अत: विवाह के अवसर पर ऐसी कामना की गयी है कि वधू केवल गृहणी बनकर ही न रहे, बल्कि नियन्त्रण रखकर वह विदथ के समक्ष बोले भी।[15] इसी प्रकार ऋग्वेद के प्रथम मण्डल में युवा लोगों द्वारा विदथ में शक्तिशाली कन्याओं को स्थापित करने का प्रसंग है।[16]

वैदिक संहिताओं में प्रयुक्त 'विदथ' के विभिन्न प्रसंगों पर समग्रता से विचार करने पर यह स्पष्ट हो जाता है कि सभी स्थानों पर उसका अर्थ एक समान नहीं है, बल्कि इसके विविध कार्य के अनुरूप ही इसकी अर्थ छवियाँ भी बहुविध हैं। ऋग्वेद के सप्तम मण्डल में एक मन्त्र उद्धृत है : 'कृत नो यज्ञं विदथेषु चारु' (7, 84:3) अर्थात् हमारे सभागृहों में यज्ञ को सुन्दर बनाओ। यहाँ यह उल्लेखनीय है कि इस मन्त्र में 'यज्ञ' और 'विदथ' दोनों शब्दों का प्रयोग किया गया है, अत: 'विदथ' का अर्थ भी यज्ञ करने से अर्थ संगति में बाधा पहुँचती है। मन्द्र द्रष्टा ऋषि का प्रयोजन एक ही शब्द की आवृत्ति नहीं हो सकती। ऋग्वेद के द्वितीय मण्डल में एक मन्त्र की कम-से-कम अठारह बार आवृत्ति की गयी है : वृहद वदेम विदथे सुवीरा:[17] जिसका

सामान्य शाब्दिक अर्थ है–वीर संतानों से युक्त होकर हम विदथ में जोर से बोलें, स्तुति गाान करें। स्पष्ट है कि इन सूक्तों में 'विदथ' का अभिप्राय घर में बोलने के अर्थ में नहीं, बल्कि सार्वजनिक स्थलों से है फिर चाहे वह प्रसंग के अनुकूल जनसभा, मंत्रणा सभा या पारिवारिक सभा हो सकती है। किसी व्यक्ति द्वारा स्वयं के घर में बोलने की कामना का तो औचित्य समझ में नहीं आता है। अत: 'विदथ' के सन्दर्भ में रामशरण शर्मा का आकलन युक्तिसंगत प्रतीत होता है :

"उपलब्ध सन्दर्भों का अध्ययन करने से प्रकट होता है कि विदथ भारतीय आर्यों की प्राचीनतम जनसभा था, जिसमें पुरुष और स्त्रियाँ दोनों सम्मिलित होकर आर्थिक, सामरिक, धार्मिक और सामाजिक सभी प्रकार के कार्यों का सम्पादन करते थे। यह आदिम समाज की ज़रूरतें पूरी करता था। इस समाज में श्रम-विभाजन का या महिलाओं पर पुरुषों के आधिपत्य का चलन नहीं था और यह संभवत: मिल-बाँटकर उपज का उपभोग करता था। ऐसा प्रतीत होता है कि विदथ प्रणाली की आधारशिला सहकारिता की भावना थी। पुरुष-स्त्री का भेद बरते बिना उसमें सम्मिलित लोग साथ-साथ लड़ते, साथ-साथ गाते, साथ-साथ प्रार्थना करते, साथ-साथ खेलते और साथ-साथ विचार-विमर्श किया करते थे।[18]

यह बात बहुत हैरत में डालती है कि 'विदथ' में सक्रिय भागीदारी निभाने वाली नारियों की सहभागिता 'सभा' और 'समिति' जैसी परवर्ती संस्थाओं में लगभग नगण्य है। यद्यपि इन प्रशासनिक इकाइयों की कल्पना स्त्री सत्ता के रूप में की गयी है। अथर्ववेद में सभा और समिति को प्रजापति की पुत्रियों के रूप में अभिहित किया गया है।[19] जिन संस्थानों की कल्पना स्त्री रूप में की गयी हो, उसमें उनकी अनुपस्थिति स्वाभाविक नहीं जान पड़ती है। ऐस प्रतीत होता है कि अपनी उत्पत्ति के समय ये संस्थाएँ भी 'विदथ' की तरह जनसभा के रूप में रही होगी और उसमें श्रम-विभाजन या लिंगभेद का अस्तित्व नहीं रहा होगा। कालान्तर में उनका स्वरूप पितृसत्तात्मक और अभिजातीय हो गया और इनमें स्त्रियों की भागीदारी कम होती गयी और अन्तत: समाप्त हो गयी। अथर्ववेद के एक सूक्त में एक स्त्री अपने पति से कहती है : "मैं घर के व्यवहारों में बोला करूँ और तुम सभाओं में बोला करो।"[20]

इसके अलावा मैत्रायणी संहिता में भी इस बात का संकेत है कि स्त्रियाँ सभाओं में नहीं जाती थीं–

पुरुष ही सभा में जाते हैं, स्त्रियाँ नहीं।[21]

यहाँ यह बात उल्लेखनीय है कि ये सभी सन्दर्भ परवर्ती वैदिक काल के हैं, आरम्भिक वैदिक काल के नहीं। ऋग्वेद में कहीं भी स्त्रियों के सभा में नहीं जाने

सम्बन्धी वर्जनात्मक उल्लेख नहीं है, बल्कि प्रथम मण्डल के एक सूक्त में उसे 'सभावती' अर्थात् सभा में जाने के योग्य कहा गया है। ये सन्दर्भ इसी ओर संकेत करते हैं कि आरम्भिक भारतीय समाज जब पितृ सत्तात्मक स्वरूप में नहीं था, तब सभाओं का स्वरूप आदिम और जनजातीय होने के साथ-साथ समावेशी भी था और उस दौरान उनमें स्त्रियों की भागीदारी थी। धीरे-धीरे ये सभाएँ पितृ सत्तात्मक और आभिजात्य रूप ग्रहण कहती गयी और तदनुरूप इनमें महिलाओं की भागीदारी सीमित होती गयी और अन्तत: समाप्त हो गयी, जिसका संकेत हमें परवर्ती वैदिक साहित्य में मिलता है।

पूर्व वैदिक काल में नारी के सम्पत्ति सम्बन्धी अधिकार

अभी तक आरम्भिक भारतीय समाज में स्त्रियों की गतिशीलता से सम्बन्धित कुछ सामाजिक पहलुओं पर विचार किया गया है। यदि इस काल में उनकी आर्थिक स्थिति के बारे में विचार किया जाये तो इस सम्बन्ध में बहुत कम सन्दर्भ मिलते हैं और इन बिखरे हुए सूत्रों को जोड़कर मुकम्मल धारणा बनाना कठिन है। ऋग्वेद में नव वधू को घर की साम्राज्ञी के रूप में आदर दिया गया है :

ससुर पर राज करो, सास पर राज करो।
ननद पर राज करो, देवरों पर राज करो।[22]

उपर्युक्त मन्त्र में पूर्व वैदिक समाज में स्त्रियों की आर्थिक स्थिति से अधिक उनकी पारिवारिक महत्ता की पुष्टि होती है। लेकिन ऋग्वेद में कई मन्त्र ऐसे हैं जो न केवल धनवान स्त्रियों का उल्लेख करते हैं, बल्कि इस बात पर भी ज़ोर देते हैं कि स्त्री के अधिकार में धन रहे। ऋग्वेद के सप्तम मण्डल में धन सम्पन्न दो दिव्य स्त्रियों की चर्चा की गयी है–उषा और रात्रि के रूप में और उनसे कल्याण की कामना की गई है :

"बड़ी सभाओं में बैठने वाली दो दिव्य स्त्रियाँ, बहुतों द्वारा प्रशंसित और धनवाली, पूजनीय उषा और रात्रि, उत्तम दूध देने वाली गौ के समान हमारे कल्याण के लिए हमें आश्रय देती रहें।[23]

एक अन्य मन्त्र में सूर्य की पत्नी को सब धनों की स्वामिनी कहा गया है : "सूर्यस्य योषा वसूनां राय: ईशे"।[24]

इसके अगले मन्त्र में उषा द्वारा प्रयत्नशील मनुष्यों को धन देने की बात कही गयी है, जो इस बात की और संकेत करता है कि पूर्व वैदिक काल में स्त्रियाँ न केवल धनवान हुआ करती थीं, बल्कि लोगों को धन का दान भी देती थी, जिससे

अनेक लोग उनकी अनुकम्पा के लिए आतुर रहते थे। यद्यपि तृतीय मण्डल के एक सूक्त में इसका भी उल्लेख किया गया है कि "पुत्र अपनी बहन को पिता के धन का भाग नहीं देता।[25]

इन सन्दर्भों से स्पष्ट होता है कि यद्यपि पूर्व वैदिक काल में भी पिता की सम्पत्ति पर कन्याओं का विधिवत अधिकार नहीं था, लेकिन विवाह के समय उपहार स्वरूप मिले धन पर उसका पूरा अधिकार था, जिसे पारिणाह्य कहा जाता था। इसका उल्लेख तैत्तिरीय संहिता (6.2.1.1) में भी किया गया है–'पत्नी वै पारीणादयस्य ईश:'। इसी प्रकार का उल्लेख काठक संहिता एवं मैत्रायणी संहिता में भी मिलता है। लेकिन ऋग्वेद में जिस प्रकार धन पर स्त्री के अधिकारों को पुष्ट किया गया है और धनवान स्त्री की कामना की गयी है तैत्तिरीय एवं मैत्रायणी संहिता जैसे परवर्ती साहित्य स्त्री के इस बुनियादी अधिकार को ख़ारिज़ करते हुए प्रतीत होते हैं।

उपर्युक्त विवरण से स्पष्ट है कि उत्तर वैदिक काल तक आते-आते भारतीय समाज का मातृ सत्तात्मक ढाँचा पूरी तरह ध्वस्त हो चुका था और पितृ सतात्मक ढाँचा पूरी तरह व्यवस्थित हो चुका थी। इस परिवर्तन की झलक हम स्त्री के सम्पत्ति सम्बन्धी अधिकारों में भी देख सकते हैं।

'ब्रह्मवादिनी' स्त्रियाँ और भारतीय बौद्धिक विमर्श

जहाँ तब बौद्धिक विमर्श के क्षेत्र में स्त्री की भागीदारी का प्रश्न है, आरम्भिक भारतीय समाज उनकी प्रखर छवि हमारे सामने उद्घाटित करता है। बालिकाओं की शिक्षा और बौद्धिक उन्नति पर उतना ही ध्यान दिया जाता था जितना बालकों की और आरम्भिक वैदिक साहित्य इस सन्दर्भ में लैंगिक भेदभाव की ओर संकेत नहीं करते हैं। पुत्रों की तरह कन्याएँ भी आश्रम में रहकर वेदों का अध्ययन किया करती थी। यह बात हैरान करने वाली है कि जिस समाज में स्त्रियों के वेद अध्ययन संबंधी अधिकार को इतने स्पष्ट रूप में उद्घोषित किया गया है कालान्तर में उसी समाज में स्त्रियों द्वारा वेद अध्ययन पूरी तरह वर्जित कर दिया गया। वैदिक साहित्य के अतिरिक्त बालिकाएँ युद्धविद्या, धनुर्विद्या, गणित, संगीत और शिल्प का भी अध्ययन किया करती थीं और उससे सम्बन्धित संकेत वैदिक संहिताओं में जगह-जगह बिखरे पड़े हैं। पुरुषों की तरह स्त्रियाँ भी अध्यापन कार्य करती थीं और उनके लिए अध्यापिका, उपाध्यायी; उपाध्याया एवं आचार्या जैसे शब्दों का प्रयोग इन संहिताओं में किया गया है जो तत्कालीन समाज में शिक्षा के प्रसार में उनकी सक्रिय भूमिका की ओर संकेत करता है।

वैदिक संहिताओं में अनेक मन्त्रदर्शिका नारियाँ और उनके द्वारा रचित सूक्तों का उल्लेख है, जो उनकी प्रखर बौद्धिक चेतना का परिचय देती है। इन मन्त्रों की रचना उन स्त्रियों द्वारा की गयी है, जो समाज में 'ब्रह्मवादिनी' के रूप में प्रसिद्ध थीं। शिक्षा की समाप्ति के बाद पुरुषों की तरह स्त्रियाँ मनोनुकूल जीवन चुनने के लिए स्वतन्त्र थीं, वह विवाहित होकर गृहस्थ का जीवन अपना सकती थी या आजीवन अविवाहित रहकर 'ब्रह्मवादिनी' के रूप में बौद्धिक और आध्यात्मिक विमर्श में योगदान कर सकती थीं। इस काल में अनके ब्रह्मवादिनी स्त्रियों ने मन्त्रद्रष्टा ऋषि के रूप में अनेक सूक्तों की रचना कर अपनी उच्च बौद्धिक एवं काव्य क्षमता का प्रमाण दिया है। इनमें घोषा, गोधा, विश्ववारा, अपाला, ब्रह्मजाया, जुहू, उर्वशी, रोमशा, लोपामुद्रा, वागम्भृणी, श्रद्धा और सूर्या-सावित्री का नाम प्रमुखता से लिया जा सकता है। ब्रह्मवादिनी स्त्रियों की पूरी सूची महर्षि शौनक द्वारा रचित ग्रन्थ 'वृहद देवता' के द्वितीय अध्याय में दी गयी है।[26] मन्त्रदर्शिका नारियाँ और उनके द्वारा रचित मन्त्रों का विवरण नीचे उद्धृत किया जा रहा है :

नाम	दृष्ट मन्त्र का सन्दर्भ	मन्त्रों की संख्या
1. अगस्त्य स्वसा	ऋग्वेद X,60.6	1
2. अदिति	ऋग्वेद X,72.1-9	9
3. अपाला	ऋग्वेद VIII,91.1-7	7
4. इन्द्राणी	ऋग्वेद X,86.1-23, X,145.1-6	29
5. इन्द्र-मातरः	ऋग्वेद X,153.1-5	5
6. इन्द्र-स्नुषा	ऋग्वेद X,28.1	1
7. उर्वशी	ऋग्वेद X,95.2, 4, 5, 7, 11, 13, 15, 16, 18	9
8. कृशिका-रात्रि	ऋग्वेद X,127.1-8	8
9. गोधा	ऋग्वेद X,134.6-7	2
10. घोषा-कक्षीवती	ऋग्वेद X,39.1-14 X,40.1-14	28
11. जुहूः	ऋग्वेद X,109.1-7	7
12. दक्षिणा-प्रजापत्या	ऋग्वेद X,107.1-11	11
13. यमी	ऋग्वेद X,154.1-5	5

14.	यमी-वैवस्वती	ऋग्वेद X,10.1, 3, 6, 7, 11, 13	6
15.	रोमशा-कक्षीवान्	ऋग्वेद I,126.1-7	7
16.	लोपामुद्रा	ऋग्वेद I,179.1-6	6
17.	वाक्-आम्भृणी	ऋग्वेद X,125.1-8	8
18.	विश्वावारा	ऋग्वेद V,28.1-6	6
19.	शची-पौलौमी	ऋग्वेद X,159.1-6	6
20.	श्रद्धा-कामायनी	ऋग्वेद X,151.1-5	5
21.	शाश्वती-आंगिरसी	ऋग्वेद VIII,1.1-34	34
22.	सरमा-देवशुनी	ऋग्वेद X,108.2, 4, 6, 8, 10, 11	6
23.	सूर्या-सावित्री	ऋग्वेद X,85.1-47	47
24.	सार्पराशी	ऋग्वेद X,189.1-3	3
25.	सिकता-निवावरी	ऋग्वेद IX,86.11-20	10

न केवल मन्त्रों की संख्या की दृष्टि से बल्कि उनमें निहित जीवन मूल्य और काव्यात्मक उत्कर्ष की दृष्टि से भी मन्त्रदर्शिका स्त्रियों द्वारा रचित सूक्त उनके प्रखर बौद्धिक दृष्टि का परिचय देते हैं। ऋग्वेद में संकलित अश्विन कुमारों को समर्पित घोषा द्वारा दर्शित इस सूक्त से उनकी वयस्क काव्यदृष्टि का पता चलता है :

"हे अश्विनी कुमारो! जिस प्रकार कुशल कारीगर रथ बनाता है, उसी प्रकार हम आपके लिए सुन्दर स्तुति की रचना करते हैं! वस्त्र एवं आभूषणों से सुसज्जित कन्या जिस प्रकार वर के पास प्रेषित की जाती है वैसे ही अलंकारों से विभूषित कमनीय कविता हम आपके पास प्रस्तुत करते हैं। शुभ कर्म करने वाला पुत्र जिस प्रकार माता-पिता द्वारा आगे बढ़ाया जाता है उसी तरह हमारा यह स्तुतिगान भी आगे बढ़ता रहे।"[27]

ज्ञान के प्रसार में अपनी भूमिका का उल्लेख करते हुए वह स्वयं घोषणा करती है कि "मैं राजकन्या घोषा चारों दिशाओं में वेद का संदेश, पहुँचाने वाली व्यक्ति हूँ। हे अश्विनी कुमारो! मैं सर्वत्र आपका ही यशोगान और विद्वानों से आपके बारे में ही विमर्श करती हूँ।"[28]

न केवल ज्ञान के प्रसार में बल्कि स्त्री-पुरुष सम्बन्धों पर भी घोषा ने अत्यन्त निपुणता से विचार किया है और बताया है कि "जो पुरुष अपनी स्त्री के सुख और आनन्द के लिए सदा प्रयत्नशील रहता है, अपनी पत्नी को पुण्य कार्यों की ओर प्रेरित करता और संतान की उत्पत्ति द्वारा पितृ ऋण से मुक्ति पाने का प्रयत्न करता है उसके घर में पत्नी सुख से रहती है।"[29]

'जुहू' नामक मन्त्रदर्शिका समाज में 'ब्रह्मविद्या' के प्रसार के लिए ख़्यात होने के कारण 'ब्रह्मजाया' की उपाधि से सम्मानित हुई। न्याय व्यवस्था के सम्बन्ध में उनके विचार आज भी अत्यन्त प्रासंगिक जान पड़ते हैं। उनके अनुसार निर्णय मण्डल के सदस्य इस विद्या में निष्णात एवं विवेकशील होना चाहिए। दूर दृष्टि, धर्मपरायणता, विस्तृत और व्यापक विचार पद्धति, आस्तिकता आदि से सही निर्णय लिया जा सकता है और इसके विपरीत पक्षपाती, आत्मसंकीर्ण, चाटुकार, अन्याय के आगे सिर झुकाने वाले व्यक्ति कभी सही निर्णय नहीं ले सकते।

एक अन्य मन्त्रदर्शिका लोपामुद्रा स्त्री-पुरुष के सम्बन्धों में पारस्परिक प्रेम और सामंजस्य की भूमिका को रेखांकित करते हुए कहती है:

"यदि परस्पर प्रेमपूर्वक रहने वाले हम दम्पत्ति सन्तान उत्पन्न करें तो इस संसार में सैकड़ों प्रकार के संग्राम जीत सकते हैं।"[30]

लोपामुद्रा और उनके पति महर्षि अगस्त्य के बीच सन्तान उत्पत्ति के सम्बन्ध में संवाद भी लोपामुद्रा की गृहस्थ जीवन के सम्बन्ध में परिपक्व सोच और सुचिन्तित जीवन दृष्टि का परिचय देती है। महर्षि अगस्त्य ने जब लोपामुद्रा से पूछा कि तुम्हें अनेक पुत्रों की अभिलाषा है या किसी एक ही पुत्र की जो सर्वगुण सम्पन्न हो, इस पर लोपामुद्रा ने तुरन्त उत्तर दिया "मुझे तो एक गुणी पुत्र की आवश्यकता है मैं हजार निकम्मे एवं मूर्ख पुत्रों को लेकर क्या करूँगी?"

वागम्भृणी नामक मन्त्रदर्शिका ने आत्मा के सम्बन्ध में विस्तार से विचार किया है। इससे सम्बन्धित सूक्त ऋग्वेद के दशम मण्डल के 125वें सूक्त के प्रारम्भिक आठ मन्त्रों के रूप में संकलित है। शंकराचार्य द्वारा प्रवर्तित अद्वैत सिद्धान्त के प्रेरणा के रूप में भी इस सूक्त को उद्धृत किया जाता है। इस सूक्त का एक मन्त्र द्रष्टव्य है :

"मैं सब जगत की स्वामिनी हूँ, धन प्रदान करने वाली हूँ। यज्ञ के देवों में मुख्य और ज्ञानवती हूँ। मुझको ही बहुत से रूपों में विद्यमान और सर्वत्र व्याप्त कहा गया है। मेरा ही लोग अनेक प्रकार से प्रतिपादन वर्णन करते हैं।"[31]

वैदिक साहित्य में वागाम्भृणी को इतना शक्तिशाली बताया गया है कि उसकी कृपा से ही मनुष्य बलवान, मेधावी, स्तोता या कवि बन सकता है। इस सम्बन्ध में ऋग्वेद के दशम मण्डल का यह सूक्त उल्लेखनीय है :

"मैं स्वयं ही इस ज्ञान का उपदेश करती हूँ, जिसको देव और मनुष्य श्रद्धापूर्वक मनन करते हैं। मैं जिसको चाहती हूँ, उसको श्रेष्ठ बलवान करती हूँ, उसको ही स्तोता, उसको ही ऋषि और उसको ही उत्तम बुद्धि से सम्पन्न करती हूँ।"[32]

वागम्भृणी के बौद्धिक उत्कर्ष के कारण ही इन्हें वाग्देवी के रूप में भी जाना जाता है। इन मन्त्रदर्शिका नारियों ने न केवल गूढ़ आध्यात्मिक विषयों पर विचार किया है बल्कि समाजिक जीवन के महत्त्वपूर्ण प्रश्नों–सामाजिक व्यवस्था, दाम्पत्य जीवन, न्याय व्यवस्था, एवं राजसत्ता पर भी प्रखरता से अपने विचारों को व्यक्त किया है। ऋग्वेद के दशम मण्डल के 60वें सूक्त के द्वारा गोपायनों की माता (अगस्त्य स्वसा) ने असमाति नामक राजा के गुणों का उल्लेख करते हुए एक आदर्श शासक के लिए आवश्यक गुणों का निर्देश किया है। इस सूक्त के 1 से 5वें मन्त्र में अच्छे शासक के गुणों से सम्पन्न राजा की प्रशंसा की गयी है। इन मन्त्रों में जिन विशिष्टताओं का उल्लेख किया गया है: तेजस्वी लोगों में प्रशंसित, शत्रुओं का नाश करने वाला, रथ के समान सभी दिशाओं में चपल, शासन कार्य में रूचि लेनेवाला–ये किसी भी समाज में एक आर्दश राजा के गुण कहे जा सकते हैं। आरम्भिक भारतीय कुटुम्ब और उसकी केन्द्रीय धुरी के रूप में मौजूद स्त्री-पुरुष के रचनात्मक सम्बन्धों, आपसी सामंजस्य और एक-दूसरे के प्रति उत्तरदायित्व का जितना विस्तृत और वयस्क विवेचन इन नारियों द्वारा दर्शित सूक्तों में मिलता है, वह परवर्ती धर्मशास्त्रों या स्मृतिग्रन्थों में शायद ही दिखाई पड़ता है। क्या इसकी एक वजह यह भी है कि एक स्त्री होने के नाते भारतीय कुटुम्ब या परिवार की जैसी सर्वांगपूर्ण समझ इन्हें रही होगी, शायद पुरुष मन्त्रदृष्टा ऋषियों को नहीं। इसका एक उदाहरण उर्वशी-पुरुरवा संवाद में दिखाई पड़ता है, जो ऋग्वेद के दशम मण्डल में संकलित है। राजा पुरुरवा और उनकी प्रेयसी उर्वशी की प्रेमकथा जगत प्रसिद्ध है। कुछ समय बाद जब राजा पुरुरवा को छोड़कर उर्वशी स्वर्गलोक चली जाती है, तब वे विक्षित जैसे हो जाते हैं। पुरुरवा की इस व्याकुल मनस्थिति को जानकर उर्वशी उन्हें धैर्य धारण करने की सलाह देती है क्योंकि आनन्द प्राप्ति का साधन तो यह जीवन ही है :

"पुरुरवा : अन्तरिक्ष को पूर्ण करने वाली और जल को बनाने वाली उर्वशी को मैं पुरुरवा अपने वश में करना चाहता हूँ। मेरा हृदय तेरे वियोग के कारण सन्तप्त हो रहा है, इसलिए तुम फिर लौटकर आ जाओ।

उर्वशी : हे इला पुत्र पुरुरवा! ये समस्त देव तुझे कह रहे हैं कि तू शीघ्र ही मृत्यु के वश में होगा, इसलिए तू योग्य देवों की हवि से पूजा कर और स्वर्ग में जाकर सुख तथा आनन्द प्राप्त कर।"[33]

यहाँ पुरुरवा की अपेक्षा उर्वशी के विचार अधिक तर्कसंगत, व्यवस्थित और व्यावहारिक जान पड़ते हैं।

बौद्धिक उत्कर्ष और लोक कल्याण की दृष्टि से संपृक्त होने के कारण ही वैदिक संहिताओं में कई स्त्रियों को देवताओं की संज्ञा दी गयी है। इनमें अदिति, उषा, सूर्या, वाक्, पृथ्वी, श्रद्धा, सरस्वती इत्यादि प्रमुख हैं।

वंश प्रवर्तन के केन्द्र में स्त्री

आरम्भिक समाज में स्त्रियों के गरिमापूर्ण स्थान का एक महत्त्वपूर्ण कारण यह हो सकता है कि वे वंशप्रवर्तन के केन्द्र में थीं। दूसरा महत्त्वपूर्ण कारण पारिवारिक और सामाजिक जीवन में उनकी क्रियाशीलता भी हो सकती है। यह भी सम्भव है कि इन दोनों बातों में कार्य कारण सम्बन्ध रहा हो। चूंकि स्त्रियाँ वंश प्रवर्तक थीं, अत: पारिवारिक या सामाजिक जीवन के किसी क्षेत्र में उन पर प्रतिबन्ध लगाना सम्भव नहीं था। इतिहासकार राजवाड़े ने भारतीय समाज के विविध कालखण्डों का विश्लेषण करते हुए आरम्भिक चरण में कुटुम्ब स्थापना की प्रक्रिया में स्त्री की प्रधानता का जिक्र किया है। उनके अनुसार भारतीय समाज के विकास के सबसे अन्तिम चरण में पितृ सत्तात्मक कुटुम्ब की स्थापना हुई उससे पहले की अवस्था मातृ प्रधान कटुम्बों की थी। भारतीय समाज के विकास का पहला चरण सामूहिक समाज की अवस्था थी जिसे वह यूथ अवस्था कहते हैं। इस काल में स्त्री-पुरुष समागम नियन्त्रित नहीं था, अत: सम्बन्धों की स्पष्ट पहचान कर पाना कठिन कार्य था। इस चरण में यह कह पाना सम्भव नहीं था कि कोई ख़ास सन्तान किस पुरुष से पैदा हुआ है? इस चरण में संयुक्त मातृत्व या सामूहिक मातृत्व की प्रधानता थी, अत: सन्तान समूह की सभी माताओं के सन्तान समझे जाते थे और उनका नामकरण समूह के नाम पर होता था। कार्तिकेय के बारे में ऐसी मान्यता है कि वह सात माताओं की सन्तान थे और प्रत्येक माता ने उन्हें एक-एक अंग प्रदान किया था। यह प्रथा भारतीय समाज में संयुक्त मातृत्व के चरण की ओर संकेत करता है। लेकिन समूह नाम केवल समूह की पहचान को अभिव्यक्त कर सकता था किसी ख़ास सन्तान की वंश परम्परा को नहीं। अत: कालान्तर में माताओं के नाम पर प्रत्येक सन्तान का नामकरण किया जाने लगा जो समूह नाम के अतिरिक्त होता था। इसी से बाद में वैयक्तिक मातृत्व का उदय हुआ और धीरे-धीरे सामूहिक मातृत्व समाप्त हो गया। सामाजिक विकास के इस चरण तक वंश प्रवर्तन के केन्द्र में स्त्रियाँ ही थीं पुरुष नहीं। राजवाड़े के अनुसार :

"महाभारत और ऋग्वेद में मिलेजुले समागम के उदाहरण पाये जाते हैं और उनसे नि:संदिग्ध रूप से यह निष्कर्ष निकाला जा सकता है कि अति प्राचीन आर्य

समाज में एक समय स्त्री-पुरुष समागम अत्यन्त अनियन्त्रित रूप से हुआ करता था।... उस काल में प्रजा, राजा, पिता, पुत्र, माता, भगिनी आदि रिश्ता का अस्तित्व ही नहीं था। अमुक अपत्य अमुक पुरुष का है ऐसा निश्चित रूप से कहने की कोई सुविधा उपलब्ध नहीं थी। सिर्फ़ इतना ही कहा जा सकता था कि अमुक बालक अमुक स्त्री का है। यह सम्भावना भी तत्कालीन अनियन्त्रित समाज द्वारा सीमित कर रखी गयी थी। जितनी भी स्त्रियाँ किसी समूह या यूथ में रहती थी, उन सभी को उस समूह में उत्पन्न सभी बालकों की माताएँ मानने की रूढ़ि थी।

एक बालक की दूसरे बालक से अलग पहचान करने के लिए यह यूथनाम उपयुक्त नहीं था। अत: प्रत्येक बालक को दूसरे बालक से अलग पहचानने के लिए एक दूसरा नाम दिया जाता था। यह नाम पिता के अर्थात् पुरुष के नाम पर नहीं रखा जाता था। कारण यह कि उस समय स्त्री-पुरुष सम्बन्ध मिलेजुले रहते थे, अत: अमुक बालक का पिता अमुक है, यह निश्चित रूप से कहना सम्भव नहीं था, परन्तु फलां बालक फलां स्त्री की गोद से पैदा हुआ है, यह निश्चित रूप से ज्ञात होने के कारण माता के नाम पर बच्चे को भिन्नतादर्शक नाम दिया जाता था - जैसे ममता नामक स्त्री के बालक को 'मामतेय', विनता नाम स्त्री के बालक को 'वैनतेय' आदि। सम्भवपर्व और हरिवंश के प्रथम तीन अध्यायों में व्यास महर्षि प्रजापति की सन्तति का वर्णन करते तो हैं परन्तु प्रजापति की संततियों के नाम, जो व्यास महर्षि द्वारा परम्परागत पुराणों से दिए गए हैं, माताओं के नाम पर रूढ़ हुए नाम हैं।... इनमें से एक भी नाम प्रजापतियों के नामों से नहीं बना है, सब के सब नाम माताओं के नामों से रूढ़ हुए हैं। इससे यह अर्थ निकलता है कि आर्य समाज में प्रजापति संस्था स्थापित होने के पूर्व अपत्य स्त्रियों के नाम से पहचाने जाते थे। इससे यह स्पष्ट होता है कि प्रजापति संस्था के निर्माण से पूर्व वंशावतरण स्त्रियों के अधीन था, पुरुषों के नहीं अर्थात् स्त्रियाँ वंश प्रवर्तक हुआ करती थीं पुरुष नहीं।[34]

महर्षि वेदव्यास के अनुसार सृष्टि का आरम्भ प्रजापतियों से होता है। उनके अनुसार मरीचि, अंगिरस, अभि, पुलस्त्य, पुलह, ऋतु, वसिश्ठ ये सात प्रजापति समस्त सृष्टि के आदि प्रवर्तक हैं जिन्हें वह ब्रह्मा का मानस पुत्र कहते हैं। इन्हीं से देव, दानव, राक्षस, यक्ष, किन्नर, गंधर्व, मानव, अप्सरा, पशु-पक्षी, नदियाँ, पर्वत, वृक्ष आदि सभी इकाइयों की सृष्टि हुई। जहाँ तक मानव सभ्यता का सवाल है, उसकी उत्पत्ति महर्षि मरीचि के पुत्र 'कश्यप' और दक्ष की पुत्री 'अदिति' से हुई। इस वंश परम्परा का विस्तृत वर्णन महर्षि वेदव्यास ने महाभारत के 'सम्भव पर्व' के 65वें एवं 66वें अध्याय तथा 'हरिवंश पुराण' के प्रथम तीन अध्यायों में दिया है।

यद्यपि महर्षि वेदव्यास इस बात की स्पष्ट घोषणा करते हैं कि सम्पूर्ण मानव समाज की उत्पत्ति मरीचि पुत्र 'कश्यप' से होती है,[35] लेकिन आगे चलकर जब वह वंश परम्परा का उल्लेख करते हैं, तो उनमें से कोई भी नाम प्रजापतियों या पिताओं के नाम पर नहीं है। महाभारत के 'सम्भवपर्व' और 'हरिवंश पुराण' में महर्षि वेदव्यास प्रजापति की वंश परम्परा का जो उल्लेख करते हैं, उसकी सूची इतिहासकार श्री राजवाड़े ने अपनी पुस्तक में इस प्रकार दी है :

मातृनाम	**अपत्यनाम**
अदिति	अदित्येया:, आदित्या:
दिति	दैत्या: दैतेया:
कृतिका	कार्तिकेय:
दनु	दानव:
कद्रु	काद्रेवेया:
विनता	वैनतेय:
काला	कालेया:
निऋति	नैऋत्येया:
सिंहिका	सैंहिकेया:
पुलोमन	पौलोमा:
कालका	कालकेया:
वसु	वासव: वसव:
साध्या	साध्य
विश्वा	विश्व
मरूत्मती	मरूत्मन्त:
भानु:	भानव:
मुहूर्ता	मुहूर्ता:

इस सम्बन्ध में 'हरिवंशपुराण' के तृतीय अध्याय में व्यास प्रदत्त वंश परम्परा के कुछ अंशों का अवलोकन करना समीचीन होगा :

ऐसा कहकर वे सब देवता वैवस्वत मन्वन्तर में मरीचि पुत्र महर्षि कश्यप के औरस पुत्र होकर दक्षतनया अदिति के गर्भ से उत्पन्न हुए ।।59।। तदनुसार इन्द्र, विष्णु, अर्यमा, धाता, त्वष्टा, पूषा, विवस्वान्, सविता, मित्र, वरुण, अंश और भग इन द्वाद्वश आदित्यों की उत्पत्ति हुई।"[36]

आगे चलकर व्यास पुन: लिखते हैं :

"मैंने सुना है कि कश्यप ने दिति के गर्भ से महाबली हिरण्यकशिपु तथा हिरण्याक्ष नामक दो पुत्र तथा सिंहिका नाम की एक कन्या उत्पन्न की। सिंहिका का विवाह विप्रचित्ति के साथ हुआ था। सिंहिका के गर्भ से जो बलवान पुत्र उत्पन्न हुए वे सैंहिकेय कहलाए।"[37] इसी तरह की वंश परम्परा थोड़े फेरबदल के साथ महाभारत के सम्भवपर्व में भी दी गयी है। कुछ उदाहरण द्रष्टव्य हैं :

"हे भुवनेश्वर! अदिति के बारह पुत्र आदित्य के नाम से जाने गए। उस नाम से प्रसिद्ध होकर उन्होंने अपनी कीर्ति चारों ओर फैलायी।"[38]

"हे महाराज! दनु के दस पुत्रों से दानव वंश समृद्ध हुआ। ये सभी महाबली एवं सत्वशील बनकर बिख्यात हुए।"[39]

"काला के पुत्र अत्यन्त वलिष्ठ, शत्रु नाशक एवं काल के समान थे। उनका नाम दैत्यों में अत्यन्त प्रसिद्ध हुआ। इन पुत्रों के नाम क्रोध, क्रोधहंता, क्रोधशत्रु एवं विनाश थे जो 'कालकेय' के रूप में जाने गए।[40]

उपर्युक्त उद्धरणों से स्पष्ट है कि महर्षि वेदव्यास मानव समाज की उत्पत्ति महर्षि कश्यप से घोषित तो करते हैं लेकिन श्रुति परम्परा के आधार पर जिस वंशावली का वह उल्लेख करते हैं वह पितृसत्तात्मक न होकर मातृसतात्मक है। 'हरिवंशपुराण' में स्पष्ट रूप से उल्लेख किया गया है कि अदिति और कश्यप के वंशजों को 'आदित्य' नाम से ख्याति मिली। इसी प्रकार सिंहिका और विप्रचित्ति के सन्तान 'सैंहिकेय' के रूप में प्रसिद्ध हुए, विप्रचित्ति के नाम पर किसी वंश परम्परा का वर्णन नहीं करते। ऐसा प्रतीत होता है कि महर्षि वेदव्यास के समय तक समाज में पितृ प्रधानता स्थापित होने लगी थी अत: उन्होंने मानव इतिहास का प्रारम्भ 'प्रजापतियों' से करना अधिक मुनासिब समझा क्योंकि इसे सामाजिक स्वीकृति मिलने की सम्भावना अधिक थी। लेकिन इस काल तक भी वंश परम्परा में मातृप्रधानता का पूरी तरह लोप नहीं हुआ था, अत: श्रुति परम्परा से जो वंशावली उन्हें प्राप्त हुई वह मूलत: मातृ प्रधान थी। यह अस्वाभाविक नहीं है, यदि हम समाज में परम्पराओं और प्रथाओं के सम्बन्ध में परिवर्तन और निरन्तरता पर गौर करें तो माताओं के नाम पर सन्तति के नामकरण का उल्लेख केवल वैदिक काल में ही नहीं बल्कि उपनिषद, पुराण कालतक और उसके भी बहुत बाद सातवाहनों के समय तक मिलता है। सातवाहन राजवंश का समय सातवीं शताब्दी के आसपास है और इस राजवंश के दो प्रमुख शासकों–गौतमीपुत्र शातकर्णी और वाशिष्ठी पुत्र पुलुमावि का नामकरण माताओं के नाम पर किया गया है। इसके बाद भी भवभूति के यहाँ जातकर्णी पुत्र का उल्लेख आता है जिसका अर्थ है जातकर्णी नामक स्त्री का पुत्र।

अत: यह अनुमान लगाया जा सकता है कि मातृप्रधान कुटुम्ब से पितृप्रधान कुटुम्ब के रूप में अन्तरण में प्राचीन भारतीय समाज को काफ़ी समय लगा होगा और विभिन्न क्षेत्रों में उसकी गति और स्वरूप अलग-अलग प्रकार के होंगे। महर्षि वेदव्यास का एक इतिहासकार के रूप में बड़प्पन इस बात का है कि अपने अन्तर्विरोधों को उन्होंने छुपाया नहीं है और बिना किसी लाग लपेट के उन्होंने उन प्राचीन प्रथाओं का भी विस्तार से उल्लेख किया है जो बाद के समय में सामाजिक नैतिकता की दृष्टि से स्वीकार्य नहीं थे। उन्होंने स्वच्छन्द समागम, बहुपतित्व, अल्पकालीन विवाह, शर्तों पर होने वाले विवाह आदि अनेक प्राचीन प्रथाओं का वर्णन किया है। अब तक के विश्लेषण से स्पष्ट है कि आरम्भिक वैदिक काल में स्त्रियाँ उत्पादक कार्यो से लेकर बौद्धिक विमर्श तक सभी क्षेत्रों में अपनी जोरदार उपस्थिति दर्ज कराती हैं। यही नहीं वह वंश प्रवर्तक की भूमिका भी अदा करती हैं, अत: वैदिक साहित्य में उनके लिए अत्यन्त आदर का भाव है। लेकिन उत्तर वैदिक काल से उनका महत्त्व सामाजिक एवं पारिवारिक जीवन में क्रमश: घटता जाता है। सम्भवत: इसी समय वंश प्रवर्तक के रूप में भी उन्हें अपदस्थ कर पुरुष अपना वर्चस्व स्थापित कर लेता है जिसका आरम्भिक संकेत हमें महर्षि वेदव्यास के 'महाभारत' और हरिवंश पुराण में दिखाई पड़ता है। उत्तर वैदिक काल में मातृ सत्ता के क्षीण होने का संकेत अनेक इतिहासकारों ने भी किया है। प्रसिद्ध इतिहासकार राजवाड़े की मान्यता है कि प्रजापति संस्था अर्थात् बहुपत्निक एकपतिक समाज के अस्तित्व में आने के साथ ही मातृ प्रधानता की स्थिति क्षीण पड़ने लगी और पितृसत्तात्मकता धीरे-धीरे लगातार मजबूत होती रही। उनके अनुसार :

"कुटुम्ब में मातृ प्रधानता के स्थान पर पितृ प्रधाानता की स्थापना के लिए यद्यपि अनथक प्रयास करने पड़े होंगे, तथापि आर्य लोगों में पितृ प्रधानता की जब एक बार कुछ समूहों में स्थापना हो गयी तो समाज के ध्यान में उसकी उपयुक्तता अधिकाधिक आने लगी। यह संस्था कालान्तर में आये लोगों में प्रथम शिष्टमान्य, फिर बहुजनमान्य और अन्त में धर्ममान्य होकर स्थिर हुई। इस प्रकार के काम में यानी उस काल में पितृ प्रधानता पूर्णत: स्थापित हुई थी।"[41]

यहाँ इतिहासाचार्य राजवाड़े मातृसत्तात्मक समाज से पितृसत्तात्मक समाज में संक्रमण की क्रमिक प्रक्रिया को स्पष्ट करते हुए बताते हैं कि कैसे यह व्यवस्था आरम्भ में केवल शिष्ट समाज तक सीमित थी, फिर समाज के बड़े हिस्से में धीरे-धीरे लोकप्रिय होती गया और अन्तत: धर्म मान्य होकर समाज में पूर्णत: स्वीकृत हो गयी। वह यह भी स्पष्ट करते हैं कि महर्षि वेदव्यास ने क्यों मानव सभ्यता का

आरम्भ प्रजापति संस्था से माना। लेकिन इस सामाजिक परिवर्तन के कारणों का वह उल्लेख नहीं करते हैं। इसी प्रकार प्रसिद्ध इतिहासकार रामशरण शर्मा उत्तर वैदिक काल में मातृसत्ता के ह्रास को रेखांकित करते हुए लिखते हैं :

"रत्निन सूची में लक्ष्य करने योग्य बात यह है कि उसमें स्त्रियों को स्थान दिया गया है। कुछ सूचियों में दो और अन्य में तीन रत्निन स्त्रियाँ हैं। राजकीय संस्कार से सम्बद्ध लगभग एक दर्जन रत्निनों में दो या तीन स्थान स्त्रियों को प्राप्त है, यह तथ्य ऋग्वैदिक काल की याद दिलाता है जब महिलाएँ विदथ की और कुछ हद तक सभा की कार्यवाहियों में भाग लिया करती थीं। वैदिकोत्तर काल में शनैः शनैः उनका महत्त्व घटने लगा। ह्रास की यह प्रक्रिया उत्तर वैदिक काल में बहु विवाह प्रथा के प्रचलन से ही शुरू हुई थी।"[42]

स्त्री के पर्याय के रूप में वैदिक संहिताओं में 'जनी' जनिनी, प्रसू, जाया जैसे शब्दों का न केवल अनेक बार प्रयोग किया है बल्कि वंश प्रवर्तक के रूप में स्त्री की महिमा का वर्णन करते हुए ऋग्वेद के तृतीय मण्डल में कहा गया है :

जाया ही घर है, वही पुरुष का आश्रय स्थल है।[43]

जाया का शाब्दिक अर्थ है जन्म देने वाली। स्त्री को जाया इसलिए कहा जाता है कि पुरुष उसी के माध्यम से जन्म ग्रहण करता है। इसी प्रकार 'जनी' शब्द का प्रयोग भी ऋग्वेद में कई स्थानों पर किया गया है, जो मूलतः जन्म देने वाली स्त्री के अर्थ में है। ऋग्वेद के प्रथम मण्डल (I.85.1) चतुर्थ मण्डल (IV.5:5, 52:1) सप्तम (VII.18:24) एवं नवम मण्डल (IX.86:32) में 'जनी' शब्द का प्रयोग स्त्री के लिए किया गया है।

वैदिक साहित्य में जन्म देने वाली नारी के रूप में माता को अत्यन्त सम्मान की दृष्टि से देखा गया है। यद्यपि माता शब्द व्यापक अर्थ में निर्माण करने वाली स्त्री के अर्थ में भी प्रयुक्त हुआ है और इसलिए निर्माण करने वाली अनेक प्राकृतिक शक्तियाँ यथा–नदी, अन्तरिक्ष, जल एवं पृथ्वी का भी माता के रूप में उल्लेख किया गया है। यह बात भी उल्लेखनीय है कि माता केवल जन्म देने वाली ही नहीं थी बल्कि पालन, पोषण एवं संरक्षण के माध्यम से अपने सन्तति के सम्पूर्ण जीवन का निर्माण करने वाली भी रही है।

वैदिक साहित्य में स्त्री का ऐश्वर्यशालिनी रूप

वैदिक साहित्य में अनेक स्थानों पर स्त्री के ऐश्वर्यशालिनी रूप का उल्लेख किया गया है। महर्षि कश्यप की पत्नी अदिति को देवताओं की माता के रूप में भी जाना

जाता है। उनकी व्यापकता का आभास इस बात से सहज ही लगाया जा सकता है कि ऋग्वेद के एक सूक्त में कहा गया है कि आकाश, अन्तरिक्ष, माता, पिता, पुत्र, सम्पूर्ण देवता सभी जातियाँ जो कुछ उत्पन्न हो चुका है और उत्पन्न होने वाला है वह सब अदिति ही है।[44]

इसी प्रकार ऋग्वेद के दसवें मण्डल में कहा गया है कि अदिति सभी के लिए मधुर रस प्रवहित करती है और सभी के लिए मंगल मार्ग का सृजन करती है। देवताओं का व्यापक साम्राज्य अदिति के कारण ही अक्षुण्ण है।[45]

अपने व्यापक गुणों के कारण अदिति विश्वेदेवता का रूप ग्रहण कर लेती है। अथर्ववेद में भी उसके गुणों का विस्तृत वर्णन करते हुए उसे सत् की पत्नी और सुब्रतों की माता कहा गया है। उसे अनेक स्थानों पर सोम और दक्ष की माता भी कहा गया है। वैदिक संहिताओं में अदिति का बहुयायामी व्यक्तित्व अनेक रूपों में उजागर हुआ है। ऋग्वेद में एक कथा आती है जिसके अनुसार वामदेव ऋषि ने एक बार अपनी माता का अपमान कर दिया, जिससे खिन्न होकर वह अदिति के पास चली गयी। माता के अपमान को अमर्यादित आचरण मानते हुए अदिति इन्द्र के माध्यम से वामदेव को चेतावनी देते हुए कहती है कि वृत्रासुर जैसे राक्षसों का अन्त इन्द्र ने नदियों का मार्ग रोकने जैसे अमर्यादित आचरण के कारण ही किया था :

हर्ष से शब्द करती हुई, पानी से भरी हुई ये नदियाँ क्या कह रही हैं? इनसे पूछो। इन्द्र के अस्त्र जल को घेरने वाले दुष्टों का विनाश कर देते हैं।[46] उनका आशय स्पष्ट था कि जैसे वृत्रासुर ने नदियों का जल रोककर सामाजिक दृष्टि से अक्षम्य कार्य किया था, माता का अपमान भी वैसा ही है।

वर्तमान पितृसत्तात्मक समाज में यह सोच पाना कठिन प्रतीत होता है कि आरम्भिक भारतीय समाज में स्त्री का कितना सम्मान था? इसका कारण सिर्फ़ आदर्शमूलक या नैतिक मानदण्ड नहीं हैं, अपनी ऐतिहासिक भूमिका के फलस्वरूप वह इसे अर्जित करती है। यह बात हैरत में डालती है कि जहाँ ऋग्वेद में अदिति का लगभग अस्सी बार उल्लेख मिलता है, वही उनके पति महर्षि कश्यप का उल्लेख बिल्कुल नहीं मिलता।

अदिति के उपरान्त 'उषा' ऐसी अन्य ऐश्वर्यशालिनी नारी चरित्र है, जिसकी महिमा का उल्लेख वैदिक साहित्य में अनेक बार किया गया है : "उत्तम गृहिणी के समान सबका विशेष रीति से पालन करनेवाली उषा आ रही है। वह हमें बलवान बना देती है, पैर वाले प्राणियों को चलायमान कर देती है और पक्षियों को उड़ाती है।"[47]

इस मन्त्र से स्पष्ट है कि वैदिक संहिता में उषा को समस्त प्रकृति के क्रिया व्यापार की प्रेरक शक्ति के रूप में रेखांकित किया गया है। वास्तव में वह जड़ जगत के सभी प्राणियों को कर्म की ओर उन्मुख करने वाली है :

"जो मननशील पुरुषों को कार्य करने के लिए प्रेरित करती है, धन की इच्छा रखने वाले व्यक्तियों को भी प्रेरणा देती है। जीवन देने वाली यह उषा एक स्थान पर स्थिर नहीं रहती है। हे वैभव सम्पन्न उषा देवी! तेरे प्रकाशित होने पर उड़ने वाले पक्षी भी बैठे नहीं रहते।"[48]

उपर्युक्त मन्त्र में उषा के व्यापक प्रभाव का आलंकारिक वर्णन करते हुए यह दर्शाया गया है कि वह सभी प्राणियों को प्रेरणा देने वाली और उनके जीवन को गति प्रदान कर सार्थकता देने वाली शक्ति है।

वैदिक साहित्य में 'उषा' को समर्पित सूक्तों को अगर सम्पूर्णता मे देखा जाए तो एक परम ऐश्वर्यशालिनी स्त्री की छवि उभरकर सामने आती है। दिवस के आगमन का प्रतीक यह देवी न केवल अन्धकार को दूर कर प्रकाश फैलाने का काम करती है बल्कि उत्तम गृहिणी की तरह सभी मनुष्यों का सम्यक पालन पोषण करती है, पापों का नाश करती है, मानव जीवन में व्याप्त जड़ता समाप्त कर उन्हें कर्म की ओर प्रेरित करती है तथा सम्पूर्ण सृष्टि में चेतना का संचार करती है। दरअसल 'उषा' वैदिक ऋषियों की सर्वाधिक पसन्दीदा चरित्रों में से एक है और यही कारण है कि उसे समर्पित सूक्त वैदिक साहित्य के सर्वाधिक काव्यात्मक सूक्तों में से है। ऋग्वेद के प्रथम मण्डल में 'उषा' के प्रभाव का समग्र आकलन करते हुए कहा गया है :

"तेजस्वी पदार्थों से भी अधिक श्रेष्ठ उषा का यह तेज पूर्वदिशा में प्रकट हो रहा है। यहाँ विलक्षण रमणीय प्रकाश लगातार फैल रहा है। जिस प्रकार रात्रि का जन्म सूर्य की उत्पत्ति के लिए हुआ है, वैसे ही यह रात्रि उषा के आगमन को सम्भव बना रही है।"[49]

यह बात काफ़ी हैरान करने वाली है कि ऋग्वेद में जिस देवी का स्मरण सर्वाधिक ऐश्वर्यशालिनी स्त्री रूप में की गयी है, परवर्ती वैदिक साहित्य में उसकी उपस्थिति नगण्य है।

इसी प्रकार इड़ा-सरस्वती-मही नामक नारी-त्रयी के सम्बन्ध में यह कहा गया है कि वे सदा सामाजिक के हृदय में विद्यमान रहें क्योंकि ये तीन देवियाँ सदा सुख देने वाली हैं।[50]

"यहाँ 'इड़ा' बुद्धि का सरस्वती 'विद्या' का एवं मही या पृथ्वी आश्रय का प्रतीक है। मानव जीवन को सार्थक बनाने वाले इन तीनों तत्त्वों को स्त्री रूप में

अभिहित करना तत्कालीन समाज में उनकी सम्मानजनक स्थिति की ओर इंगित करता है।

वैदिक संहिता में सरस्वती को विद्या की देवी, बुद्धि का संचार करने वाली तथा मनुष्य को सत्कर्मों की ओर प्रेरित करने वाली देवी के रूप में चित्रित किया है। "सत्य कर्मों की प्रेरणा देने वाली उत्तम बुद्धि को बढ़ाने वाली विद्या की देवी शुभ कार्य को धारण करती है, उन्हें सफल बनाती है।"[51]

अगले मन्त्र में पुनः मानव जीवन में ज्ञान की महत्ता को रेखांकित करते हुए इसकी अधिष्ठात्री के प्रति आभार व्यक्त किया गया है :

"ज्ञान का प्रसार करने वाली यह विद्या की देवी कर्मों के महासागर को ज्ञानी जन के सामने खोल देती है अर्थात् इस विद्या के कारण मनुष्य कर्म के नाना मार्गों का ज्ञाता हो जाता है और इस प्रकार अपनी बुद्धि को ज्ञानयुक्त करता है।"[52]

इन सन्दर्भों में वैदिक समाज में स्त्री की जो छवि उभरती है वह निश्चित रूप से एक सम्मानित एवं एश्वर्य से सम्पन्न व्यक्ति की है।

पारिवारिक एवं व्यक्तिगत जीवन में स्वतन्त्रता के विविध आयाम

अब तक आरम्भिक वैदिक काल में स्त्रियों की क्रियाशीलता के विविध आयामों की चर्चा की गयी है। लेकिन यह चर्चा तब तक अधूरी रहेगी जब तक उनके पारिवारिक और व्यक्तिगत जीवन के बारे में विचार न किया जाए। वैदिक संहिताओं के समग्र अनुशीलन से यह बात स्पष्ट हो जाती है कि इस काल में स्त्रियों को व्यक्तिगत और पारिवारिक जीवन में पूरी स्वतन्त्रता थी। इस दौरान पुरुष और स्त्री का सम्बन्ध नियन्त्रण पर आधारित न होकर आपसी विश्वास एवं सामंजस्य पर आधारित था, जिसका संकेत वैदिक साहित्य के अनेक सूक्तों में मिलता है। स्त्री को अपने पति के घर में साम्राज्ञी बनकर रहने की कामना की गयी है जिससे यह ध्वनित होता है कि पारिवारिक जीवन में उसका अत्यन्त आदर था। इसी तरह विदथ में पति एवं पत्नी दोनों की सहभागिता थी एवं पत्नी के बिना यज्ञ पूर्ण नहीं माना जाता था। पुत्री के जन्म से लेकर शिक्षा-दीक्षा तक उसे पुत्रों की तरह ही अधिकार हासिल थे। आरम्भिक वैदिक काल में बालकों की तरह बालिकायें भी वेदों का अध्ययन करती थीं तथा उससे सम्बन्धित संस्कारों–मौजी बन्धन एवं मेखला धारण करती थी। ऋग्वेद संहिता (X,109.4) में यज्ञोपवीत धारण करने वाली स्त्री के गुणों के वर्णन से स्पष्ट है कि पुरुषों के समान स्त्रियों को भी उपनयन संस्कार का अधिकार था। स्त्रियों के वेद अध्ययन और उपनयन संस्कार का निषेध आगे चलकर प्रचलित हुआ

है। बालकों की तरह बालिकाओं को भी अनेक विषयों के अध्ययन की स्वतन्त्रता प्राप्त थी–वेद अध्ययन से लेकर संगीत, कला, शिल्प एवं शस्त्र विद्या के अध्ययन जैसी सभी विधायें उसमें शामिल थीं और इस विषय में स्त्री और पुरुष के बीच किसी भेदभाव का संकेत वैदिक साहित्य में नहीं मिलता है।

वैदिक संहिताओं के अवलोकन से यह संकेत मिलता है कि कन्याओं को अपने जीवन के सम्बन्ध में चुनाव करने का पूरा अधिकार था। वह विवाह कर गृहस्थ के रूप में अपना जीवन व्यतीत कर सकती थी या अविवाहित रहकर अपना जीवन व्यतीत कर सकती थी। ऋग्वेद में ऐसी नारियों के प्रसंग मिलते हैं जो जीवन भर अविवाहित रहकर पिता के घर में जीवन व्यतीत करती थीं। ऐसी कन्याओं को 'अमाजुर' और 'पितृषद' शब्द से अभिहित किया है। ऋग्वेद के द्वितीय मण्डल में इन्द्र से प्रार्थना करते हुए कहा गया है कि :

"माता पिता के साथ आजीवन अविवाहित रहने वाली कन्या के समान हम एक ही स्थान से तुमसे धन की प्रार्थना करते हैं।"[53]

इसी प्रकार ऋग्वेद के दशम मण्डल में अश्विनी कुमारों की स्तुति करते हुए कहा गया है कि तुम पिता के घर में आजीवन रहने वाली अमाजुरा घोषा की सौभाग्य प्राप्ति में सहायक रहे हो। (X,29.3)

प्रेम और विवाह में स्वतन्त्रता, विधवा विवाह की स्वीकृति

जहाँ तक तत्कालीन समाज में प्रेम और विवाह के सम्बन्ध में स्त्रियों की स्वतन्त्रता का सवाल है, वैदिक साहित्य इस बात की ओर संकेत करते हैं कि उस समय युवती को अपने मनोनुकूल वर चुनने की पूरी स्वतन्त्रता थी :

"कितनी स्त्रियाँ ऐसी हैं जो प्रशंसायुक्त वचन और धन की अभिलाषा से पुरुषों पर आसक्त हो जाती है, लेकिन जो कल्याण प्रद और सुरुप स्त्री है, वह मनुष्यों के बीच अपने मनोनुकूल मित्र पुरुष को पति के रूप में स्वीकार करती है।"[54]

वैदिक संहिता में स्त्रियों द्वारा स्वयंवर में अपने मनोनुकूल पति चुनने के अनेक प्रसंग वर्णित हैं, जो तत्कालीन समाज में स्त्रियों की स्वयं नियन्ता होने की स्थिति का संकेत करती है। ऐसी ही एक कथा राजा पुसमित्र की बेटी कमद्यु का है, जिसने स्वयंवर में विमद ऋषि को अपने पति के रूप में चुना था। स्वयंवर में आए हुए अन्य लोगों ने विमद ऋषि पर आक्रमण कर दिया, लेकिन अश्विनी कुमारों की सहायता से विमद ऋषि और उनकी पत्नी घर पहुँचने में सफल रहे। (ऋग्वेद X,39.7)

प्रेम सम्बन्ध के बारे में भी वैदिक समाज काफ़ी उदार प्रतीत होता है। विवाह से पूर्व भी वर और कन्या प्रेमालाप कर सकते थे। विवाह पूर्व प्रेमी के लिए वैदिक साहित्य में 'जार' शब्द का प्रयोग किया गया है जिसका शाब्दिक अर्थ प्रेमी या प्रणय करने वाला व्यक्ति है। वैदिक साहित्य में इस शब्द में अनैतिकता की कोई ध्वनि नहीं है और यह अर्थछाया बाद में जोड़ी गयी प्रतीत होती है। युवक और युवतियों के प्रेमालाप के अनेक प्रसंग ऋग्वेद में वर्णित हैं। यथा–

"जैसे सोम में जल एकरूप हो जाता है, वैसे ही युवतियाँ युवा पुरुष की प्राप्ति के लिए झुकती है और युवा पुरुष प्रेम से पूर्ण युवतियों को प्राप्त करता है।"[55]

ऋग्वेद में संकलित अनेक कथाएँ खासकर दसवें मण्डल में संकलित यम-यमी संवाद एवं उर्वशी-पुरुरवा संवाद तत्कालीन समाज में स्त्रियों की उन्मुक्त काम चेतना का संकेत करती है। यम-यमी सूक्त की द्रष्टा यमी है। वह स्वच्छन्द जीवन व्यतीत करने वाली स्त्री की प्रतीक है जो स्त्री-पुरुष सम्बन्ध में किसी प्रकार की वर्जना में विश्वास नहीं करती है। वह यम से कहती है :

"गुप्त, निर्जन और प्रशस्त समुद्र के प्रदेश में आकर मैं मित्र भाव से तुम्हारा वरण करना चाहती हूँ।"[56]

यद्यपि यम अपने सहोदर बहन के प्रणय निवेदन को विधान सम्मत न मानते हुए अस्वीकार कर देता है, लेकिन यमी इस बात से विचलित हुए बिना फिर कहती है कि :

"एक ही स्थान में सहशयन करने के लिए, यम की काम-अभिलाषा की पूर्ति के लिए मुझ यमी को बनाया गया है। जिस प्रकार पति के पास पत्नी अपनी देह को निरावृत्त करती है, उसी प्रकार मैं अपने शरीर को प्रदान करती हूँ। हम रथ के दोनों पहियों के समान एक कार्य में प्रवृत्त हों।[57]

यमी की स्वेच्छाचारिता का उत्तर देते हुए यम कहता है कि देवों के गुप्तचर इस लोक में हमेशा संचार करते रहते हैं, उनकी आँखें कभी बन्द नहीं होतीं। अत: तू मुझे छोड़कर अन्य पुरुष के साथ आमोद-प्रमाद कर। यहाँ यह बात उल्लेखनीय है कि यमी के प्रणय निवेदन को यम अपनी सहोदरा होने के कारण अस्वीकार करता है, लेकिन किसी अन्य पुरुष के साथ यमी के काम सम्बन्ध में उसे कोई आपति नहीं है। वह कहता है :

"हे यमी! तुम भी अन्य पुरुष को वृक्ष की लता के समान आलिंगन करो और दूसरा पुरुष तुम्हें आलिंगन करे। तुम उसका मन हरण करो और वह तुम्हारा मन हरण करे और तुम उसके साथ सहवास का आनन्द प्राप्त करो।"[58]

उपर्युक्त प्रकरण वैदिक कालीन समाज में समागम के सम्बन्ध में स्त्रियों की स्वतन्त्रता का संकेत करता है। उर्वशी-पुरुरवा संवाद एक अन्य प्रकरण है जो वैदिक समाज में उन्मुक्त काम सम्बन्धों की तरफ़ इशारा करता है। उर्वशी एक अप्सरा है और पुरुरवा एक मनुष्य है लेकिन दोनों के बीच बिना किसी व्यवधान के प्रणय सम्बन्ध स्थपित होता है जिससे आयु नामक पुत्र की उत्पत्ति होती है। इस कथा की पुनरावृत्ति अर्थर्ववेद में भी है और आगे चलकर शतपथ ब्राह्मण (11/5/1) में इसका विस्तृत वर्णन मिलता है। कालिदास के नाटक 'विक्रमोर्वशीयम' में इस प्रकरण का अत्यन्त उत्कृष्ट रूप में चित्रण किया है।

इसके अतिरिक्त वैदिक संहिताओं में अनेक प्रकरण ऐसे भी मिलते हैं जो इस बात की ओर संकेत करते हैं कि तत्कालीन समाज में प्रणय सम्बन्धों को लेकर बहुत नियन्त्रण नहीं था और स्त्रियों को इस बारे में पूरी स्वतन्त्रता प्राप्त थी। कहीं-कहीं एक स्त्री के अनेक पति अर्थात् बहुपतित्व प्रथा का भी संकेत मिलता है। दशम मण्डल में कहा गया है कि :

"सोम ने सबसे पहले तुम्हें पत्नी रूप में प्राप्त किया, उसके बाद गंधर्व ने प्राप्त किया। अग्नि तुम्हारा तीसरा पति है और चौथा पति मनुष्य है।"[59]

इसी तरह के भाव इस सूक्त के अड़तीसवें और उनचालीसवीं मन्त्र में भी व्यक्त किए गए हैं। अड़तीसवें मन्त्र में अग्नि को सम्बोधित करते हुए कहा गया है कि गंधर्वों ने सर्वप्रथम दहेज सहित सूर्या को तुम्हें दिया और तुमने दहेज के साथ उसे सोम को अर्पण किया। इसी प्रकार उनचालीसवें सूक्त में कहा गया है कि अग्नि ने दीर्घ, आयु, तेज़ और कान्ति सहित पत्नी को प्रदान किया।

वैदिक संहिताओं में स्त्री के पर्याय के रूप में अनेक ऐसे शब्दों का प्रयोग किया गया है जो उनकी स्वतन्त्र अस्मिता का संकेत करते हैं। विलासिनी या स्वेच्छाचारी स्त्री के लिए ऋग्वेद में 'प्रपर्वी' (10/85/22) शब्द का प्रयोग किया गया है। इसी शब्द का प्रयोग बाद के ग्रन्थों अथर्ववेद (5/22/7), तैत्तिरीय संहिता (4/2/5/6), मैत्रायणी संहिता (2/7/12), काठक संहिता (16/12) तथा वाजसेनिय संहिता (12/71) में भी किया गया है। स्वतन्त्र जीवन जीनेवाली एवं कामातुर स्त्रियों के लिए वैदिक संहिता में 'पुंश्चली' शब्द का भी प्रयोग किया गया है।

वैदिक संहिताओं में बाल-विवाह का कहीं वर्णन नहीं मिलता है। गुरुकुल में अपनी शिक्षा पूरी करने के बाद ही वयस्क उम्र में युवक एवं युवतियाँ विवाह करने के लिए स्वतन्त्र थे। पति की मृत्यु के उपरान्त स्त्रियाँ, पुनर्विवाह के लिए स्वतन्त्र थीं। ऋग्वेद के दशम मण्डल के एक सूक्त में कहा गया है कि तुम मृत पति के पास

व्यर्थ सोयी हो, उठकर अपने भावी पति को प्राप्त करो :

"हे स्त्री! तुम जीवित लोगों का विचार करके यहाँ से उठो। तेरा पति मृत्यु को प्राप्त हुआ है, उसके पास तुम व्यर्थ सोयी हुई हो। भविष्य का विचार करके पाणिग्रहण एवं षोषण करने वाले अपने भावी पति के साथ मिलकर रहो।"[60]

अथर्ववेद संहिता में भी विधवा विवाह या पुनर्विवाह का स्पष्ट संकेत किया गया है। इसमें स्पष्ट रूप से कहा गया है कि विधवा विवाह से 'पंचोदन' यज्ञ करने जैसा फल प्राप्त होता है।[61]

उपर्युक्त सन्दर्भ से स्पष्ट है कि परवर्ती समाज की तरह पति की मृत्यु के बाद स्त्रियों को सती होने की बाध्यता नहीं थी बल्कि पुनर्विवाह से 'पंचोदन' नामक यज्ञ जैसा फल मिलने की बात कही गयी है अर्थात यह पुण्य कार्यों में शामिल था।

पूर्व वैदिक काल में स्त्रियों के प्रति उन्मुक्त जीवन दृष्टि

समग्रत: यह कहा जा सकता है कि वैदिक साहित्य सुखी, सम्पन्न, आशावाद से परिपूर्ण एवं वर्जना मुक्त समाज का चित्र प्रस्तुत करते हैं। स्त्रियों के सम्बन्ध में भी इस समाज की धारणा ऐसी ही प्रतीत होती है। श्रमविभाजन इस काल में प्रचलित नहीं हुआ था, अत: स्त्रियाँ सभी तरह के पारिवारिक एवं सामाजिक कार्यों में भाग लेती हैं। वह युद्ध में भाग लेती हैं, रथ का संचालन करती हैं, गुप्तचर का काम करती हैं और 'विदथ' में वाद-विवाद एवं विमर्श में सक्रिय भूमिका अदा करती हैं। बालकों की तरह मौजी बन्धन एवं उपनयन संस्कार से युक्त होकर वह गुरुकुल में ज्ञान अर्जन करती है जिसमें वेदों के अध्ययन से लेकर युद्धविद्या, धनुर्विद्या, गणित, संगीत और शिल्प का अध्ययन सब कुछ शामिल है। शिक्षा प्राप्ति के उपरान्त उन्हें अपने मनोनुकूल वर चुनने की पूरी स्वतन्त्रता प्राप्त थी। यही नहीं युवक-युवतियों के बीच प्रेम सम्बन्धों पर किसी प्रकार की वर्जना नहीं थी। वयस्क उम्र में स्त्रियाँ गृहस्थ के रूप में या ब्रह्मवादिनी के रूप में बौद्धिक विमर्श और ज्ञान के प्रसार में अपना जीवन व्यतीत कर सकती थीं। स्त्रियों द्वारा दर्शित वैदिक ऋचायें न केवल मानव जीवन, स्त्री-पुरुष सम्बन्ध, राजव्यवस्था के बारे में उनकी व्यस्क जीवन दृष्टि का परिचय देती है बल्कि काव्योत्कर्ष की दृष्टि से भी ये वैदिक साहित्य की सर्वोत्तम रचनाओं में से हैं। इस बहुआयामी क्रिया व्यापार एवं वंश प्रवर्तन के केन्द्र में होने के कारण स्त्रियों को तत्कालीन समाज में अत्यन्त गौरवपूर्ण स्थान प्राप्त है, जिसकी झलक 'अदिति', 'उषा' एवं 'सरस्वती' को सम्बोधित ऋचाओं में मिलती है।

वैदिक साहित्य मूलतः मानव विकास के पशुचारण अवस्था (Pastoral) वाली सामाजिक प्रक्रियाओं और मूल्यों को इंगित करती है, जो उन्मुक्त जीवन दृष्टि और आशावाद से प्रेरित है। उसमें 'नियन्त्रण' अथवा 'स्वामित्व' से सम्बन्धित संकल्पनाएँ कम हैं, अतः निषेध या वर्जनाओं पर वहाँ ज़ोर नहीं है। लेकिन उत्तर वैदिक काल में जब कृषि आधारित सामाजिक व्यवस्था स्थापित होती है, तब अनेक सामाजिक परिवर्तन आकार ग्रहण करते हैं जिनमें 'स्वामित्व' एवं नियन्त्रण के विविध रूप शामिल हैं। भूमि, स्त्रियों एवं दासों पर स्वामित्व इसी अवधारणा के आनुषंगिक रूप हैं। यद्यपि वैदिक साहित्य में कृषि और उससे सम्बन्धित प्रक्रियाओं के उल्लेख मिलते हैं, लेकिन यह निर्विवाद है कि कृषि व्यवस्था इस समाज में शैशव रूप में ही थी और सम्पत्ति सम्बन्धी अवधारणा पशुओं तक सीमित थी जिनमें 'गाय' और 'घोड़े' मुख्य हैं। उत्तर वैदिक काल में कृषि की आवश्यकताओं के अनुरूप स्थायी वास और स्थायी भूमि की ज़रूरत महसूस हुई जिससे 'स्वामित्व' की नयी अवधारणा का जन्म हुआ। वैदिक समाज में यद्यपि लिंगभेद की स्थिति के स्पष्ट संकेत नहीं है, तथापि एक युद्धरत समाज की आवश्यकता ने पुत्र की आकांक्षा को नयी ऊँचाई पर पहुँचा दिया तथा युद्धों में स्त्रियों की अपेक्षाकृत कम उपयोगिता के कारण धीरे-धीरे उनकी क्रियाशीलता का क्षेत्र घटने लगा। इसके कारण युद्धनीति और नीति निर्माण करने वाली प्रमुख संस्थाओं में उनका प्रतिनिधित्व भी सीमित होने लगा और तद्नुसार उनका सामाजिक महत्त्व भी शनैः शनैः क्षीण होने लगा जो पारम्परिक संस्कारों से लेकर व्यक्तिगत जीवन के विविध आयामों में दृष्टिगोचर होने लगा।

स्त्री की सामाजिक प्रतिष्ठा में गिरावट

उत्तर वैदिक समाज में स्त्रियों की स्थिति में गिरावट का दौर प्रारम्भ हो चुका था, भले ही यह गिरावट आकस्मिक और तीव्र न होकर लम्बी क्रमिक प्रक्रिया के रूप में रही है।

इतिहासकार राजवाड़े इसके मूल में 'प्रजापति संस्था' को मानते हैं। इतिहासकार रामशरण शर्मा प्रकारान्तर से राजवाड़े की मान्यता की ही पुष्टि करते जान पड़ते हैं। राजवाड़े द्वारा वर्णित प्रजापति संस्था को ही रामशरण शर्मा बहु विवाह प्रथा के तौर पर उल्लेख करते हैं।

लेकिन यदि हम वैदिक साहित्य पर नजर डालें तो बहु विवाह प्रथा एकमात्र कारण नहीं जान पड़ता है स्त्रियों की सामाजिक अवस्था में गिरावट का, बल्कि

कुछ अन्य कारणों के भी संकेत मिलते हैं। भारत में आगमन के साथ ही आर्य समाज लगातार संघर्षों में रत था। यह संघर्ष दो स्तरों पर था–भारत के प्राचीन मूल निवासियों के साथ तथा आपसी कबीलों के बीच संघर्ष। इस निरन्तर संघर्ष की स्थिति में आर्यों की आरम्भिक सफलता के कारण थे, युद्ध में रथ और घोड़ों का कुशलता से प्रयोग तथा उत्तम किस्म के शस्त्रों का उपयोग। अत: स्वाभाविक रूप से वैदिक साहित्य में योद्धाओं का अनेक प्रसंगों में यशगान किया गया है।

"तेजस्वी एवं श्रेष्ठ शत्रुनाशक वीर की महिमा पृथ्वी और धुलोक से भी बड़ी है। बहुत कुशल एवं शान्ति एवं सुख देने वाले वीर की कोई तुलना नहीं है। उनका कोई शत्रु नहीं होता, न ही इन्हें किसी अन्य व्यक्ति के आश्रय की ज़रूरत होती है।"[62]

"मैंने वीर को ही धन प्राप्त करते सुना है।"[63]

वैदिक साहित्य में इन्द्र की प्रमुखता का कारण भी मूलत: युद्ध में नेतृत्व कर विजय दिलाने और अपने कुल को दिए जाने वाले संरक्षण के कारण ही है। इन्द्र को समर्पित सूक्तों के अवलोकन से यह बात स्वत: स्पष्ट है। इन सूक्तों में इन्द्र को अद्वितीय प्रतिष्ठा प्रदान करने के पीछे उसका असाधारण पराक्रम एवं नेतृत्व शक्ति ही है :

"जैसे चक्र था रथ के पहिए घोड़े के पीछे चलता है, उसी तरह आकाश और पृथ्वी सभी इन्द्र के अनुकूल होकर चलते हैं। सोम भी उसी के अनुवर्ती होकर चलता है।"[64]

"हे मनुष्यो! जिस मनस्वी देव ने उत्पन्न होते ही अपने कर्म से सारे देवों को अलंकृत किया, जिसके बल से दोनों लोक कांप उठते हैं, अपने बल के प्रभाव से प्रसिद्ध वह इन्द्र ही है।"[65]

"हे मनुष्यो! जिसकी सहायता के बिना वीर भी विजय प्राप्त नहीं कर पाते, युद्धरत पराक्रमी मनुष्य जिसे अपनी रक्षा के लिए पुकारते हैं, जो सम्पूर्ण विश्व को जानने वाला है, और जो अत्यन्त बलशाली शत्रु को भी नष्ट कर देता है, वह इन्द्र ही है।"[66]

"जो वृत्र नामक राक्षस को मारनेवाला, अन्न देने वाला, ऐश्वर्यों को प्रदान करने वाला उत्तम धनयुक्त एवं गरिमापूर्ण है, ऐसे शत्रुनाशक, प्रेरणादायक महान बलवान, उत्तम वज्र धारण करने वाले इन्द्र की हम स्तुति करते हैं।"[67]

उपर्युक्त संदर्भों से स्पष्ट है कि आरम्भिक वैदिक समाज में योद्धाओं का प्रमुख स्थान था। यह स्वाभाविक है कि क्योंकि निरन्तर युद्धरत समाज में न केवल अपना अस्तित्व बनाए रखने के लिए, न केवल पड़ोसी कबीलों से अपनी रक्षा के लिए,

बल्कि गायों, घोड़ों और अन्य उत्पादक पशुओं की रक्षा करने के लिए भी योद्धाओं की आवश्यकता निरन्तर बनी रहती थी। देवताओं और प्रजाओं के राजा के रूप में इन्द्र के यशगान का सर्वाधिक महत्त्वपूर्ण कारण भी मूलत: एक योद्धा के रूप में उसकी असाधारण क्षमता है। अत: 'इन्द्र' को समर्पित अधिकांश सूक्तों में उसे शत्रुओं का नाश करने वाला, युद्ध में विजय दिलाने वाला, प्रजा को संरक्षण देने वाला, अत्यन्त पराक्रमी व्यक्ति के रूप में चित्रित किया गया है। इसी कारण अन्य योद्धाओं को भी वैदिक साहित्य में अनेक प्रसंगों में कहा गया है कि उसमें शत्रुओं को पराजित करने की क्षमता तथा युद्ध में कुशलता होना चाहिए। यहाँ तक कहा गया कि शस्त्र न धारण करने वाला पराक्रमहीन मनुष्य हमेशा दुखी रहते हैं। शस्त्र धारण करना सुरक्षित और सुखी होने का वास्तविक उपाय है। ऐसा ही तेजस्वी और पराक्रमी व्यक्ति राजा होने के योग्य है, क्योंकि वही अपने कर्तव्यों का भली भाँति निर्वाह कर सकता है। (अनायुधास: आसता सचन्ताम, ऋ. IV.5.14)

यद्यपि आरम्भिक वैदिक साहित्य में युद्ध में स्त्रियों के प्रत्यक्ष रूप से भाग लेने का स्पष्ट विवरण है, जिसका विस्तारपूर्वक उल्लेख इस अध्याय में किया गया है परन्तु ऐसा प्रतीत होता है कि यह स्त्रियों की स्वाभाविक रूचि का विषय नहीं था और युद्ध में भाग लेनेवाली स्त्रियाँ बड़ी तादाद में नहीं रही होंगी। इस साहित्य में सीधे तौर पर जीवन के किसी भी क्षेत्र में स्त्रियों के भाग लेने का निषेध नहीं है और उन्हें लेकर एक उन्मुक्त जीवन दृष्टि है, तथापि युद्ध और प्रशासन के क्षेत्र में उनकी उपयुक्तता को लेकर कुछ प्रसंगों से संकेत अवश्य मिलता है। आर्य समाज के नेता इन्द्र स्त्रियों की सेना को 'अबला' की सेना कहकर उसका उपहास उड़ाता है। ऋग्वेद के पंचम मण्डल में एक कथा का वर्णन हैं जिसके अनुसार दास ने पराजित होने के डर से स्त्रियों की एक सेना बनायी ओर इसके साथ इन्द्र पर आक्रमण कर दिया यह सोचकर कि शायद इन्द्र स्त्रियों पर आक्रमण न करे। इसके उपरान्त इन्द्र ने यह सोचा कि अबला स्त्रियों की सेना मेरा क्या कर लेगी और यह सोचकर उस सेना में से दो सुन्दर स्त्रियों को कैदखाने में बन्द कर दिया। तब पूरी स्त्री सेना डरकर भाग गयी और इन्द्र ने अपनी सेना से उस पर आक्रमण कर दिया।[68]

यद्यपि स्त्रियों के बारे में ऐसी मान्यता ऋग्वैदिक साहित्य में बहुत कम हैं, तथापि उस समाज के नेता की ऐसी मान्यताओं को आगे चलकर समाज में भी स्वीकृति मिल गयी हो, तो अचम्भे की बात नहीं। स्त्रियों की प्रशासनिक कुशलता के बारे में भी इन्द्र के विचार बिल्कुल उदार नहीं प्रतीत होते। उसके अनुसार : "स्त्रियों का मन शासन में नहीं रमता है। उसकी बुद्धि तथा कर्मशक्ति छोटी होती है।"[69]

उपर्युक्त उद्धरणों से स्पष्ट है कि युद्धों और प्रशासन के क्षेत्र में स्त्रियों की योग्यता को वैदिक समाज के नेता इन्द्र ने खुले मन से स्वीकार नहीं किया है। आरम्भ में यह भावना कुछ विशिष्ट लोगों तक सीमित रही होगी, लेकिन समाज के मुखिया की धारणा होने के कारण धीरे-धीरे बहुमान्य और व्यापक समाज में मान्य हुई होगी। यही कारण है कि उत्तर वैदिक काल तक आते-आते स्त्रियों से सम्बन्धित सामाजिक क्रियाशीलता के अनेक आयामों को हम संकुचित होता हुआ पाते हैं। युद्ध और राजनीति में सहभागिता आरम्भिक चरण में वर्जना के उपकरण होंगे और सामाजिक एवं पारिवारिक जीवन के अन्य क्षेत्र धीरे-धीरे उसमें शामिल होते रहे होंगे। आरम्भिक वैदिक समाज में पुत्र की कामना और वीरों की प्रशंसा इस मन:स्थिति के ही विस्तार माने जा सकते हैं। यद्यपि परवर्ती साहित्य की तरह ऋग्वेद संहिता में पुत्री के जन्म के सम्बन्ध में नकारात्मक बात नहीं कही गयी है, तथापि पुत्र के जन्म की कामना से सम्बन्धित अनेक प्रसंग मिलते हैं, जो इस बात की ओर संकेत करता है कि तत्कालीन समाज में पुत्रों का जन्म अधिक श्रेयस्कर समझा जाता था। ऋग्वेद के दसवें मण्डल के सूक्त में दस पुत्रों की उत्पति की कामना की गयी है लेकिन पुत्रियों के विषय में कोई उल्लेख नहीं किया गया है :

"हे इन्द्र:! तू इसको उत्तम पुत्रों से युक्त और सौभाग्यशाली कर। इसको दस पुत्र प्रदान कर और पति को मिलाकर इसे ग्यारह व्यक्तियों वाला कुटुम्ब बना।"[70]

यहाँ दस पुत्रों की कामना को अधिकाधिक पुत्रों की चाह के प्रतीकात्मक अर्थ में समझना चाहिए जो युद्धरत समाज में अधिकाधिक योद्धाओं की आवश्यकता के अनुकूल है। पुत्रों की आकांक्षा से सम्बन्धित कई अन्य सूक्त भी ऋग्वेद में संकलित हैं :

"हे त्वष्टा देव! तू प्रसन्न होकर हमें वह पुष्टिकारक अन्न प्रदान कर ताकि वीर, चतुर, यज्ञ करने वाला और देवत्व की इच्छा रखने वाला पुत्र उत्पन्न हो।"[71]

एक अन्य सूक्त में अग्नि से ऐसे पुत्र की कामना की गयी है जो कार्य करने में कुशल, शत्रुओं को पराजित करने वाला, सज्जनों का उत्तम तरीके से पालन करने वाला हो और जिसको देखते ही उसके बल से भयभीत होकर शत्रु काँपने लगे।[72]

इन सन्दर्भों से इस बात का स्पष्ट संकेत मिलता है कि वैदिक समाज में वीर पुत्रों का जन्म अभीष्ट था। इसीलिए अनेक सूक्तों में वीर पुत्रों की कामना की पुनरावृत्ति मिलती है : कभी इन्द्र के माध्यम से तो कभी अग्नि या अन्य देवताओं के माध्यम से। ऋग्वेद के द्वितीय मण्डल में एक पदबन्ध की आवृत्ति अनेक सूक्तों में की गयी है : 'वृहद वदेम विदथे सुवीरा:' जिसका शाब्दिक अर्थ है कि उत्तम

वीर पुत्रों से युक्त होकर विदथ में हम आपकी अच्छी तरह स्तुति करें। ऐसी प्रार्थना वैदिक साहित्य में पुत्रियों के लिए की गयी हो यह मेरे संज्ञान में नहीं आया है। परवर्ती साहित्य की तरह ऋग्वेद में पुत्रियों या समूची स्त्री जाति के लिए प्रत्यक्षत: भेदभाव का प्रसंग तो नहीं मिलता है लेकिन पुत्रों की कामना निर्विवाद रूप से अनेक प्रसंगों में उभरकर सामने आती है, जो युद्धरत समाज की आवश्यकताओं से उत्पन्न प्रतीत होती है। लेकिन इन भेदभावों के आरम्भिक बीज वैदिक साहित्य में अवश्य मिलते हैं। ऋग्वेद के तृतीय मण्डल के एक सूक्त से इसे भलीभाँति समझा जा सकता है :

"यद्यपि माता-पिता पुत्र और पुत्री दोनों को उत्पन्न करते हैं, पर उनमें से एक अर्थात् पुत्र उत्तम कर्मों को करने वाला होता है, जबकि दूसरी अर्थात् पुत्री अलंकारों को धारण करेन वाली होती है।"[73]

इस वक्तव्य से सामाजिक जीवन में स्त्री की भूमिका के सीमित होते चले जाने का संकेत मिलता है, जो आगामी समय में जीवन के अनेक क्षेत्रों में दृष्टिगोचर होती है।

सन्दर्भ :

1. फ्रेडरिक एंगेल्स : परिवार, निजी सम्पत्ति और राज्य की उत्पत्ति, पृ. 70-71
2. युवंहवंवध्रिमत्याअगच्छतंयुवंसुषुतिंचक्रथुः पुरन्धये:।
   युवंवन्दनमृश्यदादुदूपथुर्युवंसद्योविश्पलामेतवेकृथ:।

   —ऋग्वेद-10.39.7-8
3. नीचावयाअभवद्धृत्रपुत्रेन्द्रोअस्याअववधर्जभार।
   उत्तरासूरधर:पुत्रआसीद्दानुः शयेसहवत्सा न धेनुः॥

   —ऋग्वेद-1.32.9
4. उवासोषाउच्छाच्चनुदेवीजीरारथानाम्।
   येअस्याआचरणेषुदध्रिरेसमुद्रे न श्रवस्यवः॥

   —ऋग्वेद-1.48.3
5. नाहंवेदभ्रातृत्वंनोस्वसृत्वमिन्द्रोविदुरङ्गिरसश्चघोराः।
   गोकामामेअच्छदयन्यदायमपातइतपणयोवरीयः॥

   —ऋग्वेद-10.108.10
6. समिद्धोअग्निर्दिविशोचिरश्रेत्प्रत्यङ्गुषसमुर्वियाविभाति।
   एतिप्राचीविश्ववारानमोभिर्देवाँईठ्ठानाहविषाघृताची॥

   —ऋग्वेद-5.28.1
7. शुद्धा:पूतायोषितोयज्ञियाइमाब्रह्मणांहस्तेषुप्रपृथक्सादयामि।

   —अथर्ववेद-6.122.5

8. संजानानाउपसीदन्नभिज्ञुपत्नीवन्तोनमस्यनमस्यन्।

—ऋग्वेद-1.72.5

9. साध्वपांसिसनता न उक्षितेउषासानक्तावय्येवरण्विते।
तन्तुंततंसंवयन्तीसमीचीयज्ञस्यपेशः सुदुघेपयस्वती॥

—ऋग्वेद-2.3.6

10. अधिपेशांसिवपतेनृतूरिवा।

—ऋग्वेद-1.92.4

11. रामशरण शर्मा, प्राचीन भारत में राजनीतिक विचार एवं संस्थाएँ, पृ. 92

12. मिम्यक्ष येषु सुधिता घृताची हिरण्यनिर्णिगुपरो न ऋष्टिः।
गुहा चरन्ती मनुषो न योषां सभावती विदथ्येव स वाक्।।

—ऋग्वेद-1,167.3

13. गृहान्गच्छगृहपत्नीयथासोवशिनोत्वंविदथमावदासि।

—ऋग्वेद-10.85.26

14. एनापत्यातन्वंसंसृजस्वाधाजिव्रीविदथमावदाथः।

—ऋग्वेद-10.85.27

15. इहप्रियंप्रजायैतेसमृध्यतामस्मिन्गृहेगार्हपत्यायजागृहि।
एनापत्या तन्वं संस्पृशस्वाथजिर्विर्विदथमावदासि॥

—अथर्ववेद-14.1.21

16. आस्थापयन्तयुवतिंयुवानःशुभेनिमिश्लांविदथेषुपज्राम्।

—ऋग्वेद-1.167.6

17. ऋग्वेद-2.1.15, 2.2.12, 2.11.21 एवं आगे

18. रामशरण शर्मा, प्राचीन भारत में राजनीतिक विचार एवं संस्थाएँ, पृ. 104-105

19. सभा च सासमितिश्चावतांप्रजापतेर्दुहितरौसंविदाने।

—अथर्ववेद-7.12.1

20. अहंवदामिनेत्त्वंसभायामहत्वंवद।

—अथर्ववेद-7.38.4

21. पुमाँसः सभांयान्ति, न स्त्रियो।
मैत्रायणी- काण्ड - 4, प्रपाक- 7, अनु-4-5

22. सम्राज्ञीश्वशुरेभवसम्राज्ञीश्वश्वांभव।
ननान्दरिसम्राज्ञीभवसम्राज्ञीअधिदेवृषु॥

—ऋग्वेद-10.85.46

23. उतयोषणेदिव्येमहि न उषासानक्तासुदुघेवधेनुः।
बर्हिषदापुरुहूतेमघोनी या यज्ञियेसुवितायश्रयेताम्॥

—ऋग्वेद-7.2.6

24. वाजिनीवतीसूर्यस्ययोपाचित्रामघारायईशेवसूनाम्।
ऋषिष्टुताजरयन्तीमघोन्युषाउच्छतिवह्निभिर्गृणाना।।

—ऋग्वेद-7.75.5

25. न जामयेतान्वोरिक्थमारैक्।

—ऋग्वेद-3.31.2

26. घोषा गोधा विश्ववारापालोपनिद्यन्निनत।

ब्रह्मजाया जुहूर्नामा गस्तस्य च स्वसांदिति।।

इन्द्राणी चेन्द्रमाता च सरमा रोमशोर्वशी।

लोपामुद्रा च नद्यश्च यमी नारी च शाश्वती।।

श्रीलक्ष्मी सार्परासी वाक्श्रद्धा मेधा च दक्षिणा।

रात्री सूर्या-सावित्री ब्रह्मवादिन्य ईरिताः।। वृहद्देवता

27. एतंवांस्तोममश्विनावकर्मातक्षामभृगवो न रथम्।

न्यमृक्षामयोषणां न मर्येनित्यं न सूनुंतनयंदधानाः॥

—ऋग्वेद-10.39.14

28. युवां ह घोषापर्यश्विनायतीराज्ञऊचेदुहितापृच्छेवानरा।

भूतंमेअह्नउतभूतमक्तवेऽश्वावतेरथिनेशक्तमर्वते॥

—ऋग्वेद-10.40.5

29. जीवंरुदन्तिविमयन्तेअध्वरेदीर्घामनुप्रसितिंदीधियुर्नरः।

वामंपितृभ्यो य इदंसमेरिरेमयःपतिभ्योजनयःपरिष्वजे।।

—ऋग्वेद-10.40.10

30. जयावेदत्र शतनीथमाजि यत सम्यन्चा मिथुनावभ्यजाव।

—ऋग्वेद-10,197.3

31. अहंराष्ट्रीसंगमनीवसूनांचिकितुषीप्रथमायज्ञियानाम्।

तांमादेवाव्यदधुः पुरुत्राभूरिस्थात्रांभूर्यावेशयन्तीम्॥

—ऋग्वेद-10.125.3

32. अहमेवस्वयमिदंवदामिजुष्टंदेवेभिरुतमानुषेभिः।

यंकामयेतंतमुग्रंकृणोमितंब्रह्माणंतमृषितंसुमेधाम्॥

—ऋग्वेद-10.125.5

33. इतित्वा देवा इम आहुरैल यथेमेतदभवसि मृत्युबन्धुः।

प्रजा ते देवान् हविषा यजाति स्वर्ग त्वमपि मादयासे।।

—ऋग्वेद-10,95.15

34. राजवाड़े, विश्वनाथ काशीनाथ, भारतीय विवाह संस्था का इतिहास, पृ. 97-99

35. मरीचेः कश्यपः पुत्रः कश्यपात्तुइमाः प्रजाः।

प्रजज्ञिरेमहाभागादक्षकन्यास्त्रयोदश॥

महाभारत, आदिपर्व (सम्भवपर्व), अध्याय-65, मन्त्र - 11

36. एवमुक्त्वा तु ते सर्वे चाक्षुषस्यान्तरे मनोः म मारीचात्कश्यापा जातास्तेडदित्या दक्षकन्यया।

हरिवंश पुराण, हरिवंश पर्व, अध्याय–3, मन्त्र–59

37. दित्या: पुत्रद्वयं जज्ञे कस्यादिति न: श्रुतम्।। हरिण्यकशिपुश्चैव हरिण्याक्षश्च वीर्यवान।।69।।
सिंहिका चत्भवत्कन्या विप्रचित्ते: परिग्रह:।। सैंहिकेया इति ख्यातास्नतस्या: पुत्रा महाबला।।
उपर्युक्त मन्त्र–69-70

38. अदित्यांद्वादशादित्या:सम्भूताभुवनेश्वरा:।
येराजन्नामतस्तांस्तेकीर्तयिष्यामिभारत॥
महाभारत, आदिपर्व, अध्याय-65 मन्त्र - 14

39. इमे च वंशा: प्रथिता:सत्त्ववन्तोमहाबला:।
दनुपुत्रामहाराजदशदानववंशजा:॥
महाभारत, आदिपर्व (सम्भव पर्व), अध्याय-65, मन्त्र-28

40. कालाया:प्रथिता:पुत्रा:कालकल्पा:प्रहारिण:।
विक्षरोबलवीरौ च वृत्रश्चैवमहासुर:॥
विनाशनश्चक्रोधश्चक्रोधहन्तातथैव च।
क्रोधशत्रुस्तथैवान्येकालकेयाइतिश्रुता:॥
महाभारत, आदिपर्व (सम्भव पर्व), अध्याय-65, मन्त्र-34-35

41. राजवाड़े, भारतीय विवाह संस्था का इतिहास, पृ. 103

42. रामशरण शर्मा, प्राचीन भारत में राजनीतिक विचार एवं संस्थाएँ, पृ. 191

43. जायेदस्तंमघवन्त्सेदुयोनि:।
–ऋग्वेद-3.53.4

44. अदितिद्योरदितिरन्तरिक्षमदितिर्माता स पिता स पुत्र:।
विश्वेदेवाअदिति:पञ्चजनाअदितिर्जातमदितिर्जनित्वम्॥
–ऋग्वेद-1.89.10

45. विश्वाहिवोनमस्यानिवन्द्यानामानिदेवाउतयज्ञियानिव:।
येस्थजाताअदितेरद्भ्यस्परियेपृथिव्यास्ते म इहश्रुताहवग्॥
–ऋग्वेद-10.63.2

46. एता अर्षन्त्यललाभवन्तीरृतावरीरिवसंक्रोशमाना:।
एताविपृच्छकिमिदंभनन्तिकमापोअद्रिंपरिधिंरुजन्ति॥
–ऋग्वेद-4.18.6

47. आ घायोषेवसूनर्युषायातिप्रभुञ्जती।
जरयन्तीवृजनंपद्धीयतउत्पातयतिपक्षिण:॥
–ऋग्वेद-1.48.5

48. वियासृजतिसमनंव्यर्थिन:पदं न वेत्योदती।
वयोनकिष्टेपप्तिवांस आसतेव्युष्टौवाजिनीवति॥

—ऋग्वेद-1.48.6

49. इदंश्रेष्ठंज्योतिषांज्योतिरागाच्चित्र: प्रकेतोअजनिष्टविभ्वा।
यथाप्रसूतासवितु:सवायएवाराञ्युषसेयानिमारैक्॥

—ऋग्वेद-1.113.1

50. इट्ठासरस्वतीमहीतिस्रोदेवीर्मयोभुव:। बर्हि: सीदन्त्वस्त्रिध:।

—ऋग्वेदत्-1.13.9

51. चोदयित्रीसूनृतानांचेतन्तीसुमतीनाम्। यज्ञंदधेसरस्वती। ऋग्वेद-1.3.11

52. महो अर्ण: सरस्वतीप्रचेतयतिकेतुना। धियोविश्वाविराजति।

—ऋग्वेद-1.3.12

53. अमाजूरिवपित्रो: सचासतीसमानादासदसस्त्वामियेभगम्।

—ऋग्वेद-2.17.7

54. कियतीयोषामर्यतोवधूयो:परिप्रीतापन्यसावार्येण।
भद्रावधूर्भवतियत्सुपेशा:स्वयंसामित्रंवनुतेजनेचित्॥

—ऋग्वेद-10.27.12

55. एवेद्यूनेयुवतयोनमन्तयदीमुशन्नुशतीरेत्यच्छ।

—ऋग्वेद-10.30.6

56. ओ चित्सखायंसख्याववृत्यांतिर:पुरूचिदर्णवंजगन्वान्।

—ऋग्वेद-10.10.1

57. यमस्यमायम्यंकामआगन्त्समानेयोनौसहशेय्याय।
जायेवपत्येतन्वंरिरिच्यांविचिद्वृहेवरथ्येवचक्रा॥

—ऋग्वेद-10.10.7

58. अन्यमूष्वंयम्यन्य उ त्वांपरिष्वजातेलिबुजेववृक्षम्।
तस्यवात्वंमनइच्छा स वातवाधाकृणुष्वसंविदंसुभद्राम्॥

—ऋग्वेद-10.10.14

59. सोम: प्रथमो विविदे गन्धर्वो विविद् उत्तर:।
तृतीयो अग्निष्टे पति स्तुरीयस्ते मनुष्यजा:।।

—ऋग्वेद, 10.85.40

60. उदीर्ष्वनार्यभिजीवलोकंगतासुमेतमुपशेषएहि।
हस्तग्राभस्यदिधिषोस्तवेदंपत्युर्जनित्वमभिसंबभूथ॥

—ऋग्वेद 10.18.8

61. यापूर्वंपतिंवित्त्वाथान्यविन्दतेऽपरम्।
पञ्चौदनं च तावजंददातो न वियोषत:॥

—अथर्ववेद-9.5.27

62. प्रतुविद्युम्नस्यस्थविरस्यघृष्वेर्दिवोररप्शेमहिमापृथिव्याः।
नास्यशत्रुर्नप्रतिमानमस्ति न प्रतिष्ठिः पुरुमायस्यसह्योः॥
—ऋग्वेद-6.18.12

63. श्रृण्वेवीरोविन्दमानोवसूनि।
—ऋग्वेद-3.55.20

64. अनुत्वारोदसीउभेचक्रं न वर्त्येतशम्। अनुसुवानासइन्दवः॥
—ऋग्वेद-8.6.38

65. योजातएवप्रथमोमनस्वान्देवोदेवान्क्रतुनापर्यभूषत्।
यस्यशुष्माद्रोदसीअभ्यसेतांनृम्णस्यमह्ना स जनासइन्द्रः॥
—ऋग्वेद-2.12.1

66. यस्मान्नऋतेविजयन्तेजनासोयंयुध्यमानाअवसेहवन्ते।
योविश्वस्यप्रतिमानंबभूवयोअच्युतच्युत्सजनासइन्द्रः॥
—ऋग्वेद-2.12.9

67. सत्राहणंदाधृषिंतुम्रमिन्द्रेमहामपारंवृषभंसुवज्रम्।
हन्तायोवृत्रंसनितोतवाजंदातामघानिमघवासुराधाः॥
—ऋग्वेद-4.17.8

68. स्त्रियोहिदासआयुधानिचक्रेकिंमाकरन्नबलाअस्यसेनाः।
अन्तर्ह्यख्यदुभेअस्यधेनेअथोपप्रैद्युधयेदस्युमिन्द्रः॥
—ऋग्वेद-5.30.9

69. इन्द्रश्चिद्घातदब्रवीत्स्त्रियाअशास्यंमनः। उतोअहक्रतुंरघुम्॥
—ऋग्वेद-8.11.17

70. इमांत्वमिन्द्रमीढ्वःसुपुत्रांसुभगांकृणु।
दशास्यांपुत्रानाधेहिपतिमेकादशंकृधि॥
—ऋग्वेद-10.85.45

71. तन्नस्तुरीपमधपोषयित्नुदेवत्वष्टर्विरराणः स्यस्व।
यतोवीरःकर्मण्यःसुदक्षोयुक्ताग्रावाजायतेदेवकामः॥
—ऋग्वेद-3.4.9

72. अग्निरप्सामृतीषहंवीरंददातिसत्पतिम्।
यस्यत्रसन्तिशवसः संचक्षिशत्रवोभिया।
—ऋग्वेद 6.14.4

73. ऋग्वेद तृतीय मण्डल

द्वितीय अध्याय

उत्तर वैदिक काल और स्त्री प्रश्नाकुलता की सीमाएँ

सामाजिक एवं आर्थिक स्थितियों में दूरगामी परिवर्तन (कृषि का विकास एवं क्षेत्र सम्बन्धी अवधारणा का उदय)

उत्तर वैदिक काल में स्थायी वास और कृषि के विकास के साथ-साथ सामाजिक एवं राजनीतिक व्यवस्थाओं में अनेक बुनियादी परिवर्तन दिखाई पड़ते हैं। इन परिवर्तनों ने मानव सम्बन्धों को व्यापक रूप से प्रभावित किया, जिनमें स्त्री अस्मिता के सरोकार भी शामिल हैं। इस काल में ज़मीन को गहराई तक खोदने वाले हल के आविष्कार के कारण कृषि में काफ़ी प्रगति हुई जिससे कृषि उपज के रूप में अधिशेष (Surplus) की सम्भावना बनी और इस अधिशेष पर नियन्त्रण के लिए समाज में वर्ग विभाजन की आवश्यकता महसूस हुई। जैसा कि पहले अध्याय में विस्तार से दर्शाया गया है कि पूर्व वैदिक समाज मुख्य रूप से एक पशुचारण अवस्था वाला समाज है, अत: उसके केन्द्र में पशुधन और उसको संरक्षित रखने सम्बन्धी व्यवस्थाएँ हैं। स्वाभाविक रूप से इस समाज में न केवल कृषि और अन्न के सन्दर्भ बहुत कम मिलते हैं, बल्कि क्षेत्रीय अस्मिता का उल्लेख भी नगण्य है। ऋग्वेद में 'राज्य' शब्द केवल एक बार आया है और राष्ट्र दस बार। ऋग्वेद के अन्तिम अंश अर्थात् दसवें मण्डल में राजा से राष्ट्र की रक्षा की कामना की गयी है।[1]

उत्तर वैदिक काल में कृषि के लिए आवश्यक स्थायी भूमि के कारण क्षेत्र सम्बन्धी अवधारणा ज़ोर पकड़ती है। पूर्व वैदिक काल में किसी ख़ास भूभाग के साथ सामाजिक अस्मिता को जोड़कर नहीं देखा जाता था, लेकिन उत्तर वैदिक काल तक आते-आते राजसत्ता की सबसे प्रमुख अभिलाषा अधिकाधिक भूभाग के स्वामी के रूप में प्रकट होने लगी। ब्राह्मण ग्रन्थों में वर्णित राजा के विविध पर्याय–एकराट सम्राट, चक्रवर्तिन जैसे शब्द मूलत: क्षेत्रीय आधिपत्य के ही द्योतक हैं। राजा की

सम्प्रभुता एवं उसके क्षेत्रीय आधिपत्य की मान्यता देने के लिए अनेक यज्ञों का आयोजन किया जाने लगा जिनमें राजसूय, वाजपेय, अश्वमेघ आदि प्रमुख हैं। राजसत्ता एवं क्षेत्रीय अखण्डता को मान्यता देने के कारण पुरोहितों का महत्त्व काफ़ी बढ़ गया। इस काल के महत्त्वपूण्र स्रोत 'ब्राह्मण' ग्रन्थों में बड़े विस्तार से विविध यज्ञों और संस्कारों के बारे में वर्णन हैं, जो प्रकारान्तर से राजसत्ता और क्षेत्रीय सत्ता की उत्कट अभिलाषा को अभिव्यक्त करता है। 'ऐतरेय ब्राह्मण' में ऐन्द्र महाभिषेक संस्कार की महत्ता को प्रतिपादित करते हुए कहा गया है कि :

"जिस क्षत्रिय को शपथ दिलाकर इस ऐन्द्र महाभिषेक की विधि से अभिषिक्त किया जाता है, वह इस ऐन्द्र महाभिषेक की विधि से अभिषिक्त क्षत्रिय सभी युद्धों को जीतता है, सभी लोकों को प्राप्त करता है, सभी राजाओं में श्रेष्ठता एवं उत्कृष्ट पद को प्राप्त करता है, वह साम्राज्य, भोग, समृद्धि, स्वराज्य, वैराज्य, प्रजापति के लोक की प्राप्ति, राज्य, महान् ऐश्वर्य और आधिपत्य को इस लोक में जीतकर उस स्वर्ग लोक में स्वयंभू, स्वराट् और अमृत होकर अपनी सब कामनाओं को प्राप्त करके अमर हो जाता है।"[2]

उपरोक्त कथन से स्पष्ट है कि उत्तर वैदिक काल के ब्राह्मण ग्रन्थों में वर्णित विविध यज्ञों और संस्कारों का मुख्य सरोकार राजा की सत्ता और आधिपत्य की स्वीकृति है। चूँकि पुरोहित या ब्राह्मण ही विभिन्न पद्धतियों से राजपद की मान्यता दिला सकता था अत: राजा के बाद सबसे शक्तिशाली वर्ग के रूप में पुरोहितों की सत्ता स्थापित हो जाती है। राजसत्ता को मान्यता देने के क्रम में पुरोहित अपनी सत्ता भी स्थापित कर लेता था। ऐतरेय ब्राह्मण के अनुसार :

"जो क्षत्रिय इस पुकार से (महाभिषेक के माहात्म्य को) जानता हुआ यह चाहे कि मैं सभी संग्राम को जीत लूँ, सभी लोकों को मैं प्राप्त कर लूँ, मैं सभी राजाओं में श्रेष्ठता, उत्कृष्ठता एवं बड़प्पन को प्राप्त करूँ, मैं साम्राज्य, भोग समृद्धि, स्वराज्य, प्रभुसत्ता, प्रजापति के लोक की प्राप्ति, ऐश्वर्य, महान ऐश्वर्य और आधिपत्य को प्राप्त करूँ, मैं सर्वव्यापी होऊँ, मैं सभी भूमि का स्वामी, पूर्ण आयु वाला, समुद्र पर्यन्त एक छोर से दूसरे छोर तक पृथ्वी पर अनन्त काल तक एकछत्र शासक होऊँ तो इस क्षत्रिय को बिना शंका किए ही श्रद्धा के साथ बोलना चाहिए कि हे आचार्य, जिस रात्रि को हमने जन्म लिया और जिस रात्रि को मैं मरूँगा उन दोनों के मध्य किए हुए श्रौत और स्मार्त कर्म, मेरे अर्जित लोक, सुकृत, आयु और मेरी प्रजा को नष्ट कर देना यदि मैं तुमसे द्रोह करूँ।"[3]

इस प्रकार नयी सामाजिक और राजनीतिक परिस्थितियों ने उत्तर वैदिक काल में राजा और पुरोहित को आपस में नाभिनालबद्ध कर दिया, पुरोहित राजा को एकछत्र शासक (विभिन्न यज्ञों और संस्कारों द्वारा) घोषित कर सकता था, बदले में राजा पुरोहित के प्रति आजन्म निष्ठावान बना रहता था तथा अपरिमित दान दक्षिणा द्वारा उसे उपकृत करता था। जहाँ पूर्व वैदिक काल में मुख्य रूप से पशुधन के दान का उल्लेख मिलता है वहीं उत्तर वैदिक काल में पहली बार भूमिदान का भी स्पष्ट वर्णन है। ऐतरेय ब्राह्मण के अनुसार :

"अभिषिक्त होने पर उसे अभिषेक कराने वाले ब्राह्मण को (दक्षिणा में) सुवर्ण देना चाहिए। उसे हजार निष्क परिमित सुवर्ण मुद्रा देनी चाहिए। भूमि और चौपाए पशु (गाय, घोड़े आदि) देना चाहिए।"[4]

उपर्युक्त प्रसंग से यह बात पुष्ट होती है कि उत्तर वैदिक काल तक आते-आते समाज में सम्पत्ति के रूप में पशु के साथ-साथ जमीन का महत्त्व भी स्थापित हो चुका था। इस काल में लोहे के औज़ार और हथियार बनाने की कला में काफ़ी तरक्की हुई। लौह शिल्प के विकास के कारण कृषि व्यवस्था में अभूतपूर्व विकास हुआ जिसका संकेत 'शतपथ ब्राह्मण' के अनेक मन्त्रों से मिलता है। इसमें चावल, गेहूँ, जौ, बाजरा आदि अनेक अन्नों का उल्लेख ही नहीं मिलता है, बल्कि अन्न को समर्पित अनेक यज्ञ विधि और संस्कारों का भी विस्तार से वर्णन मिलता है। इसमें वर्णित एक प्रमुख यज्ञ 'वाजपेय यज्ञ' है। वाजपेय यज्ञ का एक महत्त्वपूर्ण संस्कार है–'यूपारोहण'। इस संस्कार का वर्णन करते हुए शतपथ ब्राह्मण में कहा गया है:

"अब यजमान गेहूँ के आटे की टोपी को छूता है, इस मन्त्र से–हे देवो! हम स्वर्ग को प्राप्त हो गए क्योंकि जो वाजपेय यज्ञ करता है, उसे वस्तुत: स्व अर्थात् ज्योति की प्राप्ति हो जाती है।"[5]

वह गेहूँ को क्यों छूता है? गेहूँ अन्न है। जो वाजपेय करता है, अन्न को जीतता है, क्योंकि वाजपेय वस्तुत: अन्न पेय (खाना और पीना) है। जो कुछ अन्न उसने प्राप्त किया, उससे उसने उद्देश्य की पूर्ति की। और उसको छूता है, आत्मा में धारण करता है।"[6]

इसी वाजपेय यज्ञ के 'यूपारोहण' संस्कार के दौरान यजमान इन मंत्रों का उच्चारण करता है :

"यह तेरा राज्य है।
तू शासक (नियन्ता) है।
तू अचल और दृढ़ है।

तुझे कृषि के लिए, तुझे क्षेम के लिए, तुझे धन के लिए, तुझे पालन पोषण के लिए।"[7]

इन मन्त्रों में स्पष्ट रूप से कृषि एवं राज्य की उन्नति के लिए तथा यजमान को शासक रूप में प्रतिष्ठित करने की प्रार्थना की गयी है, जो इस काल में राज्य और कृषि की सुस्थापित अवस्था का संकेत करता है। उत्तर वैदिक काल तक समाज का पशुपालक रूप प्रमुख नहीं रह गया था और कृषि के व्यवस्थित होने के कारण लोग क्षेत्र विशेष से बँधने लगे और इस तरह क्षेत्रीय अस्मिता का उदय हुआ। स्थायी वास और कृषि कार्य एक-दूसरे के लिए पूरक सिद्ध हुए तथा कृषि आधारित अर्थव्यवस्था ने समाज को सुदृढ़ आधार प्रदान किया और आगे चलकर विशेष कार्यों को करने के लिए श्रम विभाजन और वर्ग विभाजन की आवश्यकता महसूस हुई।

उत्तर वैदिक काल में रचित ब्राह्मण ग्रन्थ कर्मकाण्डों का विस्तृत ब्यौरा प्रस्तुत करते हैं। वैदिक संहिताओं की व्याख्या और उसमें वर्णित यज्ञों की विधियों को विस्तार से समझाने के लिए ब्राह्मण ग्रन्थों का निर्माण हुआ। इस प्रकार सभी वेदों से सम्बन्धित ब्राह्मणों की रचना की गयी। 'ऐतरेय ब्राह्मण' जहाँ ऋग्वेद संहिता से सम्बन्धित हैं, वहीं 'शतपथ ब्राह्मण' और 'तैत्तिरीय ब्राह्मण' यजुर्वेद संहिता से। 'ताण्ड्य ब्राह्मण' सामवेद से सम्बन्धित है तो 'गोपथ ब्राह्मण' अथर्ववेद से। कर्मकाण्ड से सम्बन्धित होने के बावजूद इन ग्रन्थों से उस समय की सामाजिक, राजनीतिक एवं आर्थिक स्थिति का लेखा-जोखा प्राप्त होता है। यही नहीं बदलती हुई सामाजिक व्यवस्था और उसमें स्त्रियों की स्थिति को प्रकट करने वाले अनेक सन्दर्भ भी इसमें मिलते हैं। दरअसल उत्तर वैदिक काल की व्यवस्था को समझने के ये सर्वाधिक महत्त्वपूर्ण स्रोत हैं। इनके साथ-साथ महाभारत के कुछ अंश, पुराणों तथा उपनिषदों के माध्यम से इस समय के बारे में हमारी समझ को विकसित करने में काफ़ी सहायता मिलती है।

राजा एवं पुरोहित का अन्योन्याश्रय सम्बन्ध

पूर्व वैदिक समाज मूलत: पशुचारी संस्कृति (Pastoral Culture) से जुड़े होने के कारण उसमें व्यक्तिगत सम्पत्ति का सन्दर्भ बहुत सीमित रूप में दिखाई पड़ता है। कबीलों के बीच युद्ध पशुधन को लेकर हुआ करते थे और युद्ध में प्राप्त पशुधन को लोग सामूहिक रूप से आपस में बाँट लिया करते थे। समाज में अधिशेष (Surplus) की अधिकता न होने की वजह से निजी सम्पत्ति उत्तराधिकार, वर्ग विभाजन एवं श्रम विभाजन की आवश्यकता महसूस नहीं हुई। लेकिन उत्तर वैदिक काल में कृषि के

विकास और अधिशेष की अधिकता के कारण भूमि और अधिशेष पर अधिकाधिक नियन्त्रण के लिए एक ओर युद्ध शुरू हुए तो दूसरी ओर कुछ विशिष्ट वर्गों का इस अधिशेष पर अधिकारों की मान्यता देने के लिए अनेक ग्रन्थों की रचना की गयी, जो यज्ञों और विविध उपासना पद्धतियों के माध्यम से इन अधिकारों को स्थापित करने का प्रयास करते हैं। स्वाभाविक रूप से इस बात का भी प्रयास किया गया कि भूमि, पशुधन एवं अधिशेष पर कम-से-कम लोगों का अधिकार माना जाए और बड़े वर्ग को उससे बाहर रखने के लिए युक्ति खोजी जाये। राज्य का दैवीय सिद्धान्त इसी तरह की एक युक्ति है, जिसका संकेत सर्वप्रथम हमें उत्तर वैदिक काल में देखने को मिलता है। ब्राह्मण ग्रन्थ न केवल यज्ञों के प्रायोगिक एवं आधिभौतिक पक्षों का विस्तार से वर्णन करते हैं, बल्कि राजसूय, वाजपेय, अश्वमेघ जैसे यज्ञों और उसकी उपासना पद्धति का भी उल्लेख करते हैं जिसके द्वारा एक सामान्य राजा 'एकराट' 'सम्राट', 'सार्वभौम' एवं 'चक्रवर्ती' जैसी उच्चतर स्थिति को प्राप्त कर अपनी सत्ता का विस्तार कर सकता था। पूर्व वैदिक काल में जहाँ राजा की स्थिति समान लोगों में प्रथम (First among equals) वाली थी वहीं उत्तर वैदिक काल में उसकी सत्ता और गरिमा में ऐसी वृद्धि हुई कि वह पूर्णनिरंकुश होकर देव तुल्य हो गया। चूँकि राजा की राजसत्ता को मान्यता एवं उसे देवतुल्य बनाने का कार्य यज्ञों और विविध उपासना पद्धतियों के माध्यम से पुरोहित ही कर सकता था, अत: स्वाभाविक रूप से इस काल में राजा के साथ-साथ पुरोहित के विशेषाधिकार में भी असीम वृद्धि हुई। युद्धरत समाज में सेनापति की वीरता और कौशल की आवश्यकता हमेशा बनी हुई थी अत: सामाजिक सोपान में उसकी स्थिति बरकरार रही। अन्य वर्गों जैसे - सारथी, कोषाध्यक्ष, पटरानी आदि की हैसियत सामाजिक आवश्यकताओं के अनुरूप निर्धारित होती रही एवं उनकी स्थिति में उतार-चढ़ाव होता रहा।

उत्तर वैदिक काल में सामाजिक सोपान एवं स्त्रियों की स्थिति

राजसूय यज्ञ की एक प्रमुख उपासना विधि 'रत्नहवीषि संस्कार' से उत्तर वैदिक काल की सामाजिक व्यवस्था को समझने में काफ़ी मदद मिलती है और सामाजिक सोपान में स्त्रियों की स्थिति में उत्तरोत्तर होने वाले परिवर्तनों को भी उसके माध्यम से आसानी से समझा जा सकता है। इस संस्कार के अन्तर्गत राजा प्रत्येक रत्निन के घर जाकर विशिष्ट देवता को बलि अर्पित करता है और इस प्रकार उस रत्निन को अपना अनुयायी बना लेता है। इन रत्निनों का उल्लेख इस काल के अनेक ग्रन्थों में मिलता है जिनमें तैत्तिरीय संहिता, मैत्रायणी संहिता, काठक संहिता, तैत्तिरीय ब्राह्मण

एवं शतपथ ब्राह्मण प्रमुख हैं। इनमें से शतपथ ब्राह्मण को अधिकांश विद्वानों ने सबसे बाद का ग्रन्थ माना है क्योंकि इसमें मानव समाज के अपेक्षाकृत परवर्ती चरण अर्थात् आर्य समाज का पूर्व दिशा में बिदेह की ओर विस्तार का उल्लेख किया गया है। इन ग्रन्थों में दी गयी रत्निन सूची को उद्धृत करना यहाँ समीचीन होगा :

तैत्तिरीय संहिता	**मैत्रायणी संहिता**	**काठक संहिता**
(I.8.9)	(II.6.5, IV.3)	(XV.4)
1. ब्रह्मण	1. ब्रहण	1. पुरोहित
2. राजन्य	2. राजन्य	2. राजा
3. महिषी	3. महिषी	3. महिषी
4. परिवृक्ति	4. परिवृक्ति	4. परिवृक्ति
5. सेनानी	5. सेनानी	5. सेनानी
6. सूत	6. संग्रहीतृ	6. संग्रहीतृ
7. ग्रामणी	7. क्षतृ	7. क्षतृ
8. क्षतृ	8. सूत	8. सूत
9. संग्रहीतृ	9. वैश्यग्रामणी	9. वैश्यग्रामणी
10. भागदुध	10. भागदुध	10. भागदुध
11. अक्षावाप	11, 12. तक्षन तथा रथकार	11. अक्षावाप
		12. गोव्यच्छ
	13, 14. अक्षावाप एवं गोविकर्तन	

तैत्तिरीय ब्राह्मण	**शतपथ ब्राह्मण**
(I.7.3 और आगे)	(V.3.1 और आगे)
1. ब्रह्मण	1. सेनानी
2. राजन्य	2. पुरोहित
3. महिषी	3. महिषी
4. वावाता	4. सूत
5. परिवृक्ति	5. ग्रामणी
6. सेनानी	6. क्षत्ता
7. सूत	7. संग्रहीतृ

8. ग्रामणी 8. भागदुध
9. क्षतृ 9. अक्षावाप
10. संग्रहीतृ 10. गोविकर्तन
11. भागदुध 11. पालागल
12. अक्षावाप

प्रोफेसर रामशरण शर्मा ने अपनी पुस्तक 'प्राचीन भारत में राजनीतिक विचार एवं संस्थाएँ' में शतपथ ब्राह्मण की रत्निन सूची में क्रम संख्या 3 पर 'याजक' नामक एक अन्य रत्निन का भी उल्लेख किया है, लेकिन शतपथ ब्राह्मण के सम्बन्धित पाठ में इसका उल्लेख नहीं मिलता है।[8]

उत्तर वैदिक कालीन ग्रन्थों में वर्णित 'रत्निन' सूची के अवलोकन से स्पष्ट है कि यद्यपि विभिन्न ग्रन्थों में उल्लिखित सूची एक-दूसरे से काफ़ी कुछ मिलती है, तथापि स्त्रियों के प्रतिनिधित्व में गिरावट साफ दिखाई पड़ती है। इस काल के प्रारम्भिक ग्रन्थों में (तैत्तिरीय, मैत्रायणी और काठक संहिता) में दो जबकि तैत्तिरीय ब्राह्मण में तीन रत्निन के रूप में स्त्रियों को स्थान दिया गया है। लेकिन इस काल के परवर्ती ग्रन्थ शतपथ ब्राह्मण में केवल एक स्त्री रत्निन 'महिषी' का ही उल्लेख मिलता है। तैत्तिरीय, मैत्रायणी एवं काठक संहिता तथा तैत्तिरीय ब्राह्मण में 'परिवृक्ति' को विधिवत 'रत्निन' की सूची में शामिल किया गया है जबकि 'शतपथ ब्राह्मण' में उसे इस सूची से बाहर रखा गया है। 'रत्नहवीषि' संस्कार के दौरान सभी रत्निनों के घर जाकर राजा सम्बन्धित देवता को आहुति देता है और इन रत्निनों को अपना अनुयायी बना लेता है। शतपथ ब्राह्मण के अनुसार :

"इन 11 रत्नों का सम्पादन करता है। त्रिष्टुप 11 अक्षरों का होता है। त्रिष्टूप पराक्रम है। पराक्रम के लिए ही वह 11 रत्नों का सम्पादन करता है। इनका राजा होता है। उन्हीं के लिए राजसूय यज्ञ करता है, इन्हीं को अपना अनुयायी बनाता है।"[9]

उपर्युक्त उद्धरण से स्पष्ट है कि शतपथ ब्राह्मण में केवल 11 रत्निनों का उल्लेख किया गया है। प्रो. रामशरण शर्मा ने शतपथ ब्राह्मण का हवाला देते हुए 12 रत्निन का उल्लेख किस आधार पर किया है, यह बता पाना मुश्किल है। ऐसा प्रतीत होता है कि यज्ञकर्ता या याजक को भी उन्होंने स्वीकार कर लिया है, लेकिन शतपथ ब्राह्मण के पाठ में कई बार ग्यारह रत्निनों की बात को दुहराया गया है और त्रिष्टुप जैसे छन्द से इसकी संगति भी बैठायी गयी है, जिसमें ग्यारह अक्षर होते हैं। अत: यही मानना समीचीन प्रतीत होता है कि शतपथ ब्राह्मण में केवल ग्यारह रत्निनों का जिक्र है जिसमें एकमात्र स्त्री रत्निन 'महिषी' को शामिल किया गया है। पूर्व

वैदिक काल से ही पुत्र के रूप में उत्तराधिकारी प्रदान करने के कारण 'महिषी' को महिमा मण्डित किया गया है, जो परम्परा उत्तर वैदिक काल में भी जारी रही। लेकिन 'परिवृक्ति' नामक जिस रत्निन का उल्लेख उत्तर वैदिक काल के आरम्भिक ग्रन्थों में लगातार होता रहा है, शतपथ ब्राह्मण के समय तक आते-आते उसका महत्त्व महज सांकेतिक रह गया है और ऐसा प्रतीत होता है कि राजसूय यज्ञ के 'रत्नहवीषि' संस्कार के सम्पादन के क्रम में सिर्फ़ परम्परा के निर्वाह के लिए राजा उसके घर पर जाता था, सामाजिक जीवन में वास्तव में उसका महत्त्व काफ़ी कम रह गया था। शतपथ ब्राह्मण में उसके सम्बन्ध में लिखा गया है :

"अगले दिन परिवृती के घर जाकर निर्ऋति के लिए चरू बनाता है। परिवृती वह पत्नी है जो पुत्ररहित हो।... वह यह कहकर आहुति देता है–'एष ते निर्ऋते भागस्तं जूषस्व स्वाहा।' 'हे निर्ऋति, यह तेरा भाग है, तू ग्रहण कर।' पुत्र हीना पत्नी निर्ऋत-गृहीत (आपत्ति ग्रसित) होती है और उसमें जो निर्ऋति का गुण है उसका शमन करता है। इसलिए जब वह राजसूय यज्ञ करता है तो निर्ऋति उसको नहीं सताती है। इसकी दक्षिणा है काली, बुड़ढी ओर रोगी गाय, क्योंकि वह भी निर्ऋति गृहीत है। वह उससे कहता है 'मेरे देश में आज मत बस।' इस प्रकार वह अपने में से पाप को निकाल देता है।"[10]

इस उद्धरण से इस बात का स्पष्ट संकेत मिलता है कि राजा की पुत्रहीना पत्नी 'परिवृक्ति' का कोई महत्वपूर्ण सामाजिक योगदान नहीं था। वह राजा का कोई अनिष्ट न करे या उसके विरूद्ध षडयन्त्र में शामिल न हो अत: पूर्व परम्परा का निर्वाह करते हुए राजा उसके घर जाकर भी आहुति देता है। लेकिन पुत्रहीना होने के कारण उसे आपत्ति ग्रस्त बताया गया है और उसके घर निर्ऋति को हवि अर्पित की जाती है। निर्ऋति ऋणात्मक शक्ति का प्रतीक है और 'परिवृक्ति' को उसके साथ जोड़कर देखना निश्चित रूप से उसके कमतर महत्त्व को प्रदर्शित करता है। पुत्र सम्पन्न पत्नी 'महिषी' और पुत्रहीना पत्नी 'परिवृक्ति' का यह विरोधाभास तत्कालीन समाज में पितृ सत्तात्मक व्यवस्था के मजबूत होने का संकेत देता है। यही नहीं रत्निनों की संख्या में लगातार कमी भी उत्तर वैदिक कालीन समाज में स्त्रियों की प्रतिष्ठा में क्रमश: ह्रास की ओर संकेत करता है। 'शतपथ ब्राह्मण' में वाजपेय यज्ञ की एक विधि के रूप में 'यूपारोहण' संस्कार का उल्लेख किया गया है जिसमें पत्नी को यज्ञ का 'पिछला भाग' बताया गया है, जबकि पूर्व वैदिक काल में न केवल स्त्रियों द्वारा स्वतन्त्र रूप से यज्ञ करने का वृतान्त मिलता है, बल्कि पति के साथ संयुक्त रूप से बराबर की हैसियत के साथ यज्ञ संपन्न करते हुए दर्शाया गया है।

ऋग्वेद के पाँचवें मण्डल में 'विश्वावारा' द्वारा प्रतिदिन यज्ञ करने का वर्णन है, जबकि अथर्ववेद के छठे मण्डल में स्त्रियों के लिए यज्ञ की अधिकारिणी (यज्ञिया:) शब्द का प्रयोग कर उनकी महत्त्वपूर्ण भूमिका का संकेत दिया गया है। उसकी तुलना में 'शतपथ ब्राह्मण' में वाजपेय यज्ञ के दौरान उसे 'यज्ञ का पिछला भाग' बताकर उसकी सीमित भूमिका की ओर इशारा किया गया है :

"अब नेष्टा यजमान-पत्नी को लाकर कुशा के वस्त्र को, जो दीक्षा का वस्त्र है, उसके चारों ओर लिपटवाता है। पत्नी यज्ञ का पिछला भाग है। वह उसको आगे इसलिए लाता है कि यज्ञ प्रसन्न हो जाए।"[11]

उत्तर वैदिक काल में स्त्रियों की आर्थिक स्थिति

'मैत्रायणी संहिता' में 'अग्निष्टोम यज्ञ' की विधियों का वर्णन करते हुए स्त्री की तुलना इस यज्ञ में अपेक्षाकृत कम महत्त्व के पात्र 'स्थाली' से की गयी है। ऐसा माना गया है कि 'अग्निष्टोम यज्ञ' का मुख्य पात्र 'स्थाली' नहीं वरन काष्ठमय या दारुमय पात्र है, जिससे यज्ञ की सारी विधियाँ सम्पन्न की जाती हैं। 'स्थाली' की स्थिति एक अतिरिक्त पात्र के जैसी है अत: उससे यज्ञ की मुख्य विधि सम्पन्न नहीं की जाती है। समाज में स्त्रियों की स्थिति भी ऐसी ही बतायी गयी है–

"जब स्थाली को अतिरिक्त के रूप में रखा जाता है तो यह संगति बन जाती है कि पुरुष ही पैतृक सम्पत्ति का भोग करनेवाला होता है और स्त्री इस सम्पत्ति का उपभोग करने योग्य नहीं होती है।"[12]

उपर्युक्त उद्धरण में इस बात का स्पष्ट रूप से उल्लेख किया गया है कि सम्पत्ति में स्त्री का किसी प्रकार का अधिकार नहीं होता है केवल पुरुष ही उसका उपभोग करने का अधिकारी होता है। इसी बात पर ज़ोर देते हुए मैत्रायणी संहिता में आगे उल्लेख किया गया है कि जिस प्रकार 'अग्निष्टोम यज्ञ' में विधि पूर्ण होने के उपरान्त 'स्थाली' नामक पात्र को दूर कर दिया जाता है, वैसे ही विवाह आदि के माध्यम से स्त्री को दूर किया जाता है :

"स्थाली को दूर किया जाता है जबकि दारुमय पात्र दूर नहीं किया जाता है। इसलिए जन्म के बाद विवाह आदि विविध माध्यमों से स्त्री को दूर किया जाता है, पुरुष को नहीं। अत: स्त्रियाँ ही अतिरिक्त होती हैं।[13]

'मैत्रायणी संहिता' के उक्त उद्धरण उत्तर वैदिक काल में स्त्रियों के आर्थिक अधिकारों खासकर सम्पत्ति सम्बन्धी अधिकारों में गिरावट का स्पष्ट संकेत करते हैं।

'तैत्तिरीय संहिता' में भी यह कहकर इसी बात की पुष्टि की गयी है कि स्त्रियाँ निरिन्द्रिय होती है, अत: उपभोग की अधिकारी नहीं होती है।[14] यद्यपि ऋग्वेद में भी इस बात का उल्लेख किया गया है कि भाई अपनी बहन को पिता के धन का भाग नहीं देता : 'तान्व: जामये रिक्थं न आरैक' तथापि इसमें संकेत पैतृक सम्पत्ति तक सीमित है, जबकि उत्तर वैदिक कालीन ग्रन्थों 'मैत्रायणी' और 'तैत्तिरीय' संहिता में यह पैतृक सम्पत्ति तक सीमित न होकर सभी तरह की सम्पत्ति में स्त्रियों की हिस्सेदारी को नकारता प्रतीत होता है। ऋग्वेद में अनेक स्थानों पर धनवान और ऐश्वर्यशालिनी स्त्रियों का उल्लेख किया गया है, जो तत्कालीन समाज में उनके मज़बूत आर्थिक अधिकारों की ओर संकेत करता है। इस तरह के सन्दर्भ उत्तर वैदिक कालीन ग्रन्थों में नहीं मिलते हैं। इस प्रकार यह स्पष्ट है कि उत्तर वैदिक कालीन समाज में न केवल पुरुषों के आर्थिक अधिकारों को प्रबलता से पुष्ट किया गया है बल्कि उसी प्रखरता से स्त्रियों के आर्थिक अधिकारों को नकारा गया है। यहाँ यह उल्लेखनीय है कि व्यक्तिगत सम्पत्ति की अवधारणा उत्तर वैदिक काल में ही ठोस आकार ग्रहण करता है क्योंकि पूर्व वैदिक समाज मूलत: पशुचारी और समतामूलक समाज होने के कारण उसमें लूट का सामान कबीले के लोगों के बीच बाँट दिया जाता था और 'अधिशेष' की सम्भावना बहुत कम रहती होगी। अत: कहा जा सकता है कि उत्तर वैदिक समाज में न केवल सामाजिक सोपान में स्त्रियों की स्थिति में गिरावट दिखाई देती है बल्कि आर्थिक मोर्चे पर भी इसकी अनुगूँज स्पष्ट सुनायी पड़ती है।

अब इस काल में सामाजिक क्रियाशीलता के अन्य आयामों पर चर्चा करना भी स्त्री विमर्श के लिहाज़ से आवश्यक प्रतीत होता है। पहले अध्याय में इस बात की विस्तार से चर्चा की गयी है कि पूर्व वैदिक समाज में स्त्रियाँ विदथ में पूरी सक्रियता से साथ हिस्सा लेती हैं। यही नहीं 'ऋग्वेद' के एक सूक्त (I.167.3) में उसे 'सभावती' अर्थात् सभा में जाने की योग्यता से संपन्न बताया गया है। लेकिन उत्तर वैदिक काल में सामाजिक गतिशीलता का यह आयाम समाप्त हो जाता है। इस काल के ग्रन्थ मैत्रायणी संहिता में इस बात का स्पष्ट तौर पर उल्लेख किया गया है कि :

स्त्री निरन्द्रिया होती है, पुरुष इन्द्रियवान होता है। इन्द्रियवान् होने के कारण पुरुष सभा में जाते हैं न कि स्त्रियाँ।[13]

यद्यपि यह उल्लेख 'अग्निष्टोम' यज्ञ के विधान के क्रम में किया गया है तथा यह भी बताया गया है कि अन्य चीजों से यदि सोम का मिश्रण किया जाए तो स्त्रियाँ

सभा में जाने लग जाएँ, न कि पुरुष। लेकिन यहाँ इस बात का ध्यान रखना चाहिए कि स्त्रियाँ को सभा में जाने की योग्यता से सम्पन्न किया जाये, इस पर बल नहीं है बल्कि अभीष्ट यह है कि यज्ञ की विधि का समुचित तरीके से निर्वहण किया जाए। व्यतिक्रम होने की स्थिति में परिणाम अनर्थकारी हो सकते हैं।

फिर वही ब्रह्मवादिनी गार्गी, मैत्रेयी और सुलभा के संवाद

यदि बौद्धिक विमर्श के क्षेत्र में उत्तर वैदिक कालीन समाज में स्त्रियों की भूमिका का आकलन करते हैं तो इसमें वैसी गिरावट नहीं दिखाई पड़ती है जैसा कि सामाजिक जीवन के अन्य क्षेत्रों में। पूर्व वैदिक काल की तरह इस समय में भी प्रखर बौद्धिक चेतना से सम्पन्न 'ब्रह्मवादिनी' स्त्रियाँ ज्ञान एवं विमर्श के क्षेत्रों में अपनी आवाज़ बुलन्द करती हैं। यद्यपि पूर्व वैदिक काल की तरह उनका चिन्तन, उनकी प्रश्नाकुलता निर्बध नहीं है बल्कि कहीं-कहीं पुरुष सत्ता उसे चुनौती देकर नियन्त्रित करने का प्रयास करती हैं, लेकिन 'गार्गी', 'मैत्रेयी', 'सुलभा' जैसी मेधा सम्पन्न नारियों की उपस्थिति एवं विमर्श ने भारतीय ज्ञान परम्परा के उत्थान में अमिट छाप छोड़ी है। वाद, विवाद एवं संवाद की पूर्व परम्परा को आगे बढ़ाते हुए ये इसे एक नयी ऊँचाई तक ले जाती हैं। इस सन्दर्भ में तीन संवादों या कथाओं का उल्लेख करना प्रासंगिक होगा : गार्गी - याज्ञवल्क्य संवाद, मैत्रेयी - याज्ञवल्क्य संवाद एवं सुलभा - जनक संवाद।

उपनिषद काल में याज्ञवल्क्य एवं ब्रह्मज्ञानियों के बीच हुई बहस का 'बृहदारण्यक' उपनिषद के तीसरे एवं चौथे अध्याय में विस्तार से वर्णन किया गया है। गार्गी याज्ञवल्क्य संवाद इसी बहस का सर्वाधिक रोचक एवं समृद्ध हिस्सा में से एक है। कथा कुछ इस प्रकार है कि जनक ने 'बहुदक्षिण' नामक यज्ञ का आयोजन किया, जिसमें कुरु एवं पांचाल के सारे ब्रह्मज्ञानियों को आमन्त्रित किया गया। शंकराचार्य के अनुसार यह अश्वमेघ यज्ञ हो सकता है। जनक के मन में यह जानने की इच्छा हुई कि इन ब्रह्मज्ञानियों में से सबसे बड़ा ज्ञानी कौन है? उन्होंने एक हजार गायें अलग कर उनके सीगों में सोना बँधवाया और घोषणा कर दी कि आप लोगों में से जो सबसे बड़ा ब्रह्मज्ञानी हो वह ये गायें हाँक ले जाये। जब कोई ब्रह्मज्ञानी यह चुनौती स्वीकार करने आगे नहीं आया तो याज्ञवल्क्य ने अपने शिष्य 'सामश्रवा' से कहा कि ये गायें हाँक कर ले चलो। ऐसा करते ही वहाँ मौजूद ब्रह्मज्ञानी याज्ञवल्क्य से क्रोधित हो उठे कि उसने अपने आपको सबसे बड़ा ब्रह्मज्ञानी कैसे मान लिया?

उन्होंने याज्ञवल्क्य पर प्रश्नों की बौछार कर दी। इसके साथ ही भारतीय समाज के सबसे बड़े एवं महत्त्वपूर्ण संवाद का प्रारंभ हुआ जिसके प्रतिभागियों में गार्गी भी एक थीं। शास्त्रार्थ की शुरूआत 'अश्वल' ने की। 'अश्वल' के साथ शास्त्रार्थ समाप्त होने के बाद जारत्कारव आर्तभाग, भुज्यु लाह्ययनि, हैनमुष चाक्रायण, कहोल कौषीतकेय, उष आदि ब्रह्मज्ञानियों ने भी शास्त्रार्थ किया। जब इनमें से कोई भी याज्ञवल्क्य को पराजित नहीं कर पाया और सभा में सन्नाटा छाया हुआ था, ब्रह्मवादिनी गार्गी ने तीखे प्रश्नों के द्वारा शास्त्रार्थ आरम्भ किया। यहाँ 'वृहदारण्यक' उपनिषद में वर्णित गार्गी - याज्ञवल्क्य संवाद को उद्धृत करना प्रासंगिक होगा :

गार्गी : याज्ञवल्क्य, यह सब कुछ किसमें ओतप्रोत है?

याज्ञवल्क्य : जल में।

गार्गी : यह सारा संसार यदि जल में ओतप्रोत है, तो जल किसमें ओतप्रोत है?

याज्ञवल्क्य : जल वायु में ओतप्रोत है।

गार्गी : वायु किसमें ओतप्रोत है?

याज्ञवल्क्य : अन्तरिक्ष लोक में।

गार्गी : अन्तरिक्ष लोक किसमें ओतप्रोत है?

याज्ञवल्क्य : गन्धर्व लोक में।

गार्गी : गन्धर्व लोक किसमें ओतप्रोत है?

याज्ञवल्क्य : आदित्य लोक में

गार्गी : आदित्य लोक किसमें ओतप्रोत है?

याज्ञवल्क्य : चन्द्रलोक में

गार्गी : चन्द्रलोक किसमें ओतप्रोत है?

याज्ञवल्क्य : नक्षत्रलोक में

गार्गी : नक्षत्रलोक किसमें ओतप्रोत है?

याज्ञवल्क्य : इन्द्रलोक में

गार्गी : इन्द्रलोक किसमें ओतप्रोत है?

याज्ञवल्क्य : प्रजापतिलोक में

गार्गी : प्रजापतिलोक किसमें ओतप्रोत है?

याज्ञवल्क्य : ब्रह्मलोक में

गार्गी : ब्रह्मलोक किसमें ओतप्रोत है?

इस प्रश्न का उत्तर न देकर याज्ञवल्क्य ने कहा : गार्गी अति प्रश्न मत कर, अति प्रश्न करने से कहीं तुम्हारा मस्तक न गिर जाए।[15]

उपर्युक्त गार्गी याज्ञवल्क्य संवाद के अवलोकन से स्पष्ट है कि यद्यपि याज्ञवल्क्य ने उस सभा में मौजूद अनेक ब्रह्मज्ञानियों से शास्त्रार्थ किया था, लेकिन केवल गार्गी ही थी जिसको उन्हें प्रश्नों की मर्यादा समझानी पड़ी। ऐसा प्रतीत होता है कि गार्गी शास्त्रार्थ को उस सीमा तक ले जाती हैं, जहाँ प्रश्न का अन्त नहीं होता है, बल्कि प्रतिप्रश्न जन्म लेता है: प्रश्नों की ऐसी भूल भुलैया जिसमें संवाद का निश्चयात्मक अन्त नहीं है। याज्ञवल्क्य ने ऐसी आशा नहीं की थी। सभा में मौजूद ब्रह्मज्ञानियों के प्रश्नों का आसानी से उत्तर देने वाले याज्ञवल्क्य के लिए यह अप्रत्याशित था, जिसमें याज्ञवल्क्य के ज्ञान की सीमा भी एक ब्रह्मवादिनी स्त्री ने समझा दिया था। जैसा याज्ञवल्क्य ने आर्तभाग से कहा था कि–इस प्रश्न का उत्तर तो मुझे भी नहीं मालूम। चलो इस पर मिलकर एकान्त में विचार करते हैं।[16] ऐसा जवाब वे गार्गी को भी दे सकते थे, लेकिन ऐसा करना उन्होंने उचित नहीं समझा। ऐसा लगता है कि तत्कालीन समाज में स्त्री मर्यादा की सीमा तय होने लगी थी और बहुत सीमित रूप में ही सही लेकिन यह बौद्धिक विमर्श के क्षेत्र में भी फैलने लगी थी। यह संवाद एक प्रकार से उत्तर वैदिक समाज में स्त्री प्रश्नाकुलता की सीमाओं की ओर स्पष्ट संकेत करता है।

इस कथा में बाद का अंश इस प्रकार है कि याज्ञवल्क्य द्वारा अपने अन्तिम प्रश्न को खारिज़ किए जाने के कारण गार्गी चुप हो गयी। उसके बाद उद्दालक आरूणि ने याज्ञवल्क्य से शास्त्रार्थ किया। लेकिन उद्दालक आरूणि का शास्त्रार्थ समाप्त होने के बाद वह फिर प्रश्न करने को उठी और उस सभा में मौजूद विद्वानों से कहा–हे महानुभावों, मैं इस याज्ञवल्क्य से दो प्रश्नों से प्रहार करूँगी। यदि वे इन दोनों प्रश्नों के भी उत्तर दे देते हैं, तो इस ब्रह्मोद्य (शास्त्रार्थ) को आप लोगों में से कोई भी नहीं जीत सकता। इसके बाद याज्ञवल्क्य से मुख़ातिब होकर वह कहती हैं:

गार्गी : याज्ञवल्क्य, जैसे काशी या विदेह का कोई योद्धा अपने शत्रु को बींधने के लिए धनुष चढ़ाकर हाथ में दो बाण रखकर तैयार हो, वैसे ही में दो प्रश्नों के तीर तुम्हारे ऊपर छोड़ रही हूँ। तुम इनके उत्तर दो।

गार्गी : जो कुछ द्युलोक के ऊपर है और धरती के नीचे है, जो कुछ द्युलोक और पृथ्वी के बीच में है, जिसे भूत, भविष्य और वर्तमान कहा जाता है, वह किसमें ओतप्रोत है?

याज्ञवल्क्य : जो कुछ द्युलोक के ऊपर है और धरती के नीचे है, जो कुछ द्युलोक और पृथ्वी के बीच में है, जिसे भूत, भविष्य और वर्तमान कहा जाता है, वह आकाश में ओतप्रोत है।

गार्गी : जो कुछ द्युलोक के ऊपर है और धरती के नीचे है, जो कुछ द्युलोक और पृथ्वी के बीच में है, जिसे भूत, भविष्य और वर्तमान कहा जाता है, वह आकाश में ओतप्रोत है। पर आकश किसमें ओतप्रोत है?

याज्ञवल्क्य : गार्गी वह अक्षर तत्त्व है, ब्रह्मज्ञानी उसकी व्याख्या इस प्रकार करते हैं– वह न स्थूल है, न अणु रूप में है, न ह्रस्व है, न दीर्घ है, न धातु की तरह है, न ही द्रव की तरह, न छाया है, न तम है, न वायु है, न आकाश है, न संग है, न रस है, न गन्ध है, न नेत्र है, न वाणी है, न मन है, न तेज़ है, न प्राण है, न मुख है, न माप है, न अवकाश है। वह न भीतर है, न बाहर है, न वह किसी का भोग करता है और न कोई उसका भोग करता है। इसी अक्षर तत्त्व के प्रशासन में सूर्य और चन्द्रमा टिके हुए हैं। इसी के प्रशासन में द्युलोक और पृथ्वी स्थित हैं। इसी अक्षर ब्रह्म के प्रशासन में पल, मुहूर्त, दिन-रात,. पक्ष, मास, ऋतु, संवत्सर का चक्र चल रहा है, नदियाँ बह रही हैं। जो इसको जाने बिना इस लोक से प्रयाण कर जाता है, वह कृपण है जो इसे जानकर इस लोक से प्रयाण करता है, वही ब्रह्मण है। वह स्वयं दिखता भी है, देखता भी है–द्रष्टा भी वही है और दृश्य भी वही। श्रव्य भी वही है श्रोता भी वही। मन्ता भी वही है और मनतव्य भी वही। इसके अलावा कोई विज्ञाता नहीं। हे गार्गी! इस अक्षर में यह आकाश ओतप्रोत है।

इसके साथ ही गार्गी याज्ञवल्क्य संवाद का समापन हो जाता है। याज्ञवल्क्य का सारा विवेचन सुनने के बाद गार्गी कहती हैं कि हे ज्ञानी जनों! आप लोगों में से कोई भी याज्ञवल्क्य को इस ब्रह्मोद्य अर्थात् शास्त्रार्थ में पराजित करने की क्षमता नहीं रखता है।

यह कथा दो बातों की ओर संकेत करती है : पहला यह कि उत्तर वैदिक काल तक आते-आते बौद्धिक विमर्श के क्षेत्र में भी स्त्रियों की उपस्थिति सीमित होने लगी थी। कुरु-पाँचाल जनपद के समस्त ब्रह्मज्ञानियों की सभा में स्त्री समाज का एक मात्र प्रतिनिधित्व गार्गी के रूप में था। यदि उस सभा में और भी ब्रह्मवादिनी स्त्रियाँ होती तो अन्य ब्रह्मज्ञानियों की तरह उपनिषद् कार ने उनका भी उल्लेख अवश्य किया होता। दूसरी बात यह कि तत्कालीन समाज में पुरुष वर्चस्व का प्रयत्न और स्त्री मर्यादा की सीमाएँ तय होने लगी थीं। यद्यपि याज्ञवल्क्य द्वारा हतोत्साहित किए जाने के बावजूद गार्गी आतंकित नहीं हुई और दूसरी बार फिर उनसे संवाद करने के लिए तत्पर होती है, लेकिन इस प्रकरण में याज्ञवल्क्य द्वारा वर्चस्व स्थापित करने का प्रयास पूर्णत: स्पष्ट है।

उपनिषदकार ने याज्ञवल्क्य के साथ एक और ब्रह्मवादिनी के संवाद का उल्लेख किया है। यह उनकी पत्नी मैत्रेयी है और यह संवाद भी वृहदारण्यक

उपनिषद में संकलित है। कथा कुछ इस प्रकार है कि याज्ञवल्क्य की अवस्था ढल चुकी थी। अपना घर छोड़कर संन्यास ग्रहण करने से पहले वह चाहते थे कि अपनी दोनों पत्नियों कात्यायनी और मैत्रेयी के बीच सम्पत्ति का सन्तोषजनक तरीके से बँटवारा कर अपने सांसारिक कर्तव्यों का समुचित तरीके से निर्वाह करें। इस प्रयोजन से उन्होंने मैत्रेयी से कहा कि मैं तो यहाँ से विदा लेनेवाला हूँ, तुम्हारे लिए धन सम्पदा और सुख सुविधा की पूरी व्यवस्था कर दूँगा। इसके बाद मैत्रेयी याज्ञवल्क्य से जो सवाल करती है, वह मानव जीवन के सबसे महत्त्वपूर्ण प्रश्न का हमारे सामने उपस्थित करता है। तत्पश्चात् मैत्रेयी और याज्ञवल्क्य का यह संवाद मानव जीवन में धन के महत्त्व, उसका उपयोग एवं उसकी सीमाएँ, मानवजीवन की सार्थकता जैसे महत्त्वपूर्ण प्रश्नों से हमारा साक्षात्कार कराती है। यद्यपि मैत्रेयी की भाषा गार्गी की तुलना में काफ़ी विनम्र और संयत है फिर भी यह याज्ञवल्क्य को इस बात का अहसास कराने के लिए पर्याप्त है कि स्त्री होने के कारण उसकी रूचि सामाजिक रूप से धन सम्पन्न होने की नहीं है बल्कि मानव जीवन के मूलभूत प्रश्नों जैसे जीवन की सार्थकता को लेकर है। याज्ञवल्क्य के साथ अपने संवाद में मैत्रेयी इस बात को रेखांकित करती है कि भौतिक समृद्धि मनुष्य को तात्कालिक सुख भले ही प्रदान करे वह अमरता का स्रोत नहीं हो सकता। इस सन्दर्भ में मैत्रेयी और याज्ञवल्क्य संवाद का महत्त्वपूर्ण अंश का अवलोकन समीचीन होगा :

मैत्रेयी : यदि सम्पूर्ण पृथ्वी धन से परिपूर्ण होकर मुझे मिल जाए तो क्या मैं अमर हो जाऊँगी?

याज्ञवल्क्य : नहीं। जिस तरह संसार के लोगों के पास तरह-तरह के उपकरण होते हैं और उनके साथ वे अपना जीवन निर्वाह करते हैं, वैसे ही तुम भी अपना जीवन व्यतीत कर पाओगी। लेकिन धन हो जाने से अमरता की आशा नहीं करनी चाहिये।

मैत्रेयी : तो फिर इस सबका क्या फायदा है? जिनसे मैं अमरता नहीं पा सकती उसे लेकर मैं क्या करूँगी?[16]

उपर्युक्त संवाद ब्रह्मवादिनी मैत्रेयी के न केवल बौद्धिक स्तर का बोध कराता है बल्कि उसकी व्यावहारिक तर्कबुद्धि का भी। पूरी दुनिया में बौद्धिक विमर्शों में शायद ही इतना संक्षिप्त और ज्वलन्त प्रश्न पूछा गया हो–'येनाहं नामृता स्यां किमहं तेन कुर्याम?' दरअसल मैत्रेयी का सवाल भारतीय चिन्तन परम्परा के निचोड़ को सामने लाता है। यह भौतिक सम्पत्ति की उपयोगिता और सीमाओं पर तो विचार करता ही है इससे आगे बढ़कर मानव जीवन को सार्थक और सर्वांगपूर्ण बनाने वाले

उपकरणों पर भी गम्भीरता से विचार करने का आग्रह करता है। जीवन को वास्तव में सार्थक बनाने के लिए तो उसके मूलभूत प्रश्नों–जीवन की सार्थकता आदि के बारे में चिन्तन करने की आवश्यकता है, केवल धन सम्पदा और आर्थिक समृद्धि से काम नहीं चलेगा।

बौद्धिक विमर्श का एक अत्यन्त उन्नत रूप हमें सुलभा और जनक के संवाद में देखने को मिलता है। कहीं सुलभा का ब्रह्मवादिनी तो कहीं योगिनी के रूप में उल्लेख मिलता है। यह संवाद 'महाभारत' के शान्तिपर्व में संकलित है।[17] यह कथा भीष्म ने युधिष्ठिर को सुनाया है। कथा के अनुसार प्राचीन काल में मिथिला के राजा जनक धर्मध्वज नाम से प्रसिद्ध थे। उन्हें वेद, मोक्ष, शास्त्र और दण्डनीति में पारंगत समझा जाता था और उनकी ख्याति सुलभा के कानों तक पहुँची। यह सुनकर उनके मन में सन्देह उत्पन्न हुआ कि राजा जनक के बारे में जो बातें बतायी जा रही हैं वे सत्य हैं भी या नहीं। ऐसा सोचकर उन्होंने राजा जनक से मिलकर उनके बारे में जानने का निश्चय किया। अपनी योग शक्ति से संन्यासिनी का रूप छोड़कर अत्यन्त सुन्दर स्त्री के रूप में परिवर्तित कर वह मिथिला नगरी पहुँच गयी। अपनी योग विद्या से राजा जनक के मन मस्तिष्क पर अधिकार कर भिक्षा लेने के बहाने वह दरबारियों से भरी हुई राजा जनक की सभा में प्रविष्ट हुईं।

जनक ने पूछा - देवी! आपको यह संन्यास की दीक्षा कहाँ से प्राप्त हुई, आप कहाँ से आयी हैं, आप यहाँ के बाद कहाँ जाएँगी? किसी से पूछे बिना उसके शास्त्र ज्ञान, अवस्था और जाति के बारे में ज्ञात नहीं होता है। अत: इन सब विषयों में यथार्थ जानकारी आवश्यक है विशेषत: आपके इस आगमन के सन्दर्भ में। इसके बाद उन्होंने अपना परिचय देना प्रारम्भ किया जिसमें निश्चित रूप से आत्म श्लाघा की प्रधानता है :

मैंने छत्र आदि राज चिह्नों का त्याग कर दिया है। मैं महात्मा पंचशीख का शिष्य हूँ। सांख्यज्ञान, योगविद्या तथा राजधर्म इन तीन प्रकार के मोक्षधर्म का मैंने यथा विधि ज्ञान प्राप्त किया है और इन विषयों में मेरा संशय दूर हो चुका है। महात्मा पंचशीख ने जो इन विषयों के सर्वश्रेष्ठ ज्ञाता हैं मुझे त्रिविध मोक्षधर्म का सम्पूर्ण ज्ञान दिया है लेकिन मुझे राजधर्म छोड़ने की आज्ञा नहीं दिया है। इस प्रकार मैं विविध प्रकार की आसक्तियों से रहित होकर अकेला परमपद में स्थित हूँ। मेरा मोह दूर हो गया है, मैंने समस्त विषयों का त्याग कर दिया है। मैंने गृहस्थ धर्म में रहते हुए भी बुद्धि की परम निर्द्वन्द्वता प्राप्त कर ली है। आत्मज्ञान के कारण विषयों के बीच होकर भी ये मुझे प्रभावित नहीं कर पाते हैं। मेरे अन्दर विषयों का भाव अंकुरित नहीं होता।

स्त्रियों के प्रति अनुराग तथा शत्रुओं के प्रति जो क्रोध होता है, वह व्यर्थ होने के कारण उसकी ओर मेरी प्रवृत्ति नहीं होती है। मेरी बुद्धि किसी अनर्थ या भावों के संग्रह में नहीं लगती है। मैं आप्तकाम होकर सदा सुख का अनुभव करता हूँ। जो मेरी दाहिनी बाँह पर चन्दन छिड़के और बायीं बाँह हँसुली से काटे ये दोनों ही मनुष्य मेरे लिए एक समान है। मेरी दृष्टि में मिट्टी के ढेले, पत्थर और सुवर्ण सब एक जैसे हैं। मैं आसक्ति रहित होकर राजा के पद पर प्रतिष्ठित हूँ, अत: अन्य संन्यासियों की तुलना में मेरी स्थिति विशिष्ट है। न तो दरिद्रता में मोक्ष है और न ही सम्पन्नता में बन्धन है। धन और निर्धनता दोनों ही अवस्थाओं में ज्ञान से ही मुक्ति सम्भव है इसीलिए धर्म, अर्थ, काम और राजपरिग्रह के बन्धनों में रहते हुए भी मुझे आप बन्धन रहित अर्थात जीवन मुक्त पद पर प्रतिष्ठित समझिए। हे संन्यासिनी! इस प्रकार मैं जीवन मुक्त हूँ।

राजा जनक ने आगे कहा– यह जो त्रिदण्ड धारण रूपी संन्यासका चिह्न है, उसके अनुरूप आपकी कोई चेष्टा नहीं है। मैं जीवन मुक्त हूँ या नहीं इसकी परीक्षा लेने के लिए आपने मेरे शरीर को अभिभूत कर लिया है, उस पर बलात अधिकार कर लिया है। मनुष्य योगयुक्त होकर भी यदि कामभोग में आसक्त हो जाए तो उसका त्रिदण्ड धारण करना व्यर्थ है। आप अपने इस वर्ताव द्वारा संन्यास आश्रम के धर्म का पालन नहीं कर रही हैं। यदि अपने स्वरूप को छिपाने के लिए आपने ऐसा किया हो तो जीवन मुक्त व्यक्ति के लिए गोपन आवश्यक नहीं है। आपने सोच समझकर मेरे पूर्व शरीर का आश्रय लिया है, उसमें प्रवेश किया है। आप ब्राह्मणी हैं और मैं क्षत्रिय हूँ, अत: मेरे शरीर में प्रवेश करने के कारण आप वर्ण संकर नामक दोष की भागी हैं। आप मोक्षधर्म का पालन करती हैं और मैं गृहस्थ आश्रम में स्थित हूँ। अत: आपके द्वारा दूसरा दोष आश्रम संकर का दोष है। मैं यह भी नहीं जानता कि आप सगोत्रा हैं या असगोत्रा, इसी तरह आप भी मेरे विषय में कुछ नहीं जानतीं। इस प्रकार मुझ सगोत्र के साथ संयोग करने के कारण आप तीसरे दोष–'गोत्रसंकार' का भी प्रतिपादन कर रही हैं। आप परायी स्त्री होने के कारण मेरे लिए सर्वथा अगम्य हैं। ऐसी दशा में आपका यह बर्ताव चौथे दोष अर्थात् धर्मसंकर नामक दोष को उत्पन्न करता है। आप कार्य साधन की अपेक्षा से ऐसे कार्यों को कर रही हैं जो सर्वथा वर्जनीय हैं, लेकिन मिथ्या ज्ञान के कारण आप ये कार्य करने को उद्यत हो गयी हैं। आपेक द्वारा जो भी शास्त्र ज्ञान अर्जित किया गया है, वह सब आपके इस कार्य से व्यर्थ हो गया है। आपका जो राज छिपा हुआ था, उसे आपने प्रकाशित कर दिया है। इससे आप दुष्टा जान पड़ती हैं।

आपकी दुष्टता का एक और स्पष्ट प्रमाण यह है कि आप जीतना चाहती हैं। आप केवल मुझे ही पराजित नहीं करना चाहती बल्कि माननीय सभासदों को भी जीतने की इच्छा से उनपर अपनी दृष्टि फेंक रही हैं। आप मुझे स्पर्श न करें, मेरे चरित्र को उत्तम और निष्कलंक समझें और स्वयं भी संन्यासी धर्म का पालन सुनिश्चत करें। अत: यदि आप अपने कार्य से या किसी दूसरे कार्य से यहाँ वेश बदलकर आयी हों तो उसे आप यर्थाथ रूप से प्रकाशित करें। हे संन्यासिनी! आपको अपनी जाति, शास्त्र ज्ञान, चरित्र अभिप्राय, स्वभाव एवं अपने आगमन का यथार्थ अभिप्राय बताना उचित है।

राजा जनक के उपर्युक्त तिरस्कार पूर्ण शब्दों को सुनने के बावजूद सुलभा बिल्कुल विचलित नहीं होती हैं और राजा जनक की बात समाप्त होने के बाद अत्यन्त संयत रूप में उनके व्यवहार, भाषा और ज्ञान की सीमा का अहसास कराती हैं। प्रत्युत्तर में सुलभा कहती हैं :

राजन! संवाद करते समय वक्ता को काम, क्रोध, भय, लोभ, दैन्य तथा अनार्य भावों, लज्जा, अनुक्रोश एवं अभिमान से मुक्त होना चाहिए। इसक बाद सुलभा वाणी और बुद्धि के नौ-नौ दोष एवं अठारह गुणों का वर्णन करती हैं। सार्थक संवाद में इन गुणों का समन्वय और दोषों का परिहार होना चाहिये। अपेतार्थ, अभिन्नार्थ, अव्याकृत, अधिक, अश्लक्षण, सन्दिग्ध, गवर्थ संयुक्त, परांगमुख सुख, अनृत, त्रिवर्ग विरूद्ध, असंस्कृत, न्यून, कष्टशब्द, विक्रमाभिहित, अविशिष्टार्थ, निष्कारण एवं अहेतुक ये संवाद के दोष हैं। इसी प्रकार सूक्ष्मता, संख्या, क्रम निर्णय और प्रयोजन वाक्य के गुण हैं। एक वक्ता को इन गुणों से समन्वित वाक्य ही बोलना चाहिये। बोलने की इच्छा होने पर जब वक्ता श्रोता और वाक्य तीनों अविकल भाव से सम स्थिति में आ जाते हैं, तब वक्ता का अर्थ प्रकाशित हो जाता है। जब वक्ता श्रोता की अवहेलना करके दूसरे के लिए अपनी बात कहने लगता है तब वाक्य श्रोता के हृदय में प्रवेश नहीं करता है। जब मुनष्य स्वार्थ त्यागकर दूसरे के लिए कुछ कहता है तब श्रोता के मन में संदेह पैदा होने लगता है। अत: जो वक्ता और श्रोता दोनों के लिए अनुकूल विषय बोलता है वास्तव में वही वक्ता है। उसे चाहिए कि वह स्वार्थ (अपनी बात) एवं परार्थ (दूसरे की बात) दोनों ही बातों को त्यागकर बिना किसी लाग लपेट के अभिव्यक्त करे।[18]

इस प्रकार एक सार्थक संवाद एवं वक्ता के गुण दोष का विस्तृत वर्णन करके सुलभा न केवल अपनी बौद्धिक क्षमता का परिचय देती है बल्कि राजा जनक की सीमाओं का बोध कराती है। वह उन्हें याद दिलाती है कि कैसे राजा जनक एक आदर्श वक्ता के गुण से कोसों दूर हैं और अपने परिचय में उन्होंने जो आत्म प्रशंसा

से भरी हुई बातें कही हैं, उन पर खरा उतरने के लिए राजा जनक को अभी काफ़ी अभ्यास की ज़रूरत है।

सुलभा राजा जनक से कहती हैं कि वे ब्रह्मज्ञानी होने का दंभ तो करते हैं, लेकिन उनके चिन्तन और आचरण के बीच कितनी गहरी खाई है। राजा जनक द्वारा अपना यथार्थ परिचय के बार-बार आग्रह के बारे में भी सुलभा कहती हैं कि मैं, आप तथा अन्य सभी जीवधारियों की उत्पत्ति प्रकृति से ही हुई है और यह प्रकृति निरन्तर परिवर्तनशील रूप में मानव जीवन की विभिन्न अवस्थाओं में प्रकट होती है। ऐसी स्थिति में यह प्रश्न बेमानी है कि कौन कहाँ से आता है, किससे उत्पन्न हुआ है? जिस प्रकार आप अपने द्वारा स्वयं में आत्मा का दर्शन करते हैं, उसी प्रकार अपने द्वारा दूसरे में उसी आत्मा का दर्शन क्यों नहीं करते हैं? यदि आप अपने में और दूसरे में समभाव रखते हैं तो मुझसे बार-बार यह क्यों पूछते हैं कि आप कौन हैं और किसकी हैं? यदि आप वास्तव में जीवन मुक्त हैं तो आप कौन हैं, कहाँ से आयी हैं और किसकी हैं? इन प्रश्नों का क्या प्रयोजन है? राजन! यथार्थ में आप योगयुक्त नहीं हैं तथापि आपको जो यह जीवनमुक्त होने का अभिमान हो रहा है, उसे आपके सुहृदयों को दूर कर लेना चाहिए।

हे नरेश्वर! उपभोग, भोजन, आच्छादन तथा अन्य परिमित विषयों के सेवन, दुष्टों के दमन तथा शिष्ट पुरुषों के अनुग्रह में राजा सदा परतन्त्र होता है। इसी प्रकार वह बहुत थोड़े कार्यों में भी स्वतन्त्र नहीं होता है तथापि वह उन विषयों में अनुरक्त रहता है। सन्धि और विग्रह, स्त्री समागम, विहार, शासन के संचालन इत्यादि में उसे कहाँ स्वतन्त्रता प्राप्त है? हे राजा जनक! सब लोग अपने-अपने घर में राजा हैं, अपने-अपने घर में गृहस्वामी हैं, सभी किसी को दण्ड देते हैं और किसी पर अनुग्रह करते हैं। इस प्रकार सभी लोग राजा के ही समान हैं। स्त्री, पुत्र, कोष, शरीर, मित्र तथा संग्रह ये सब वस्तुएँ राजा की भाँति प्रत्येक मनुष्य के पास उपलब्ध रहती हैं। इच्छा, द्वेष और भयजनित मानसिक दु:ख राजा को कभी नहीं छोड़ते। वह अनेक द्वन्द्वों और शंका से ग्रस्त होकर राज्य का शासन करता है जिसमें सुख बहुत थोड़ा लेकिन दुख बहुत हैं। महाराज! आप जो इस नगर को, राष्ट्र को, सेना को, कोष और मन्त्रियों को अपना समझते हैं, वह आपका भ्रम ही तो है। इतने पर भी आप विदेह राज, मिथिला नरेश आदि लौकिक नामों से ही प्रतिष्ठित हो रहे हैं तो दूसरे साधारण मनुष्यों की भाँति आसक्ति से बँधे हैं। वास्तव में आपने महात्मा पंचशीख द्वारा दिए गए शास्त्रज्ञान को व्यर्थ कर दिया है।

सुलभा द्वारा अपने शरीर में प्रवेश करने को लेकर राजा जनक ने जिस प्रकार

असंगत और क्रोधपूर्ण बातें कहीं थीं उसका भी निराकरण करते हुए वह कहती हैं कि एकान्त स्थान में वास करना संन्यासियों की सामान्य रीति है, अत: यदि मैंने आपके मस्तिष्क के एकान्त में वास किया तो मैंने क्या अपराध किया है? मुझे तो स्वयं अपने शरीर में भी आकर्षण नहीं है फिर आपके शरीर में क्या आकर्षण हो सकता है? अत: योगयुक्त मुझ संन्यासिनी के सम्बन्ध में आपने जो वचन कहे हैं, वह सर्वथा अनुपयुक्त है।

ब्रह्मवादिनी सुलभा के उपर्युक्त पाण्डित्यपूर्ण जीवन दर्शन से सम्पन्न वक्तव्य राजा जनक को अपने ज्ञान की सीमा का बोध कराती है और इसे सुनकर वे मौन हो जाते हैं मानो सुलभा के प्रति कहे गए अपने दुर्वचनों को लेकर ग्लानि महसूस कर रहे हैं। सुलभा का यह संवाद वक्तृत्व एवं संवाद कला के सम्बन्ध में दुनिया के सर्वोत्कृष्ट विचारों में से एक कहा जा सकता है। यही नहीं मानव जीवन के अनेक महत्त्वपूर्ण प्रश्नों जैसे–चिन्तन और आचरण में समन्वय, राजसत्ता की प्रकृति एवं चुनौतियाँ, शासन व्यवस्था के महत्त्वपूर्ण अंग, राजा की स्वतंत्रता और सीमा, यथार्थ रूप से जीवन मुक्त होने की स्थिति तथा मानव जीवन की सार्थकता इत्यादि पर इसमें बेबाक ढ़ंग से विचार रखे गये हैं। दुर्भाग्य से ब्रह्मवादिनी परम्परा का और उसके माध्यम से बौद्धिक विमर्श के क्षेत्र में स्त्रियों की सहभागिता का ऐसा उदाहरण आगे चलकर नहीं मिलता है। यद्यपि कुछ अन्य विदुषी महिलाओं जैसे देवहूति ने सांख्य शास्त्र में मदालसा ने ब्रह्मविद्या में प्रतिष्ठा अर्जित की लेकिन उत्तर वैदिक काल के बाद ब्रह्मवादिनी स्त्रियों का उल्लेख लगभग समाप्त हो जाता है। बौद्धिक विमर्श के क्षेत्र में उत्तर वैदिक काल तक स्त्रियों ने आसानी से पुरुष वर्चस्व को स्वीकार नहीं किया और अपने बौद्धिक ज्ञान के बल पर उनका डटकर सामना किया, लेकिन समग्र रूप से सामाजिक परिस्थितयाँ उनके ख़िलाफ़ बन रही थी और उसकी एक झलक हमें याज्ञवल्क्य और जनक के व्यवहार में भी दिखाई देती है। स्त्रियों से मिलने वाली बौद्धिक चुनौती को वे झेल नहीं पाते हैं और ऐसे में उनकी भाषा असंयत और अशिष्ट हो जाती है।

वंश प्रवर्तक के रूप में स्त्रियों की भूमिका

यदि वंश प्रवर्तक के रूप में स्त्रियों की भूमिका का इस काल में आकलन करें तो इस बात का स्पष्ट संकेत मिलता है कि आरम्भिक मानव समाज में उनकी जो केन्द्रीय स्थिति थी उसमें गिरावट आयी है। चूँकि स्त्रियाँ वंश प्रवर्तक थी अत: मानव समाज के विकास के आरम्भिक दौर में उनकी इस भूमिका को बिना किसी विवाद

के स्वीकार किया गया। इस दौर में वंश परम्परा माता के नाम पर चलती है, पिता या किसी अन्य पुरुष के नाम पर नहीं। 'महाभारत' के सम्भवपर्व और 'हरिवंश पुराण' के प्रथम तीनअध्यायों में महर्षि वेदव्यास ने जो वंशावली प्रस्तुत की है वह मातृ सत्तात्मक है, पितृ सतात्मक नहीं। 'सम्भ्वपर्व' और 'हरिवंश पुराण' में जो विस्तृत वंश परम्परा दी गयी है, उनमें प्रजापतियों और उनकी पत्नियों दोनों का उल्लेख किया गया है जैसे कि 'अदिति' और 'कश्यप' की वंश परम्परा 'आदित्य' के रूप में, दिति और कश्यप की परम्परा 'दैत्य' के रूप में, सिंहिका और विप्रचित्ति की वंश परम्परा 'सैंहिकेय' के रूप में, आदि। लेकिन महर्षि वेदव्यास द्वारा वर्णित वंश परम्परा में प्रजापतियों अर्थात पुरुषों की भूमिका गौण है और उनकी स्त्रियों की भूमिका प्रमुख हैं, इसलिए वंशावली उनके नामों के आधार पर बतायी गयी है। लेकिन 'महाभारत' के ही 'शान्ति पर्व' (जो बाद के कालखण्ड में जोड़ा गया है) में वेदव्यास ने जो वंशावली दी है, उसमें स्त्रियों का उल्लेख गायब है। सम्पूर्ण जगत की सृष्टि का कारण पुरुष महात्माओं को ही बताया गया है :

"प्रत्येक दिशा में जो महर्षि निवास कर रहे हैं, वे सब तीक्ष्ण तेजस्वी वर्णित हुए हैं। ये सब ही जगत की सृष्टि करने में समर्थ महात्मा और साक्षी स्वरूप हैं।"[19]

एक महत्त्वपूर्ण अन्तर 'शान्तिपर्व' में वर्णित वंश परम्परा और 'संम्भवपर्व' तथा 'हरिवंश पुराण' की वंश परम्परा में यह है कि 'शान्तिपर्व' की वंश परम्परा में किसी स्त्री माता या वंशज का नाम नहीं है, जबकि 'सम्भवपर्व' और 'हरिवंश पुराण' में इसका विधिवत उल्लेख किया गया है–'अदिति', दिति, दनु, कालका, ममता, सिंहिका इत्यादि के रूप में। यही नहीं 'शान्ति पर्व' की वंश परम्परा स्त्री सन्तान की परम्परा का भी वर्णन नहीं करते हैं, जबकि पहले की रचनाओं में इसका भी उल्लेख है। 'शान्तिपर्व' के अनुसार पूषा, त्वष्टा, इन्द्र ओर बारहवें विष्णु ये द्वादश आदित्य कश्यप के पुत्र हैं। इसी प्रकार दोनों अश्विनी कुमारों–नासत्य और दक्ष को अष्टम प्रजापति मार्तण्ड का पुत्र बताया गया है। महायशस्वी 'विश्वरूप' को त्वष्टा के पुत्र के रूप में वर्णित किया गया है, तो यवक्रीत, रैभ्य, अर्वावसु, परावसु, औशिज, कक्षीवान् और नल को अंगिरा पुत्र कहा गया है। कण्व और बर्हिषद मेधातिथि के पुत्र हैं तो अगस्त्य को मित्रावरूण के प्रतापवान पुत्र के रूप में दर्शाया गया है।[20]

यहाँ यह बात उल्लेखनीय है कि महाभारत के 'शान्ति पर्व' को अधिकांश विद्वान बाद की रचना मानते हैं 'सम्भव पर्व' की तुलना में। दूसरी महत्त्वपूर्ण बात यह है कि 'सम्भव पर्व' और 'हरिवंश पुराण' में महर्षि वेदव्यास ने जिस वंशावली का उल्लेख किया है वह श्रुति परम्परा के आधार पर है जबकि शान्ति पर्व की वंश

परम्परा में बारे में ऐसी बात नहीं कही गयी है। अत: यह बात स्पष्ट हो जाती है कि आरम्भिक मानव समाज में वंश परम्परा के प्रवर्तन के केन्द्र में स्थित 'स्त्री' धीरे-धीरे सामाजिक और अन्य कारणों से खिसक कर परिधि में आ जाती है और मातृ सतात्मक परम्परा के स्थान पर पितृ सतात्मक वंश परम्परा प्रतिष्ठित हो जाती है। 'महाभारत' नामक ग्रन्थ, जो लम्बे समय के अन्तराल में लिखा गया है, उसमें इस परिवर्तन को आसानी से लक्षित किया जा सकता है।

उत्तर वैदिक काल में मातृ सतात्मक समाज व्यवस्था के क्रमश: कमजोर होने और उसकी जगह पितृ सतात्मक समाज व्यवस्था के स्थापित होने की स्थिति को छान्दोग्य उपनिषद में वर्णित 'सत्यकाम-जाबाला'[21] की कथा से भी समझा जा सकता है। यह कथा ब्रह्मज्ञानी सत्यकाम और उनकी माता जाबाला के सम्बन्ध में है। बचपन से ही जाबाला के पुत्र सत्यकाम की प्रबल इच्छा थी ब्रह्मज्ञानी बनने की। लेकिन ब्रह्मविद्या में शिक्षित करने से पहले आचार्य को अपने कुल और गोत्र के विषय में बताने की आवश्यकता पड़ती थी। सत्यकाम को इन बातों का पता नहीं था। उनके पिता कौन थे, उनका नाम क्या था, इन सब बातों से वे अनजान थे। एक दिन वे अपने पिता और कुल गोत्र के बोर में जानने पर अड़ गए। उन्होंने अपनी माँ जाबाला से इन बातों को बताने के लिए जोर दिया ताकि ब्रह्मविद्या में निष्णात किसी आचार्य के यहाँ दीक्षित होकर ज्ञान अर्जन कर सकें।

माँ की आखें भर आईं, उन्होंने कहा : मैं केवल इस प्रश्न का उत्तर नहीं दे सकती हूँ। मुझसे यह प्रश्न मत पूछा कर।

सत्यकाम ने कहा : मैं केवल उनका नाम और अपना गोत्र जानना चाहता हूँ। उनके विषय में मैं और कुछ नहीं पूछूँगा। वह कहाँ थे, कैसे थे, कब मरे इत्यादि बातें जानने में मुझे रूचि नहीं। मैं ब्रह्मचर्या करना चाहता हूँ, इसलिए इन बातों को जानने की आवश्यकता है। आचार्य को तो ये बातें बताने ही पड़ेंगी। यह सुनकर जाबाला स्तब्ध हो जाती है, आवेग के कारण आँसू निकल पड़ते हैं। फिर अपने को संयमित कर वह कहती है :

मैंने जीवन पर्यंत लोगों से झूठ बोला है। तेरे पिता का कुछ-न-कुछ नाम बता देती थी। लेकिन तुमने जब भी प्रश्न किया, मैं घबरा जाती थी। मैं तुमसे झूठ नहीं बोल सकती थी। जीवन में मेरी एक ही कामना रही है कि तुझे कुछ भी ऐसा न करना पड़े जिसे छुपाने के लिए तुम्हें कभी झूठ बोलने की ज़रूरत पड़े। मैंने तुम्हारा नाम सत्यकाम इसीलिए रखा है। यह मेरी कामना का तुझमें प्रतिबिम्ब है। तुम्हारे सामने मैं झूठ नहीं बोल सकती थी इसलिए मेरा गला भर आता था और आँसू गिरने लगते

थे। मैंने सांकेतिक रूप से तुम्हें कितनी बार कहा था कि तुम जो पूछ रहे हो वह मैं नहीं बता सकती।

सत्यकाम : पर क्यों नहीं बता सकती?

जाबाला : इसलिए कि मैं स्वयं भी नहीं जानती। युवावस्था में मैं अनेक पुरुषों के संसर्ग में रही हूँ, चाहकर भी और अनचाहे भी। उन सभी का तो मैं नाम भी नहीं जानती। जानकर भी स्मरण रखना आवश्यक नहीं समझा। यही तेरा सच है। मैं तेरी माँ हूँ जाबाला और तू केवल मेरा पुत्र है जाबालि। समग्र, सर्वस्व, अविभाजित, अनन्य।

अपनी माँ का यह स्पष्ट उत्तर सुनकर भी जाबालि (सत्यकाम) का उनके प्रति आदर कम नहीं हुआ, बल्कि उनकी सत्यवादिता और पुत्र के प्रति अनन्य प्रेम के कारण यह बढ़ ही गया। आत्मविश्वास के साथ जाबालि ने माँ से कहा–मुझे उपसम्पदा अवश्य मिलेगी। इसके बाद जाबालि अनेक आचार्यों के पास उपसम्पदा के लिए भटकता रहा। वे लोग कुल और गोत्र पूछते, फिर जाबालि का सन्तोषजनक उत्तर न पाकर उसे डाँटकर भगा देते। उसने तय कर लिया था कि वह अपना झूठा परिचय नहीं देगा, माँ की बात को कभी मिथ्या नहीं करेगा। अन्त में 'हारिद्रुमत गौतम' के आश्रम में जाबालि को उपसम्पदा मिली। कुल और गोत्र के विषय में प्रश्न तो उन्होंने भी किया था, लेकिन जाबालि की सत्यनिष्ठा से प्रभावित होकर उसे अपने यहाँ दीक्षित कर लिया। इस प्रकार ब्रह्मविद्या का पूरी तन्मयता के साथ अभ्यास करते हुए जाबालि बहुत बड़ा ब्रह्मज्ञानी बना और सत्यकाम के नाम से प्रसिद्ध हुआ।

'छांदोग्य उपनिषद' की इस कथा में बल सत्यनिष्ठा की शक्ति को उद्घाटित करना है लेकिन प्रकारांतर से कुछ बातें तत्कालीन समाज और स्त्रियों की स्थिति के बारे में भी स्पष्ट हो जाती है। इस समय तक समाज में पितृ सत्तात्मक चेतना पूरी तरह स्थापित हो चुकी थी, क्योंकि कुल और गोत्र के आधार पर ही व्यक्ति की पहचान तय होती थी और यह कुल एवं गोत्र पूरी तरह पितृ सतात्मक था। इसकी पुष्टि इस बात से भी होती है कि उपनिषद कालीन अधिकांश ऋषियों के नाम पिता के कुल के आधार पर है न कि माता के। आरूणि पुत्र उद्दालक को 'आरूणेय', जरतकारु के बटे आर्तभाग को 'जारत्कारव आर्तभाग', लह्य के पोते भज्यु को 'भज्यु लह्यानि', चक्रायण के बेटे हैनमुष को हैन मुष चाक्रायण, कुषीतकी के बेटे कहोल को 'कहोल कौषीतकेय' के नाम से उपनिषदों में वर्णित किया गया है। यही नहीं बालिकाओं को भी माता के नाम पर नहीं बल्कि पिता की वंश परम्परा के आधार पर नाम दिया गया जैसे – वचक्नु ऋषि की पुत्री गार्गी को 'गार्गी वचक्नु' नाम से सम्बोधित किया गया।

जाबाला के पुत्र सत्यकाम का नाम 'जाबालि' को अपवाद स्वरूप ही देखना चाहिए क्योंकि उसके पिता के नाम का पता नहीं था और ऐसी स्थिति में उसे माता के नाम के आधार पर जाना गया। यद्यपि उत्तर वैदिक काल में भी कौंतेय, राधेय, माद्रेय, देवकीनन्दन जैसे मातृ सतात्मक नामों का उल्लेख मिलता है लेकिन ये मातृ परम्परा के अवशेष रूप ही हैं। पितृ परम्परा बहुत तेज़ी से मातृ परम्परा को विस्थापित कर आने को दृढ़ता से स्थापित कर रही थी।

स्त्री अस्मिता के विविध रूप : प्रेम, विवाह, समागम, नियोग सामाजिक जीवन में स्वतन्त्रता

जहाँ तक प्रेम, समागम विवाह, स्वातन्त्र्य जैसे जीवन के विभिन्न पहलुओं का सवाल है, इनमें भी स्त्रियों की स्वतन्त्रता लगातार सीमित हो रही थी और पुरुष नियन्त्रण या वर्चस्व के विभिन्न रूप उत्तर वैदिक कालीन समाज में देखने को मिलते हैं। इस समय तक आते-आते जीवन के अनेक प्रसंगों में स्त्रियाँ पूरी तरह स्वतन्त्र नहीं रह गयी थीं। महाभारत के 'सभा पर्व' में भीष्म कहते हैं कि पति किसी भी स्थिति में हो, स्त्री पर उसकी सत्ता कभी नष्ट नहीं होती है।[22] पुरुष न केवल जीवन पर्यन्त स्त्री के जीवन पर अपने अधिकार का दावा कर सकता था, बल्कि भूमि और पशु की तरह उनका क्रय विक्रय भी कर सकता था, उन्हें किराये पर भी किसी दूसरे व्यक्ति को दे सकता था। 'महाभारत' में अनेक स्थलों पर इस तरह के सशर्त विवाह (Contract marriage) का उल्लेख किया गया है। इसमें 'उद्योग पर्व'[23] के अध्याय-106 से 123 तक माधवी की कथा का वर्णन है। माधवी का पिता ययाति गालव नामक ऋषि को अपनी पुत्री इसलिए अर्पित कर देता है कि वह इसके माध्यम से अपनी गुरु दक्षिणा चुका सके। गालव ऋषि उसे 200 अश्व का किराया लेकर तीन राजाओं को एक-एक पुत्र की प्राप्ति होने तक उन राजाओं को समर्पित कर देते हैं। इन राजाओं से दो सौ अश्व प्राप्त कर वह अपने गुरु विश्वामित्र की दक्षिणा चुकाते हैं साथ ही माधवी को भी विश्वामित्र को एक पुत्र प्राप्त होने तक समर्पित कर देते हैं। इसके बाद माधवी अपने पिता ययाति को वापस लौटा दी जाती है। इस कथा से कुछ महत्त्वपूर्ण संकेत मिलते हैं : पहला यह कि पिता अपनी कन्या को कुछ समय के लिए किराये पर दे सकता था, दूसरा यह कि निश्चित अवधि के लिए समागम के लिए किसी स्त्री को रखा जा सकता था अर्थात् सशर्त विवाह उस समाज में स्वीकृत था। तीसरा यह कि पुत्र पाने की इच्छा तत्कालीन समाज में काफ़ी प्रबल थी क्योंकि सभी राजाओं ने माधवी को पुत्र अथवा उत्तराधिकारी प्राप्त करने

की इच्छा से ही किराये पर लिया। इस प्रकार स्त्री या कन्या को किराये पर देकर जीवन निर्वाह की प्रथा उत्तर वैदिक काल में प्रचलित थी। इस प्रथा के अवशेष आज भी कहीं-कहीं दिखाई पड़ते हैं जैसे - महाराष्ट्र में 'भाटिक' या 'भाड़या' समुदाय के लोग तथा राजस्थान में हाटी समुदाय के लोगों में आज भी इस प्रथा के अवशेष मौजूद है।

इसी प्रकार 'हरिवंश पुराण'[24] के उन्नासीवें अध्याय में 'पुण्यकव्रत' की कथा दी गयी है जिसमें पतिव्रता स्त्रियों को ब्राह्मणों से स्त्रियों को खरीदकर उन्हें आचार्यों को दान में देने की बात कही गयी है।

महाभारत में ही शान्तनु सत्यवती की कथा सशर्त विवाह की प्रथा को उजागर करता है तो चित्रांगदा और उलूपी के साथ अर्जुन का विवाह तथा भीम के साथ हिडिम्बा का विवाह अल्पकालीन विवाह (Temporary Marriage) के उदाहरण हैं। इस प्रकार उत्तर वैदिक काल में विवाह के कई रूप प्रचलित थे जिनमें प्राजापत्य और ब्रह्म विवाह से लेकर अल्पावधिक विवाह, सशर्त विवाह, गन्धर्व विवाह इत्यादि भी शामिल थे और इन विवाहों में से अधिकांश में कन्या की सहमति अथवा भूमिका गौण होने लगी थी और परिवार एवं समाज की भूमिका ही केन्द्रीय थी।

बहुपत्नीत्व प्रथा का समाज में बड़े पैमाने पर चलन था, यद्यपि बहुपतित्व प्रथा भी कहीं-कहीं देखने को मिलता है। प्रजापति संस्था की स्थापना के समय से ही अनेक पत्नियों की प्रथा सामाजिक रूप से बहुमान्य हो चली थी। 'महाभारत' के 'आदिपर्व' एवं 'हरिवंश' में ब्रह्म से कुटुम्ब की उत्पत्ति का जो वर्णन मिलता है उसमें बहुपत्नी प्रथा का संकेत स्पष्ट है। दक्ष की साठ कन्याओं में से दस का विवाह धर्म के साथ, तेरह का विवाह सोम के साथ तथा तेरह का विवाह कश्यप के साथ किया गया। इसी प्रकार हरिवंश पुराण में वासुदेव की चौदह पत्नियाँ, ब्रह्मदत्त की 500 स्त्रियों एवं कृष्ण की 16008 स्त्रियों की चर्चा है। महाभारत में भी पाण्डवों के प्रत्येक भाई की साझे की पत्नी के अलावा अलग-अलग पत्नियाँ थीं। यद्यपि कुछ प्रसंगों में बहुपतित्व (Polyandry) प्रथा का चलन भी मिलता है जैसे–द्रौपदी के प्रसंग में। लेकिन बहुपत्नी प्रथा ही समाज में बहुमान्य हो गयी थी। निश्चित रूप से किसी एक पुरुष के साथ अनेक स्त्रियों के होने पर स्त्रियों की गरिमा एवं प्रतिष्ठा में गिरावट आयी होगी जिसके साक्ष्य हमें उत्तर वैदिक कालीन समाज में मिलते हैं।

नियोग प्रथा उत्तर वैदिक काल में भी प्रचलन में रहा, लेकिन काफ़ी सीमित रूप में। पूर्व वैदिक काल की तरह इस मामले में स्त्रियों को पूर्ण स्वतन्त्रता नहीं थी,

बल्कि पति की अनुमति से ऐसा किया जा सकता था। कुन्ती ने तीन बार और माद्री ने एक बार नियोग किया पति की अनुमति से। किशोरावस्था में जब कुन्ती ने सूर्य के साथ समागम किया, उससे कर्ण की उतपत्ति हुई। किन्तु उस समाज में ऐसे पुत्र की मान्यता नहीं थी। अत: लोक लज्जा के भय से उसने गुप्त रूप से उस बालक को पानी में बहा दिया।

समागम के सम्बन्ध में भी पूर्व वैदिक समाज की तरह इस काल में स्त्रियों को निर्बाध स्वतन्त्रता प्राप्त नहीं थी और इसे नियन्त्रित करने के लिए अनेक विधान बनाए गए। भीष्म पितामह चारों युगों में स्त्री-पुरुष के बीच समागम की प्रकृति का उल्लेख करते हुए महाभारत के 'शान्ति पर्व' में कहते हैं कि :

"कृतयुग में स्त्री-पुरुष के बीच जब मन हुआ तब समागम हो जाता था। त्रेता युग में स्त्री-पुरुषों द्वारा एक-दूसरे का स्पर्श करने पर आपसी अनुमति से यह सम्भव होता था। द्वापर युग में मैथुन धर्म शुरू हुआ अर्थात् स्त्री-पुरुष अपनी टोली में जोड़ियों के रूप में रहने लगे और कलियुग में द्वन्द्वावस्था का रूप सामने आया।"[25]

जिसे महाभारत में द्वन्द्व सम्बन्ध के रूप में वर्णित किया गया है, उसे हम विवाह संस्था कह सकते हैं। स्त्री-पुरुष के बीच बदलते हुए सम्बन्ध विधान को हम 'महाभारत' की तीन कथाओं के माध्यम से आसानी से समझ सकते हैं। इसमें पहली कथा सुदर्शन ऋषि एवं उनकी पत्नी ओघवती[26] से सम्बन्धित है तो दूसरी कथा गौतम ऋषि और उनकी पत्नी गौतमी, अहिल्या[27] तथा पुत्र चिरकारी से सम्बन्धित है जबकि तीसरी कथा ऋषि जमदग्नि उनकी पत्नी रेणुका तथा पुत्र परशुराम[28] से सम्बन्धित है। प्रथम दो कथाएँ महाभारत के 'शान्तिपर्व' में संकलित हैं तो तीसरा कथा 'ब्रह्मांड पुराण में।

पहली कथा कुछ इस प्रकार है कि एक बार सुदर्शन ऋषि अपने आश्रम से कहीं बाहर गए थे। आश्रम में उनकी पत्नी ओघवती थी। इसी बीच एक ब्राह्मण अतिथि उस आश्रम में आया। ओघवती ने भोजन एवं अन्य उपलब्ध वस्तुओं से अतिथि का भलीभाँति सत्कार किया। लेकिन अतिथि ने ओघवती से अपना शरीर अर्पण करने की इच्छा जाहिर किया। उस समय की सामाजिक परम्परा के अनुसार ओघवती ने ब्राह्मण अतिथि की इच्छा का सम्मान करते हुए उसके साथ समागम किया। थोड़ी देर बाद सुर्दशन ऋषि अपने आश्रम में वापस आए। जब उन्हें पूरा वृतान्त मालूम हुआ तो पातिव्रत्य धर्म का उचित तरीके से पालन करने तथा अतिथि का सम्यक सेवा सत्कार के लिए उन्होंने अपनी पत्नी की यह कहते हुए काफ़ी प्रशंसा किया

कि–'आज हम धन्य हुए।' इसके बाद पितामह भीष्म धर्मराज युधिष्ठिर से कहते हैं कि इस सुकीर्ति के कारण सुदर्शन की कीर्ति तीनों लोकों में फैल गयी तथा उन्हें इन्द्रलोक की प्राप्ति हुई। इसी प्रकार ओघवती भी पतिव्रता नारी के रूप में समाज में प्रतिष्ठित हुई। यह कथा महाभारत के 'अनुशासन पर्व' के द्वितीय अध्याय में संकलित है।

दूसरी कथा जो गौतम ऋषि एवं उनकी पत्नी गौतमी से सम्बन्धित है, वह महाभारत के 'शान्ति पर्व' के 266वें अध्याय में संकलित है। पितामह भीष्म युधिष्ठिर से इस कथा का आख्यान इस प्रकार करते हैं। एक बार चिरकारी का पिता गौतम ऋषि आश्रम से कहीं बाहर गए थे। उसी समय इन्द्र गौतम के आश्रम में अतिथि के रूप में आया और चिरकारी की माता के साथ समागम करके चला गया। आश्रम में वापस आने पर जब गौतम ऋषि को यह बात पता चली तो सबसे पहले उन्होंने पुत्र चिरकारी को अपनी माता का वध करने की आज्ञा दे दी और स्वयं क्रोधपूर्वक वन में चले गए। पिता की आज्ञा और माता के प्रति अनन्य स्नेह के चलते चिरकारी भयंकर मानसिक संघर्ष से जूझता रहा और अन्त में उसने माता की हत्या न करने का निश्चय किया। वन में क्रोध शान्त होने के बाद गौतम ऋषि जब वापस अपने आश्रम में आते हैं तो उन्हें इस बात का बहुत सन्ताप होता है कि उनके पुत्र ने उनकी पत्नी का वध कर दिया होगा। उन्होंने कहा कि अतिथि समागम जैसे अस्पष्ट अपराध के लिए स्त्री का वध करना अधर्म है। उसके बाद पश्चाताप करके घर वापस लौटने पर जब उन्हें पता चलता है कि उनके पुत्र चिरकारी ने अपनी माता का वध नहीं किया है तो इस बात के लिए उन्होंने उसकी प्रशंसा की। यहाँ चिरकारी के आन्तरिक द्वन्द्व को रचनाकार ने अत्यन्त प्रभावशाली ढंग से व्यक्त किया है जिसमें प्रकारान्तर से तत्कालीन समाज में पुरुष सत्ता के बढ़ते प्रभाव को आसानी से लक्षित किया जा सकता है। चिरकारी कहता है :

"पिता की आज्ञा का पालन करना परम धर्म है परन्तु माता की रक्षा करना स्वयं का सबसे बड़ा धर्म है। लेकिन पिता की आज्ञा पालन न करने की स्वतन्त्रता पुत्र के पास नहीं होती है। अपनी माता की हत्या करके भला संसार में कौन मुनष्य सुखी हो सकता है? लेकिन पिता की आज्ञा की अवहेलना कर मनुष्य को कैसे समाज में प्रतिष्ठा प्राप्त हो सकती है?[29]

तीसरी कथा महर्षि जमदग्नि और उनकी पत्नी रेणुका से सम्बन्धित है जो पुराण में संकलित है। इसके अनुसार रेणुका ने एक बार चित्ररथ गन्धर्व की ओर प्रेमभरी दृष्टि से देख भर लिया था। क्रोधित होकर जमदग्नि ने अपने पुत्र परशुराम को माता

की हत्या करने की आज्ञा दे दी। परशुराम ने तुरन्त अपने पिता की आज्ञा का पालन करते हुए रेणुका का वध कर दिया।

इन तीन कथाओं से उत्तर वैदिक कालीन समाज में स्त्री-पुरुष सम्बन्धों के बदलते हुए समीकरण को आसानी से समझा जा सकता है। सुदर्शन की कथा में स्त्री के प्रणय सम्बन्धों या समागम में किसी प्रकार के वर्जना या नियन्त्रण का विचार नहीं है। लेकिन महर्षि गौतम की कथा में ऐसी निर्बंध सोच नहीं है। पर पुरुष के साथ समागम करने के कारण गौतम को पहले तो अत्यन्त क्रोध आता है और इसी कारण वे अपने पुत्र चिरकारी को माता की हत्या करने की आज्ञा दे देते हैं। बाद में उन्हें इस बात का अहसास होता है कि उनकी पत्नी ने सामाजिक धर्म के विरुद्ध कोई आचरण नहीं किया तो उन्हें पश्चाताप की अनुभूति होती है। लेकिन यहाँ प्रणय सम्बन्धों को लेकर पुरुष के नियन्त्रण का प्रयास अवश्य दिखाई देता है। एक और महत्त्वपूर्ण बात जो इस कथा से सामने उभरकर आती है कि गौतम के समय तक परिवार एवं समाज में पितृ सत्ता मजबूती से स्थापित हो चुका था। इसीलिए चिरकारी को यह सोचने के लिए विवश होना पड़ता है कि पिता की आज्ञा पालन न करने की स्वतंत्रता पुत्र के पास नहीं है और इसके कारण वह समाज में निंदा का पात्र बन सकता है। उसका मानसिक द्वन्द्व माता के प्रति स्नेह के कारण है न कि सामाजिक जीवन में स्त्री या माता की प्रतिष्ठा के कारण। आगे चलकर जमदग्नि और रेणुका की कथा में पुरुष वर्चस्व का अधिक सशक्त रूप देखने को मिलता है जब एक पुरुष दूसरे पुरुष के प्रति स्त्री के मानसिक आकर्षण को भी बरदाश्त नहीं कर पाता है और इस प्रकार स्त्री जीवन पर सम्पूर्ण अधिकार की चेष्टा करता है। चिरकारी की तरह परशुराम के मन में कोई द्वन्द्व नहीं है और वह पिता की आज्ञा का पालन करते हुए तत्क्षण माता का वध कर देता है। इस समय तक आते-आते नारी की स्वतन्त्रता पूरी तरह पुरुष नियन्त्रण में बँधी हुई दिखाई देती है। तभी पिता और पुत्र दोनों की सोच एक जैसी हो जाती है। इसके बरक्स यदि पूर्व वैदिक काल में स्त्री-पुरुष के प्रणय सम्बन्धों या समागम के बारे में विचार करें तो यह परिवर्तन काफ़ी स्पष्ट होकर सामने आता है। पूर्व वैदिक काल में इन विषयों में स्त्री को पूरी स्वतन्त्रता थी। यहाँ तक कि विवाह पूर्व प्रणय सम्बन्धों को भी सामाजिक स्वीकृति थी। 'जार' शब्द जो पूर्व वैदिक काल में प्रेमी के लिए प्रयुक्त होता था, बाद में चलकर अवैध सम्बन्धों का द्योतक हो गया। तभी 'महाभारत' में कर्ण मद्र देश में 'जारज' प्रजा की बहुलता का उल्लेख समाज के नैतिक पतन और स्त्रियों के अनैतिक सम्बन्धों के सन्दर्भ में करता है।

जहाँ तक स्त्रियों के जीवन में स्वतन्त्रता का सवाल है, उत्तर वैदिक समाज का रूख पूर्व वैदिक समाज की तरह उदार प्रतीत नहीं होता है। महाभारत के अनेक प्रसंगों में स्त्री की स्वतन्त्रता एवं उन्मुक्त जीवन व्यवहार की कटुनिन्दा की गयी है। 'कर्णपर्व' के 40 से 46 अध्यायों में कर्ण ओर शल्य एक-दूसरे पर वाक् प्रहार करते हुए उन्हें निकृष्ट बताने की चेष्टा करते हैं। इस क्रम में शल्य के राज्य को स्वच्छाचारी एवं अनाचारी बताते हुए कर्ण न केवल उस राज्य में रहने वाले वाहीक, आरट्ट, पंचनद आरै मद्र देश के लोगों को निन्दनीय बताता है, बल्कि वहाँ निवास करने वाली स्त्रियों के आचरण एवं उनकी स्वच्छन्दता की आलोचना भी इस प्रकार करता है :

"हे शल्य, तुम्हारे मद्र देश में पिता, पुत्र, माता, सास-ससुर, मामा, दामाद, लड़की, भाई, नाती और अन्य बान्धव, सहचर, मेहमान ओर दास-दासियाँ ये सब आपस में मिलकर गृहस्थी करते हैं। उस देश की स्त्रियाँ किसी भी पुरुष से स्वेच्छा से सम्भोग करती हैं, फिर वे पुरुष उनके परिचित हों या अपरिचित। स्त्रियाँ मर्यादाहीन गाने गाती हैं। मद्रदेश से निकटता के कारण गान्धार देश का चाल चलन भी बिगड़ गया है।"[30]

अन्त में कर्ण मद्रदेश की कटु आलोचना करते हुए कहता है कि 'वाहीक लोग इस धरती के लिए लान्छन हैं और मद्र स्त्रियाँ स्त्री जाति के लिए।'[31]

इसी प्रकार 'सभापर्व'[32] में उल्लेख किया गया है कि महिष्मती नगरी में स्त्रियाँ बहुत स्वच्छन्दता पूर्वक व्यवहार करती हैं।

इन उदाहरणों से स्पष्ट है कि उत्तर वैदिक काल तक आते-आते समाज में न केवल स्त्रियों की क्रियाशीलता के आयाम सीमित हो जाते हैं, बल्कि इसी अनुरूप उनकी स्वतन्त्रता को भी नियन्त्रित करने का प्रयास किया जाता है। आर्य सभ्यता के विस्तार वाले क्षेत्रों में यह बात विशेष रूप से कही जा सकती है। यही कारण है कि आर्य सभ्यता की परिधि से बाहर वाले क्षेत्रों में यह नियन्त्रण उस रूप में लागू नहीं था और इसकी एक झलक हमें 'महाभारत' के विभिन्न प्रसंगों से मिलती है, जहाँ आर्य सभ्यता के बाहर के क्षेत्रों अर्थात् कुरू-पाँचाल जनपद के अलावा मद्र, गाान्धार, आरट्ट, वाहीक इत्यादि प्रदेशों की स्त्रियों के स्वच्छन्द आचरण की कठोर निन्दा की गयी है।

पुत्र के प्रति आकर्षण एवं कन्या के प्रति उदासीनता

उत्तर वैदिक काल में स्त्रियों के प्रति अनुदार रूख की पुष्टि इस बात से भी होती है

कि उसमें पुत्रों के प्रति जबरदस्त आकर्षण का भाव है और उसी अनुपात में पुत्रियों या कन्याओं के प्रति विकर्षण। यूँ तो पूर्व वैदिक समाज में भी पुत्रों के प्रति आकर्षण दृष्टिगोचर होता है और तमाम वैदिक साहित्य पुत्रों की कामना ख़ासकर वीर पुत्रों की कामना से भरे पड़े हैं। लेकिन एक महत्त्वपूर्ण अन्तर दोनों कालखण्ड में यह है कि पूर्व वैदिक काल के साहित्य में, पुत्रों को लेकर मोह तो अवश्य है लेकिन पुत्रियों या कन्याओं को लेकर कोई ऋणात्मक विचार नहीं हैं। न केवल ब्राह्मण ग्रन्थों में बल्कि महाभारत में भी पुत्र प्राप्ति के लिए अनेक यज्ञों का विधान बताया गया है जिनमें 'अग्निष्टुत' यज्ञ और 'पुंसवन संस्कार' प्रमुख माने गए हैं। अथर्ववेद में स्पष्ट रूप से कहा गया है कि :

"हमारे यहाँ पुत्र का ही जन्म हो, कन्या किसी और के घर हो।"[33]

ऐतरेय ब्राह्मण में पुत्र की उत्पत्ति को आनन्द का एवं पुत्री के जन्म को शोक का कारण माना गया है।[34]

इसी प्रकार तैत्तिरीय संहिता में कहा गया है कि "पुत्र का जन्म होने पर पिता उसे आनन्दपूर्वक माता के पास लेटे हुए नवजात शिशु को हाथों में उठा लेता था, किन्तु यदि कन्या होती थी, तो उसे लेटे रहने देता था।"[35]

स्त्री क्रियाशीलता का सीमित दायरा

समग्रत: उत्तर वैदिक साहित्य के अनुशीलन से पूर्व वैदिक समाज की तरह उन्मुक्त एवं उद्दाम आशावाद से भरपूर समाज की तस्वीर नहीं उभरती है, बल्कि कई मायनों में आत्म सीमित और नियन्त्रण प्रधान व्यवस्था का रूप उभरकर सामने आता है। खासकर स्त्रियों के मामले में यह बात और भी सटीक प्रतीत होता है। जहाँ पूर्व वैदिक समाज में नारियों की क्रियाशीलता का आधार बहुत व्यापक है: वह युद्ध करती हैं, रथ चलाती है, गुप्तचर का कार्य करती है, सामूहिक सभा - 'विदथ' में भाग लेती है, उत्पादक शिल्पों में हिस्सेदारी निभाती हैं, बौद्धिक विमर्श के क्षेत्र में प्रखर रूप से अपनी उपस्थिति दर्ज कराती हैं, यज्ञ सम्पन्न करती हैं एवं बयरक काव्य रचना करती हैं, वहीं उत्तर वैदिक समाज में स्त्रियों की क्रियाशीलता का क्षेत्र काफ़ी संकुचित होता हुआ दिखाई पड़ता है। युद्ध भूमि में जाने, रथ चलाने, गुप्तचर जैसे कार्य तो इस काल में कहीं दिखाई नहीं पड़ते हैं। यज्ञ सम्पादन और वंश प्रवर्तन में भी उनकी भूमिका 'केन्द्र' से हटकर हाशिए पर चली जाती है। इस काल में गार्गी, मैत्रेयी एवं सुलभा जैसी ब्रह्मवादिनी स्त्रियों के माध्यम से ज्ञान परम्परा में वे अपनी जबरदस्त छाप छोड़ती हैं, लेकिन यहाँ भी पुरुष सत्ता अपना वर्चस्व नहीं छोड़ता है।

गार्गी-याज्ञवल्क्य संवाद और सुलभा - जनक संवाद में हम इसकी झलक देख सकते हैं। दरअसल इस समाज में वे न तो प्रत्यक्ष रूप से युद्ध करती दिखाई देती हैं, न युद्धरत योद्धा को विभिन्न यज्ञों के माध्यम से सम्राट, चक्रवर्ती आदि बनाने की क्षमता रखती हैं। प्रशासनिक कार्यों में भी उनकी भूमिका सीमित ही है और इसमें भी उनकी हिस्सेदारी लगातार घट रही है जिसका प्रमाण हमें रत्निन सूची में लगातार उनके कम होते प्रतिनिधित्व में दृष्टिगोचर होता है। 'सभा' और 'समीति' जैसी प्रभावशाली सन्स्थाओं में उनका प्रवेश बिल्कुल बन्द हो जाता है। अत: स्त्रियों की क्रियाशीलता को हम जीवन के बहुत सीमित दायरे में सिमटा हुआ पाते हैं जिससे आने वाले समय में खासकर स्मृति और धर्मशास्त्र काल में उनकी सामाजिक भूमिका और प्रभाव में ऐतिहासिक गिरावट दिखाई देता है।

सन्दर्भ :

1. प्रो. रामशरण शर्मा, प्राचीन भारत में राजनीतिक विचार एवं संस्थाएँ, पृ. 335
2. "स एतेनैन्द्रेण महाभिषेकेणाभिषक्तः क्षत्रियः सर्वा जितोर्जयति सर्वाल्कोकान् विन्दति सर्वेषां राज्ञां श्रेष्ठ्यमतिष्ठां परमतां गच्छति, साम्राज्यं, भौज्यं, स्वाराज्य, वैराज्यं पारमेष्ठ्यं राज्यं माहाराज्यमाधिपत्यं जित्वास्मिंल्लोकें स्वयंभूः स्वराळमृतोऽमुष्मिन् स्वर्गे लोके सर्वान् कामानाप्त्वाऽमृतसम्भवति, यमेतेनैन्द्रेण महाभिषेकेण क्षत्रियं शापयित्वाऽभिषिञ्चति"। ऐतरेय ब्राह्मण, द्वितीय खण्ड, अष्टमपंजिकायाः, चतुर्थोध्याय, पृ. 1295-1296
3. स य इच्छेदेववित् क्षत्रियोऽह सर्वा जितीर्जयेयमह सर्वोल्लोकान् विन्देयमह सर्वेषा राज्ञा श्रेष्ठ्यमतिष्ठा परमता गच्छेय साम्राज्य भौज्य स्वाराज्य-वैराज्य पारमेठ्ठय राज्य माहाराज्यमाधिपत्यमह समन्तपर्यायो स्या सार्वभौ, अ सार्वायुष आऽन्तादा परार्धात् पृथिव्यै समुद्रपर्यन्ताया एकराट्ठिति, स न विचिकित्सेत्, स ब्रूयात् सह श्रद्धया, या च रात्रीमजायेऽह, या च प्रेतास्मि तदुभयमन्तरेणेष्टापूर्त मे लोप सुकूतमायु प्रजा वृञ्जीया यदि ते द्रुह्येयमिति।

   ऐतरेय ब्राह्मण, द्वितीय खण्ड, चतुर्थाध्याय, पृ. 1287
4. सोऽभिषिक्तोऽभिषेक्तं ब्राह्मणाय हिरण्यं दद्यात्, सहस्त्रं दद्यात्, क्षेत्रं चतुष्पाद्द्याद्, अथाप्याहुरसख्यातमेवापरिमितं दद्यादपरिमितो वै क्षत्रियोऽपरिमितस्यावरुद्ध्या इति।

   ऐतरेय ब्राह्मण, अष्टमपंजिकायाः षष्ठ खण्ड, चतुर्थाध्याय, पृ. 1297
5. शतपथ ब्राह्मण, काण्ड-5, अ. 2, ब्रा. 1, कं. 12
6. उपर्युक्त, कं.13

7. इयं ते राड्यन्तासि यमनो ध्रुवोऽसि धरुण:। कृष्यै त्वा क्षेमाय त्वा रय्यै त्वा पोषाय त्वा। यजुर्वेद-9.22
8. प्रो. रामशरण शर्मा, प्राचीन भारत् में राजनीतिक विचार एवं संस्थाएँ। पृ. 180
9. एकादश रत्नानि सम्पादयत्येकादशाक्षरा वै त्रिष्टुब्वीर्यमेवैतद्रत्नान्यभिसम्पादयति तद्यद्रत्निनां हविभिर्यजत एतेषां वै राजा भवति तेभ्य एवैतेन सूयते तान्त्स्वाननपक्रमिण: कुरुते। शतपथ ब्राह्मण, 5.3.1.12
10. उपर्युक्त, 5.3.1.13
11. शतपथ ब्राह्मण, 5.2.1.8
12. यत् स्थालीं रिञ्चन्ति न दारुमयं तस्मात् पुमान्दायादः स्त्र्यदाया
    मैत्रायणी संहिता, 4.6.4-5
13. यत् स्थालीं परास्यन्ति न दारुमयं तस्मात् स्त्रियं जातां परास्यन्ति न पुमांस
    मैत्रायणी संहिता, 4.6.4-5
14. तस्मात् स्त्रियो निरिन्द्रिया अदायादीरपि । तैत्तिरीय संहिता, 6.5.8.2
15. मा अतिप्राथी : मा ते मूर्धा व्यपप्तता।
    वृहदारण्यकोपनिषद : अध्याय 2
16. सहोवच मैत्रेयी, यंनु मा इयम् भगो:, सर्व पृथ्वी वित्तेण पूर्ण स्यात, कथं तेनामृत स्याम इति। नति होवाच याज्ञवल्क्य:, यथैवोपकरणवतं जीवितं, तथैवते जीवितं स्याद् अमृतत्वस्य तु नाशस्ति वित्तेनेति।
    स होवाच मैत्रेयी, येनाहं नामृता स्यां किमह तेन कुर्याम?
    उपर्युक्त
17. महाभारत, शान्तिपर्व, अध्याय : 320
18. यैस्तु वक्ता द्वयोरर्थमविरुद्धं प्रभाषते।
    श्रोतुश्ववात्मनश्व स वक्ता नेतरो, नृप।
    वक्ता श्रोता च वाक्यं च यदा त्वविकलं नृप।
    सममेति विवक्षायो तदा सोऽर्थ : प्रकाशते।
    महाभारत, शान्तिपर्व, अध्याय : 320
19. महाभारत: शान्ति पर्व, अध्याय–201, मन्त्र-33
20. महाभारत: शान्ति पर्व, अध्याय-201
21. छान्दोग्य उपनिषद
22. महाभारत: सभा पर्व, अध्याय-70
23. महाभारत: उद्योग पर्व, अध्याय-106 से 123
24. हरिवंश पुराण, अध्याय-79

25. महाभारत: आश्रमवासिक पर्व, अध्याय-30
26. महाभारत: अनुशासन पर्व, अध्याय-2
27. महाभारत: शान्ति पर्व, अध्याय-266
28. ब्रह्माण्ड पुराण, अध्याय-60
29. पितुराज्ञां परो धर्मः स्वधर्मो मातृरक्षणम्
    अस्वतन्त्रं च पुत्रत्वं किं तु मां नानुपीडयेत्।
    स्त्रियं हत्वा मातरं च को हि जातु सुखी भवेत्।
    पितरं चाप्यवज्ञाय कः प्रतिष्ठामवाप्नुयात्॥
    महाभारत, शान्तिपर्व, अध्याय-266, मन्त्र-11-12
30. महाभारत, कर्णपर्व, अध्याय-40
31. उपर्युक्त, कर्णपर्व, अध्याय-46
32. महाभारत, सभापर्व, अध्याय-
33. अथर्ववेद, 6.2.3
34. ऐतरेय ब्राह्मण, 7.3.1
35. तैत्तिरीय संहिता

तृतीय अध्याय

जैन, बौद्ध धर्म का प्रसार और स्त्री अस्मिता के रूप

उत्तर वैदिक काल के बाद सामाजिक, धार्मिक एवं आर्थिक परिवर्तन

उत्तर वैदिक काल के उत्तरार्द्ध में सामाजिक आर्थिक क्षेत्र में ऐसे अनेक परिवर्तन उपस्थित होते हैं जिसका दूरगामी प्रभाव न केवल आनेवाली राजनैतिक व्यवस्था पर पड़ता है, बल्कि सामाजिक मान्यताओं के निर्माण में भी ये महत्त्वपूर्ण भूमिका अदा करते हैं। इस काल में न केवल कृषि अर्थव्यवस्था में जबरदस्त उन्नति देखने को मिलती है बल्कि व्यापार में भी उल्लेखनीय विकास होता है। कृषि एवं व्यापार के अभूतपूर्व विकास के कारण इस काल में अनेक नगरों का प्रादुर्भान होता है, जिनके बहुधा उल्लेख तत्कालीन साहित्य में मिलते हैं जिनमें जैन और बौद्ध साहित्य मुख्य है। इन नगरों में श्रावस्ती, चम्पा (वर्तमान भागलपुर, बिहार), राजगृह (राजगीर, बिहार), कोसाम्बी, काशी, वैशाली, उज्जैन, तक्षशिला, भृगुकच्छ (भरुच, गुजरात) इत्यादि ने आगे चलकर उद्योग और व्यापार के प्रमुख केन्द्र के रूप में ख्याति अर्जित की। इसी समय उत्तर पश्चिमी भारत और पश्चिमी एशिया के साथ व्यापार की सम्भावनाओं ने विदेशी व्यापार की शुरुआत की जिसमें आगे चलकर शताब्दियों तक भारत विश्व में अग्रणी बना रहा। भरुच पश्चिम के साथ समुद्र व्यापार का प्रमुख बन्दरगाह था तो 'तक्षशिला' स्थल व्यापार का प्रवेश द्वार। भारत के पूर्वी तथा दक्षिणी तट पर स्थित बन्दरगाहों से भी बर्मा तथा पूर्वी एशिया के देशों में सामान भेजा जाता था। इस प्रकार न केवल अन्त:देशीय व्यापार बल्कि विदेश व्यापार के क्षेत्र में भी यह काल ऐतिहासिक रहा है। उद्योग एवं व्यापार के क्षेत्र में उल्लेखनीय वृद्धि के कारण विशिष्ट शिल्प के लोगों ने एक जगह इकट्ठा होकर अपना गाँव बसा लिया ताकि उन्हें कच्चे माल की ढुलाई और निर्मित माल के वितरण में असुविधा न हो। अपने को अधिक संगठित रूप देने तथा संरक्षण के लिए इन शिल्पियों ने श्रेणियों (Guilds) की स्थापना की जिसने व्यापार को अधिक सुनियोजित बनाने का काम

किया। इसी काल में मुद्रा के प्रचलन से उद्योग एवं व्यापार में काफ़ी सुविधा हुई, जिसने देश के आर्थिक परिदृश्य को सुदृढ़ बनाने में अहम भूमिका निभायी।

सामाजिक और आर्थिक जीवन में होने वाले इन दूरगामी परिवर्तनों से धर्म और दर्शन अछूता नहीं रह सकता था। यज्ञ और पशु बलि पर केन्द्रित वैदिक धर्म इन बुनियादी परिवर्तनों के अनुकूल सिद्ध नहीं हो रहा था। यद्यपि वैदिक काल की तरह पशुपालन अब लोगों का मुख्य व्यवसाय नहीं रह गया था, तथापि कृषि व्यवस्था के विकास में पशुओं की महत्त्वपूर्ण भूमिका बनी हुई थी। 'बलि' केन्द्रित वैदिक व्यवस्था के शीर्ष पर पहुँचने से समाज में पशुओं की उपलब्धता बहुत कम हो गयी थी। ऐसे में 'अहिंसा' केन्द्रित जीवन दर्शन का समाज में व्यापक स्वीकृति स्वाभाविक ही थी। 'अहिंसा' पर केन्द्रित धर्म का एक और महत्त्वपूर्ण फायदा था। आपस में युद्धरत राज्यों के बीच शान्ति स्थापित हो जाने से उद्योग और व्यापार को बहुत प्रोत्साहन मिला।

वैदिक धर्म समर्थित वर्णाश्रम धर्म की व्यवस्था भी समसामयिक सामाजिक एवं आर्थिक परिवर्तनों के मेल में नहीं थी। इस व्यवस्था में समाज के केवल दो उच्च वर्ग-पुरोहित या ब्राह्मण एवं क्षत्रिय ही सभी विशेषाधिकारों को अपने में केन्द्रित किए हुए थे। शेष दो वर्ण-वैश्य एवं शूद्र यद्यपि कृषि एवं व्यापार की धुरी थे, लेकिन सामाजिक प्रदानुक्रम में उनकी हैसियत उच्च वर्णों के मुकाबले काफ़ी खराब थी। उद्योग और व्यापार का नियन्त्रण 'वैश्य' के हाथों में था और इसमें अभूतपूर्व उन्नति के कारण उनकी आर्थिक स्थिति में काफ़ी सुधार हुआ था, अत: वर्तमान सामाजिक व्यवस्था से उनका असन्तोष स्वाभाविक ही था। इसी प्रकार खेतिहर मज़दूर के रूप में 'शूद्र' कृषि व्यवस्था के महत्त्वपूर्ण उपकरण थे, लेकिन सामाजिक पायदान में सबसे नीचे होने के कारण उनकी स्थिति शोचनीय बनी हुई थी। इसके साथ ही 'अस्पृश्य' (अछूत) नाम का एक नया वर्ग भी था जो सामाजिक व्यवस्था में कहीं फिट नहीं बैठता था और सामाजिक सोपान में उसे कहीं जगह नहीं दी गयी थी। 'क्षत्रिय' या राजन्य को यद्यपि सामाजिक व्यवस्था में उच्च रूप में पदासीन थे तथा विशेषाधिकारों से सम्पन्न थे, फिर भी उनकी स्थिति 'ब्राह्मण' वर्ग के बाद ही आती थी। सामाजिक सोपान में ब्राह्मणों के शीर्ष पर होने से उन्हें भी आपत्ति थी। उन्हें ऐसा लगता था कि युद्धों में विजय एवं उदातापूर्वक दान देने एवं यज्ञ करने के बावजूद उन्हें शीर्ष स्थान हासिल नहीं हुआ है। अत: यह आश्चर्यजनक नहीं है कि वैदिक या ब्राह्मण धर्म के विरुद्ध विद्रोह के जो मुख्य सम्प्रदाय इस काल में स्थापित हुए उनमें जैन एवं बौद्ध धर्म प्रमुख थे और इन दोनों धर्मों के संस्थापकों का सम्बन्ध क्षत्रिय

कुल से था। जैन धर्म के संस्थापक भगवान महावीर का सम्बन्ध ज्ञात्रिक जन से था तो भगवान बुद्ध का सम्बन्ध शाक्य जन से था। यहाँ यह बात भी महत्त्वपूर्ण जान पड़ती है कि इन दोनों का सम्बन्ध किसी स्थापित 'राजतन्त्र' से न होकर गणतन्त्रों से था। गणतन्त्र, राजतन्त्रों की अपेक्षा स्वतन्त्र और नए विचारों को स्वीकार करने के लिए अधिक तत्पर दिखाई देते थे। सुनियोजित राजतन्त्र सत्ता के केन्द्रीयकरण पर आधारित थे, अत: विचारों के व्यापक विनिमय पर आधारित विमर्श के लिए वहाँ सम्भावना बहुत कम थी। इसलिए बुद्ध ने वैशाली गणतन्त्र में जन समुदाय के बीच विमर्श के माध्यम से निर्णय करने की पद्धति की प्रशंसा की थी।

श्रमण पन्थ का उद्‌भव एवं विकास

यह उल्लेख करना आवश्यक है कि तत्कालीन सामाजिक एवं आर्थिक परिस्थितियों के आलोक में ब्राह्मण धर्म के विरुद्ध विद्रोह का बिगुल बजाने वाले केवल जैन एवं बौद्ध धर्म ही नहीं थे, बल्कि धर्मानन्द कोसाम्बी ने उस समय प्रचलित छोटे-बड़े तिरसठ श्रमण पन्थ के विद्यमान होने का संकेत किया है।[1] उनके अनुसार बुद्ध के श्रमण पन्थ के अतिरिक्त उस समय और भी बासठ श्रमण पन्थ मौजूद थे, जिनका ब्यौरा 'दीघनिकाय' एवं 'ब्रह्मजाल सुत्त' में दिया गया है। आगे वह लिखते हैं कि इनमें प्रसिद्ध श्रमण-पन्थ थोड़े ही थे और छोटे-छोटे सम्प्रदाय बड़े सम्प्रदाय में समाविष्ट हो गए थे। अपने अनुयायियों के साथ इन सम्प्रदायों ने संघों की स्थापना की और इनके दर्शन का कुछ अंश पालि साहित्य में सुरक्षित है जिसके आधार पर उनके जीवन दर्शन का कुछ अनुमान लगाया जा सकता है। इन सभी धर्मों या सम्प्रदायों में समान बात यह थी कि वे वेदों और यज्ञों की प्रधानता स्वीकार नहीं करते थे और मनुष्य की मुक्ति के लिए इन्हें व्यर्थ मानते थे। जैन और बौद्ध धर्म के अलावा पूरण कस्सप का 'अक्रियवाद' मक्खलि गोसाल का 'आजीवक', अजित केशकंबलिन का 'उच्छेदवादी', पकुध कच्चायन का 'अन्योन्यवादी' एवं संजय वेट्ठलपुत्त का 'विक्षेपवादी' सम्प्रदाय श्रमण पन्थों में प्रमुख थे लेकिन आज इन सम्प्रदायों का साहित्य इस हद तक नष्ट हो चुका है कि इनकी मान्यताओं पर विस्तार से विमर्श कर पाना सम्भव नहीं है। इतना अवश्य कहा जा सकता है कि जैन और बौद्ध धर्म के साथ-साथ इन्होंने भी ब्राह्मण धर्म के विरुद्ध अपनी आवाज लोगों तक पहुँचायी और वेद समर्थित ब्राह्मण धर्म और पुरोहित वर्ग के वर्चस्व को जबरदस्त चुनौती दिया। आगे चलकर जैन और बौद्ध इन्हीं दोनों धर्मों को व्यापक सामाजिक स्वीकृति मिली और इनका विपुल साहित्य हमारे पास उपलब्ध है। चूँकि व्यापक

जन समूह पर इन धर्मों का प्रभाव पड़ा, अत: सामाजिक मान्यताओं पर भी इन धर्मों के जीवन दर्शन का गहरा असर देखने को मिलता है। न केवल जैन और बौद्ध धार्मिक ग्रन्थों में बल्कि गाथा साहित्य (जातक, थेर गाथा, थेरी गाथा) एवं कथाओं से भी तत्कालीन समाज की मान्यताओं तथा उसमें स्त्रियों की स्थिति के सम्बन्ध में महत्त्वपूर्ण जानकारी प्राप्त होती है। अत: इन दोनों धर्मों में स्त्रियों की स्थिति पर विस्तार से विचार करने की आवश्यकता है ताकि तत्कालीन समाज में स्त्री अस्मिता के विविध आयामों तथा उनके संघर्षों को ठीक तरीके से समझा जा सके।

जैन धर्म की स्थापना का श्रेय भगवान महावीर को दिया जाता है, लेकिन इन्होंने इस धर्म का आरम्भ नहीं किया। वह इसके चौबीसवें और अन्तिम तीर्थंकर थे। प्राचीन परम्परा के अनुसार उनका जन्म वैशाली के निकट एक गाँव में 540 ई. ईसा पूर्व में हुआ था। उनके पिता सिद्धार्थ प्रसिद्ध क्षत्रिय कुल 'ज्ञात्रिक' गण के मुखिया थे। उनकी माता त्रिशला लिच्छवी गणराज्य के प्रमुख चेतक की बहन थी जिसकी पुत्री का विवाह मगध के राजा बिम्बिसार के साथ हुआ था। अपने जीवन के शुरूआती दिन महावीर ने गृहस्थ की तरह बिताए, लेकिन सत्य की खोज में उन्होंने तीस वर्ष की उम्र में गृह त्याग कर दिया और संन्यासी का जीवन अपना लिया। सत्य की खोज में वह बारह वर्षों तक विभिन्न स्थानों पर भटकते रहे। इन बारह वर्षों में उन्होंने वस्त्र भी नहीं बदले और अन्तत: उन्हें पूरी तरह त्याग दिया। इस तरह भौतिक जगत की सभी इच्छाओं पर विजय प्राप्त करके वे अरिहन्त या जिन के रूप में प्रतिष्ठित हुए। जीवन जगत की लालसाओं पर विजय प्राप्त करने के कारण उन्हें महान वीर या महावीर के रूप में ख्याति मिली। लगभग तीस वर्षों तक देश के विभिन्न भागों में अपने धर्म का प्रचार करने के बाद 72 वर्ष की अवस्था में उनकी मृत्यु पावापुरी नामक स्थान में हुई।

जैन धर्म की शिक्षाओं को व्यापक जन समुदाय तक पहुँचाने में भगवान महावीर की ऐतिहासिक भूमिका रही है। उनके बाद शिष्यों और उपशिष्यों के माध्यम से वाचिक परम्परा के रूप में ये शिक्षाएँ पीढ़ी दर पीढ़ी भिक्षुओं को स्थानान्तरित की जाती रही तथा बाद में देवर्द्धिगणी तथा भद्रबाहु जैसे विद्वान भिक्षुओं द्वारा उनका संकलन एवं सम्पादन किया गया। वर्तमान में उपलब्ध विशाल जैन धर्म से सम्बन्धित साहित्य में आगम को सर्वाधिक प्राचीन एवं प्रामानिक माना जाता है। जैन धर्म में आगमों का वही स्थान है जो वैदिक परम्परा में वेदों का तथा बौद्ध धर्म में पिटकों का है। ऐसी मान्यता है कि इनका रचना काल ईसा पूर्व पाँचवीं-छठी शताब्दी है। जैन आगम साहित्य को चार वर्गों में विभक्त किया गया है—अंग, उपांग,

मूल और छेद। अंग अगमों में 'आचारांग सूत्र' सर्वाधिक प्राचीन माना जाता है। यही स्थिति 'सूत्रकृतांग सूत्र' और 'भगवती सूत्र' के सम्बन्ध में भी समझना चाहिए। जिन आगमों में, मुख्य रूप से आचार सम्बन्धी विषयों का वर्णन किया गया है और जो श्रमणों की जीवनचर्या के लिए आवश्यक माने गए हैं, उन्हें मूलसूत्र कहा गया है। विभिन्न विद्वानों ने मूलसूत्रों की संख्या अलग-अलग बतायी है, लेकिन सभी ने 'उत्तराध्ययन सूत्र' को मूलसूत्र के रूप में मान्यता दी है। इस प्रकार जैन धर्म एवं दर्शन के क्षेत्र में 'उत्तराध्ययन' सूत्र एक महत्त्वपूर्ण स्रोत है। यद्यपि जैन धर्म से सम्बन्धित इन साहित्यों की विषय वस्तु अत्यन्त विविधतापूर्ण है जिसमें संघ व्यवस्था, आचार सम्बन्धी निरूपण, परीषह जय (बाधाओं पर विजय प्राप्ति) विभिन्न दार्शनिक मतवादों का निरूपण एवं खण्डन, अनुकूल एवं प्रतिकूल उपसर्गों का स्वरूप और उनसे मुक्ति का उपदेश, स्त्री प्ररिज्ञा, स्त्री संसर्ग से चरित्र का नाश शीलभ्रष्ट साधु की दशा समाधि के विविध रूप आदि विभिन्न विषयों को शामिल किया गया है। इनमें स्त्री जीवन और उसके विविध आयामों की चर्चा मुख्य रूप से आचारांग सूत्र, सूत्र कृतांग सूत्र एवं उत्तराध्ययन सूत्र में संकलित हैं। इनके आधार पर जैन धर्म में वर्णित स्त्री जीवन के विभिन्न पक्षों के आकलन करने का प्रयास किया जाएगा।

स्त्रियों के सम्बन्ध में जैन धर्म का दृष्टिकोण

स्त्रियों के सम्बन्ध में जैन धर्म में मोटे तौर पर दो प्रकार का दृष्टिकोण लक्षित किया जा सकता है : एक प्रेरणादायी महासती स्त्रियों एवं माता के रूप में तीर्थंकरों के समुचित पालन पोषण और उन्हें संन्यास के पथ पर अग्रसरित करने वाली माताओं का गरिमामयी रूप। दूसरा सामान्य स्त्री या स्त्री जाति के प्रति नकारात्मक दृष्टि जिसमें स्त्री जाति को काम एवं आसक्ति का केन्द्र मानकर भिक्षुओं एवं साधुओं को उनसे बचकर रहने की सलाह दी गयी है। जहाँ विशिष्ट स्त्रियों (महासतियों और माताओं) के लिए उनका भाव गरिमापूर्ण एवं श्रद्धा से भरपूर है, वहीं सामान्य स्त्री या स्त्री जाति को अवगुणों की खान मानते हुए उनके प्रति भर्त्सना का भी भाव है।

जैन साहित्य में उल्लिखत सोलह महासतियों के नाम इस प्रकार है : ब्राह्मी, सुन्दरी, चन्द्रबाला, राजीमती, द्रौपदी, कौशल्या, मृगावती, सुलसा, सीता, दमयन्ती, शिवादेवी, कुन्ती, सुभद्रा, चेलना, प्रभावती एवं पदमावती। इन नारियों को मानव जीवन को सद्धर्म की ओर प्रेरित करने वाली स्त्रियों के रूप में चित्रित किया गया है जो व्यक्तिगत जीवन में अनेक कष्टों को सहकर भी धर्म के पथ से विमुख नहीं हुई तथा मनुष्यों को इस ओर प्रेरित करने का अनुकरणीय प्रयास किया। जैन साहित्य में

उपलब्ध इन महासतियों में से राजीमती और चन्दनबाला की कथा यहाँ उद्धृत की जा रही है जिससे स्त्रियों के सम्बन्ध में जैन धर्म के दृष्टिकोण को विश्लेषित करने का प्रयास किया जाएगा।

राजीमती :

यह कथा उत्तराध्ययन सूत्र के बाईसवें अध्याय में दी गयी है जिसका शीर्षक है - 'रथनेमीय'[2]। यह तीर्थंकर अरिष्टनेमि के छोटे भाई रथनेमि को राजीमती द्वारा दिए गए प्रबोधन से सम्बन्धित है, अत: इसका नाम 'रथनेमि' रखा गया है। इस प्रबोधन के माध्यम से राजीमती संयमपथ से विचलित रथनेमि को जागृत एवं सावधान करती हैं जिसके फलस्वरूप उसे पश्चाताप की अनुभूति होती है और वह भोग वासना को नियन्त्रित कर धर्म में स्थिर होकर 'कैवल्य' को प्राप्त करता है।

किसी समय व्रजमण्डल के सोरियपुर नगर में समुद्र विजय नामक राजा राज्य करता था जिसका अरिष्टनेमि नामक महायशस्वी पुत्र था। उसका विवाह राजा उग्रसेन की गुण सम्पन्न कन्या राजीमती से करने के लिए श्रीकृष्ण ने अनुरोध किया। राजा उग्रसेन को यह प्रस्ताव सुनकर बहुत प्रसन्नता हुई और उन्होंने इस शर्त के साथ प्रस्ताव स्वीकार कर लिया कि यदि अरिष्टनेमि मेरे यहाँ पधारें तो मैं अपनी कन्या का विधि पूर्वक पाणिग्रहण उनके साथ कर दूँगा। विवाह का मुहूर्त निश्चित होते ही श्री कृष्ण ने सारी तैयारियाँ शुरू कर दीं। कुमार अरिष्टनेमि को दिव्य वस्त्रों - अन्तरीय और उत्तरीय से सुशोभित करने के बाद 'गन्धहस्ती' नामक शक्तिशाली एवं बुद्धिमान हाथी पर उन्हें बिठाया गया एवं बारात राजा उग्रसेन के घर के लिए प्रस्थान कर गयी। वहाँ पुहँचकर उन्होंने मण्डप के समीप बाड़ों और पिजरों में बन्द अत्यन्त भयभीत एवं दुखी प्राणियों को देखा। अपने सारथी से इस सम्बन्ध में पूछने पर उन्हें ज्ञात हुआ कि बारात में मांस भोजन के लिए इन जीवों को बन्द करके रखा गया है। सारथी की बात सुनकर अरिष्टनेमि अत्यन्त चिन्तित होकर सोचने लगे कि यदि मेरे कारण इन प्राणियों का वध होगा तो यह मेरे लिए कल्याणकारी नहीं होगा। उनका मन करूणा से द्रवित हो गया और बिना विवाह किए ही वह वहाँ से लौट गए। बाद में संन्यास ग्रहण करके वे रैवतक (गिरनार) पर्वत पर तपस्या में लीन हो गए।

अरिष्टेनेमि द्वारा प्रवज्या ग्रहण करने की बात सुनकर राजीमती अत्यन्त दुखी हो गयी और उसने भी प्रवजित होने का मन बना लिया। इधर अरिष्टनेमि का छोटा भाई रथनेमि राजीमती पर आसक्त था। उसने उसे पत्नी के रूप में स्वीकार करने का प्रस्ताव दिया लेकिन उसे राजीमती ने यह कहकर अस्वीकार कर दिया कि मैं तुम्हें नहीं चाहती हूँ, मैं किसी अन्य व्यक्ति द्वारा त्याग दी गयी हूँ, यदि तुम किसी

अन्य व्यक्ति द्वारा वमन की गयी वस्तु का उपभोग करोगे तो श्वान तुल्य होगे। इतना सुनकर रथनेमि निराश होकर चला गया और राजीमती ने संन्यास ग्रहण कर लिया तथा उस नगर में मौजूद अनेक अन्य स्त्रियों को भी प्रवजित किया। बाद में रथनेमि ने भी विरक्त होकर अरिष्टनेमि से दीक्षा ग्रहण किया।

एक बार राजीमती नेमिनाथ का दर्शन करने रैवतक पर्वत पर जा रही थी कि बीच में ही भयानक वर्षा के कारण वह पूरी तरह भीग गयी। चारों ओर गहन अन्धकार छाया हुआ था। ऐसी स्थिति में उसने वहाँ के एक गुफा में जाकर अपने गीले वस्त्रों को उतारकर फैला दिया। रथनेमि भी उसी गुफा में ठहरा हुआ था। राजीमती को नग्न अवस्था में देखकर उसका मन विचलित हो गया और उसने एक बार फिर राजीमती को पत्नी के रूप में स्वीकार करने का प्रस्ताव दिया। उसने राजीमती से कहा कि मनुष्य जन्म अत्यन्त दुर्लभ है, आओ साथ मिलकर हम इसका आनन्द उठाएँ। इसके पश्चात् हम संन्यास मार्ग का आचरण करेंगे। संयम से विरत एवं कामवासना में आसक्त रथनेमि को देखकर राजीमती ने बिना घबराए उस गुफा में ही अपने शरीर को वस्त्रों से ढँक लिया ओर उसके बाद रथनेमि को सम्बोधित करते हुए कहा–यदि तुम रूप में कुबेर जैसा लीला विलास में नलकुबेर जैसा और साक्षात इन्द्र भी हो जाओ, तब भी मैं तुम्हें नहीं चाहती। संन्यास धर्म में दीक्षित होने के बाद भी तुम भोगों में आसक्त होना चाहते हो, तुम्हें धिक्कार है। किसी स्त्री को देखकर यदि तुम रागभाव से ऐसे ही आसक्त रहोगे, तो हवा के झोंके से निर्मूल हो जाने वाली वनस्पति की तरह तुम्हारा मन हमेशा चंचल बना रहेगा। तुम क्रोध, मान, माया और लोभ का पूरी तरह से निग्रह करके, इन्द्रियों को वश में कर अपने आपको अनाचार से विरत करो। राजीमती के उद्‌बोधनों को सुनकर रथनेमि श्रमण धर्म में वैसे ही स्थिर हो गया जैसे अंकुश से हाथी वश में आ जाता है।

इस तरह धर्म में रथनेमि की दृढ़ आस्था के साथ कथा का अन्त होता है और यह कहा गया है कि उग्र तप का आचरण कर राजीमती एवं रथनेमि दोनों केवलज्ञानी हो गए तथा समस्त कर्मों का नाश करके उन्होंने सिद्धि प्राप्त की।

चन्दनबाला :

जैन साहित्य में वर्णित संन्यासिनों में चन्दनबाला को अत्यन्त गौरवपूर्ण स्थान दिया जाता है। उन्होंने भगवान महावीर से दीक्षा ग्रहण किया था। साध्वियों और गृहस्थ उपासिकाओं दोनों के लिए उनका जीवन चरित उदाहरण के तौर पर प्रस्तुत किया जाता है।

उनका जन्म चम्पा के राजघराने में हुआ था। उनकी माता 'धरनी' एक धर्म पारायण उपासिका थी और उन्होंने अपनी बेटी को भी ज्ञान और धर्म साधना की सम्यक शिक्षा प्रदान किया। चन्दनबाला ने अपने माता-पिता को इस बात के लिए राजी कर लिया कि वे आजीवन कुँवारी रहकर स्वयं को धर्म साधना के उच्च मार्ग पर समर्पित करेंगी। उनका जीवन सुख एवं शान्ति से बीत रहा था कि अचानक एक दिन चम्पा पर कौशाम्बी की सेना ने आक्रमण कर उसे छिन्न-भिन्न कर दिया। चन्दनबाला को एक दासी के रूप में बेच दिया गया लेकिन धनवाह नामक एक सुशील व्यापारी की वजह से वह बच गयीं। धनवाह चन्दनबाला को अपने घर ले आया और पिता की तरह उसे स्नेह और संरक्षण देने लगा। धनवाह की इस बात से उसकी पत्नी बहुत नाराज़ हुई और एक दिन उसकी अनुपस्थिति का फायदा उठाकर उसने चन्दनबाला के लम्बे सुन्दर बालों को काट दिया एवं पैरों में बेड़ी डालकर तीन दिन तक भूमिगत तहखाने में उसे कैद कर दिया। इस दौरान उसे भोजन और पानी भी नहीं दिया गया। घर वापस लौटने पर अपने दत्तक पुत्री की स्थिति को जानकर धनवाह को बहुत क्षोभ हुआ। घर में जानवरों के खाने के लिए रखे गए केवल मोटे उबले अन्न के दाने को देखकर उसे घोर निराशा हुई लेकिन उसी से उसने चन्दनबाला का उपवास तुड़वाया। लोहे की जंजीरों को तोड़ने के लिए उसने लुहार को बुलवाने भेजा। तभी महावीर स्वामी एक कठिन व्रत की प्रतिज्ञा लेकर उस रास्ते से गुज़र रहे थे। उन्होंने प्रण किया था कि उपवास तोड़ने के लिए वह केवल अन्न का उबला दाना ग्रहण करेंगे और वह भी उस व्यक्ति से जो कभी राजघराने से सम्बन्धित रहा हो, लेकिन इस समय दास के रूप में हो, जिसके सिर मुड़े हुए हों और पाँवों में बेड़ियाँ हो और उसने तीन दिनों से उपवास रखा हो। पाँच महीने और पच्चीस दिनों से वह इस व्रत को लेकर घूम रहे थे लेकिन उन्हें कोई ऐसा सत्पात्र नहीं मिला जिससे वह अन्न ग्रहण कर सकें। ज्योंहि भगवान महावीर चन्दनबाला के घर पर पहुँचे, उसकी पैरों की बेड़ियाँ अपने आप टूट गयीं और सिर पर बाल भी उग आए। चन्दनबाला ने उनको अन्न-जल अर्पित किया। उनके उद्‌बोधन से प्रभावित होकर चन्दनबाला ने संसार का त्याग कर उनसे दीक्षा ग्रहण किया। अन्ततः वह 36,000 की संख्या वाले साध्वी संघ की प्रमुख बनायी गयी।

'महासती' की अवधारणा के अतिरिक्त जैन धर्म में देवियों की भी संकल्पना की गयी है, जो जीवन के विविध कार्यों में मनुष्य को सहायता पहुँचाती हैं। यद्यपि जैन धर्म में देवताओं या देवियों का स्थान तीर्थंकरों या जिन से नीचे है। ये जिन या तीर्थंकर संसार के माया-मोह एवं राग द्वेष से ऊपर उठ जाते हैं, अतः सांसारिक

जीवन में उनसे हस्तक्षेप की आशा नहीं की जा सकती है। लेकिन तीन लोकों में मौजूद देवियाँ मानव जीवन में सहायता करती हैं। ये तीन लोक है–ऊर्ध्व लोक, मध्य लोक और अधोलोक। ऊर्ध्वलोक में लक्ष्मी और सरस्वती जैसी देवियाँ निवास करती हैं, जबकि मध्य लोक में विद्या देवियाँ और अधोलक में यक्षिणी का निवास है। ये यक्षिणी या शासन देवता तीर्थंकरों या अन्य मोक्ष प्राप्त महात्माओं की अनुचरी होती हैं। आगे चलकर इनमें से अधिकांश देवियों का उल्लेख गौण रह गया और पद्मावती, चरकेश्वरी एवं अंबिका की स्वतन्त्र सत्ता ही बरकरार रह पायी। यहाँ यह उल्लेख करना प्रासंगिक होगा कि लक्ष्मी एवं सरस्वती जैसी देवियों की परिकल्पना पर जहाँ वैदिक धर्म का प्रभाव दृष्टिगोचर होता है वहीं विद्या देवियों और यक्षियों की परिकल्पना पर तन्त्र मत का प्रभाव और इसी कारण ये बाद में विकसित अवधारणाएँ प्रतीत होती हैं। जैन साहित्य में अनेक प्रसंग ऐसे आए हैं जिनके आधार पर यह कहा जा सकता है कि ये देवियाँ आवश्यकता पड़ने पर हस्तक्षेप करती थीं। अत: युद्ध में विजय, धर्मपथ पर सफलता के लिए तथा विवादों के समाधान के लिए समय-समय पर अलग-अलग प्रकार के लोग इनका आह्वान किया करते थे।

स्त्री जाति के सम्बन्ध में जैन धर्म की दृष्टि

जैन धर्म का एक उल्लेखनीय पक्ष यह भी है कि मानव जीवन के उत्थान एवं साधना के सर्वोच्च स्तर तक पहुँचने में पुरुष के साथ-साथ स्त्रियों की महत्त्वपूर्ण भूमिका को भी स्वीकार किया गया है। त्याग और तपस्या के माध्यम से स्त्रियाँ भी मोक्ष और कैवल्य प्राप्त कर सकती हैं, इसकी सम्भावना व्यक्त कर जैन धर्म ने सैद्धान्तिक रूप से लिंग भेद को अस्वीकार कर दिया। यह बात अपने आप में क्रान्तिकारी कदम था क्योंकि तत्कालीन समाज में जीवन के प्रत्येक क्षेत्र में स्त्रियों की हैसियत, पुरुषों जैसी नहीं रह गयी थी। लेकिन चार चरणों में सामाजिक जीवन की परिकल्पना करने वाले जैन दर्शन - चंतुर्विध संघ (साधु, साध्वी, श्रावक, श्राविका) में पुरुष संन्यासी और गृहस्थ श्रावक के समानान्तर साध्वी और श्राविका का भी न केवल अलग से उल्लेख किया गया है बल्कि उन्हें अपने पुरुष समकक्ष साधुओं और श्रावकों के साथ एक ही धरातल पर रखा गया है। माताओं के रूप में भी उन्हें अत्यन्त गौरवपूर्ण स्थान दिया गया है खासकर तीर्थंकरों की माताओं-यथा मारू देवी, त्रिशला इत्यादि को जिन्होंने इन तीर्थंकरों के सम्यक् परवरिश एवं आध्यात्मिक उन्नति के पथ पर उन्हें अग्रसर करने में ऐतिहासिक भूमिका का निर्वाह किया। लेकिन स्त्रियों के प्रति आदर का भाव रखने के बावजूद अनेक रूपों और प्रसंगों में उन्हें अच्छे रूप में

प्रदर्शित नहीं किया गया है खासकर स्त्री संसर्ग के प्रसंग में। जैन साधुओं के लिए वर्णित आचार निर्देशन के क्रम से इतने विस्तार और आवृत्ति के साथ स्त्रियों के दुर्गुणों की चर्चा की गयी है कि कई बार स्त्रियों के सम्बन्ध में दिए गए गौरवपूर्ण विचार विरोधाभासी एवं महज सैद्धांतिक जान पड़ते हैं। इसके साथ ही कई विद्वानों खासकर दिगम्बर सम्प्रदाय के मानने वालों की यह भी मान्यता हे कि जैन धर्म में 'जिन' या 'अरिहन्त' जैसे सर्वोच्च स्थान प्राप्त करने के लिए सभी सांसारिक वस्तुओं का त्याग आवश्यक है जिसमें वस्त्र भी शामिल हैं। अत: सम्पूर्ण अनासक्ति 'नग्नता' के बिना सम्भव नहीं है और इसके अभाव में स्त्रियों को इन सर्वोच्च पदों का अधिकारी नहीं माना जाना चाहिए।

'आचारांग सूत्र' के 'लोकविजय' नामक अध्याय में इस बात का स्पष्ट रूप से उल्लेख किया गया है कि मनुष्य जीवन भर विविध प्रकार की आसक्तियों में लीन रहता है और इसी में लीन रहते हुए ऐसे अनेक कार्यों को करता है जो उसके लिए हितकारी नहीं हैं। धन और स्त्री के प्रति आसक्ति इन सबमें प्रबल है जिससे पार पाना अत्यन्त दुष्कर कार्य है :

"कामिनी और कन्चन में मूढ़ उन मनुष्यों को अपने जीवन से अत्यन्त मोह होता है। मणि कुण्डल और हिरण्य आदि में प्रीति रखने वाले तथा स्त्रियों में अत्यन्त आसक्ति वाले उन लोगों को ऐसा ही दिखाई देता है कि यहाँ कोई तप नहीं दम नहीं है और कोई नियम नहीं है। जीवन और लोगों की कामना वाले वे मनुष्य चाहे जोभी बोलते हैं, अपने हित अहित से बेपरवाह ज्ञान शून्य बन जाते हैं।"[3]

आगे चलकर इसी अध्याय में स्त्री के आकर्षण की विशेष रूप से निन्दा की गयी है और उसे मनुष्य की अवनति का मूल कारण माना गया है :

"ऐसे मनुष्य स्त्रियों से हारे हुए होते हैं। वे तो ऐसा ही मानते हैं कि स्त्रियाँ ही सुख की खान हैं। वास्तव में तो वे दु:ख, मोह, मृत्यु नरक और अधम गति का कारण है।"[4]

आचारांग सूत्र के तो कुछ ही सूत्र स्त्रियों से सीधे सम्बन्धित हैं अधिकांश सूत्रों में भिक्षु या भिक्षुणी को आचार सम्बन्धी निर्देश दिए गए हैं जिनमें अहिंसा, अपरिग्रह, सत्य निष्ठा, सभी आसक्तियों के निषेध एवं आस्तेय को जीवन के केन्द्र में रखने पर जोर है। साथ ही भिक्षु जीवन के विविध क्रियाकलापों जैसे - भिक्षा, रहने का स्थान, आहार विहार, शय्या, वस्त्र, स्वाध्याय, संवाद आदि विषयों पर भी विस्तार से दिशा निर्देश बताए गए हैं। भिक्षु या भिक्षुणी को इन विषयों में किस प्रकार का आचरण करना चाहिए एवं किस प्रकार का नहीं करना चाहिए इन दोनों प्रकार के निर्देशों का

इसमें संकलन है। संक्षेप में यह कहना युक्तिसंगत होगा कि यह भिक्षु या भिक्षुणी के लिए स्वत: सम्पूर्ण अधिनियम हैं (Self Contained Codes) हैं जिनमें धनात्मक (Dos) और वर्जनात्मक (Donots) दोनों प्रकार के निर्देश शामिल हैं। अधिकांश सूत्र भिक्षु और भिक्षुणी दोनों को सम्बोधित हैं, अत: आचार पालन के स्तर पर दोनों को एक धरातल पर रखा गया है और दोनों से एक प्रकार के कर्तव्य पालन की अपेक्षा की गयी है। अत: प्राय: सभी अध्ययन के अन्त में यह कहा गया है कि भिक्षु और भिक्षुणी के आचार की यही सम्पूर्णता है कि वे सब विषयों में राग द्वेष से मुक्त होकर अपने कल्याण में तत्पर रहें एवं सावधानी से कर्म में प्रवृत्त हों। इसके बावजूद कुछ विषयों में केवल भिक्षुओं को सम्बोधित किया गया प्रतीत होता है खासकर गृहस्थ के साथ निवास करने या संभाषण के विषय में :

"भिक्षु स्त्री, बालक, पशु और उनके आहार-पानी की प्रवृत्ति वाले गृहस्थ के घर में न रहे। इसका कारण यह है कि उसमें ये महादोष होना सम्भव है जैसे वहाँ भिक्षु को अयोग्य आहार से सूजन, दस्त, उल्टी आदि रोग हो सकते हैं और गृहस्थ उन पर दया करके उसके शरीर को सम्भव है तेल, घी, मक्खन या चरबी आदि से मल दे या सुंगधित वस्तु का लेप कर दे या ठण्डे अथवा गरम पानी से स्नान करवा दे या लकड़ी रगड़कर आग सुलगा कर ताप दे।"[5]

"और गृहस्थ की स्त्रियाँ, पुत्रियाँ, पुत्रवधुएँ, दासियाँ या नौकरानियाँ ऐसा सुनकर कि 'ब्रह्मचारी श्रमण के साथ सम्भोग करने से बलवान, दीप्तिवान, रूपवान, यशस्वी, शूरवीर और दर्शनीय पुत्र होता है, उसको लुभाने और विचलित करने का प्रयास करें।"[6]

उपर्युक्त प्रसंगों में यह बात स्पष्ट रूप से दृष्टिगोचर होता है कि स्त्रियों को सामान्य रूप से दुर्निवार आकर्षण का कारण माना गया है और 'जिन', केवलिन या अर्हंत जैसे उच्च आध्यात्मिक उपलब्धि हासिल करने में वे सबसे बड़ी बाधी मानी गयी हैं। 'सूत्रकृतांग सूत्र' में तो एक सम्पूर्ण अध्याय स्त्रियों द्वारा साधना मार्ग में उपस्थित किए जाने वाली बाधाओं और स्त्री के मोहजाल में फँसने वाले साधु की कारूणिक दशा के चित्रण से ही सम्बन्धित है। इसका चतुर्थ अध्ययन 'स्त्री-परिज्ञा' शीर्षक से है जिसमें दो उद्देशक हैं। पहले उद्देशक में 31 गाथाएँ हैं तो दूसरे में 22। पहले उद्देशक में विस्तार से इस बात को समझाया गया है कि स्त्रियों के संसर्ग से महात्माओं का किस प्रकार चारित्रिक पतन हो जाता है और सभी सांसारिक विषयों के परित्याग की दीक्षा लेनेवाला साधु भी इसमें फँसकर रह जाता है :

"जो व्यक्ति इस आशय से दीक्षा स्वीकार करता है कि वह माता-पिता तथा समस्त पूर्व सम्बन्धों का त्याग करके मैथुन से दूर रहकर ज्ञान, दर्शन एवं चरित्र (त्रिरत्न) का पालन करता हुआ अकेला एकान्त, शान्त एवं पवित्र स्थानों में विचरण करेगा।

अविवेकिनी स्त्रियाँ किसी छल से उस साधु के निकट आकर कपट से अथवा प्रच्छन्न रूप से शब्दों द्वारा साधु को शील भ्रष्ट करने का प्रयास करती हैं। वे ऐसे उपाय भी जानती हैं जिससे साधु उनका संसर्ग कर ले।"[7]

आगे इसी अध्याय में इस बात का उल्लेख किया गया है कि भिक्षुओं को अपने कामजाल में फँसाने के लिए ये स्त्रियाँ किस-किस तरह के उपाय करती हैं। मन, वचन और कर्म सभी प्रकार की चेष्टाओं से वे भिक्षुओं को अपनी और आकर्षित करने का पूरा प्रयास करती हैं :

"स्त्रियाँ भिक्षुओं को कामजाल में फँसाने के लिए उसके निकट बहुत देर तक बैठती हैं और कामोत्तेजक सुन्दर महीन वस्त्र को ढीला होने का बहाना बनाकर या अपने अंग से फिसल जाने के बहाने बार-बार पहनती हैं। वे अपनी जंघा तथा शरीर के निचले भागों का भी प्रदर्शन करती हैं। कभी अपने बाँहें उपर करेके अपनी काँख दिखाते हुए भिक्षु के सामने से जाती है।"[8]

केवल आंगिक चेष्टाएँ ही नहीं भिक्षु के मन को अपने मोहपाश में बाँधने के लिए करूणाजनक शब्दों से लेकर मधुर संभाषण तक हर तरह के टोटके आजमाती है :

"चालाक स्त्रियाँ भिक्षु के मन को अपनी ओर आकर्षित करने के लिए अनेक प्रकार के मनोरम उपायों को अपनाती हैं। कभी वे करूणाजनक वाक्य बोलकर अनुनय विनय करती हैं तो कभी उसके पास जाकर मधुर वार्तालाप करती हैं। वे कामोत्तेजक वार्तालाप द्वारा भिक्षु को अपने साथ समागम करने की स्वीकृति दे देती है।"[9]

इस प्रकार विविध चेष्टाओं द्वारा स्त्रियाँ भिक्षुओं के मन को अपने वश में कर लेती हैं। उसके मोहपाश में बँधा हुआ भिक्षु छूटने के लिए बहुत छटपटाता है, लेकिन वह इस मोहपाश से छूट नहीं पाता है :

"जैसे रथकार रथ की पुटटी को अपनी ओर झुका देता है उसी तरह स्त्रियाँ भिक्षु को अपने वश में करके अभीष्ट अर्थ की सिद्धि कर लेती हैं। जेसे पाश में बँधा हुआ हिरण मुक्त होने के लिए बहुत छटपटाता है, लेकिन छूट नहीं पाता है। वैसे ही स्त्रियों के मोहपाश में बँधा हुआ भिक्षु कितनी ही उछल-कूद मचा ले, लेकिन इस पाश से वह मुक्त नहीं हो पाता है।[10]

स्त्रियों का यह दुर्निवार आकर्षण भिक्षुओं को चरित्र भ्रष्ट करेक उन्हें धर्म साधना के पथ से विचलित कर देता है, अत: उन्हें यह बार-बार हिदायत दी गयी है कि वे भिक्षु हर हाल में स्त्री संसर्ग से दूर रहें। जैन दर्शन में इसे अनुकूल 'परीषह' की संज्ञा दी गयी है। 'परीषह' या 'उपसर्ग' वास्तव में वे बाधाएँ है जिन पर विजय प्राप्त करके ही एक भिक्षु धर्म मार्ग पर स्थिर हो सकता है। अत: 'परीषह जय' अर्थात् इन बाधाओं पर विजय प्राप्त करना भिक्षु की धर्म साधना का अत्यन्त महत्त्वपूर्ण अंग है। जैन धर्म में 'परीषह' को साधकों के लिए बाधक नहीं अपितु उनके चरित्र शोधन और प्रगति के लिए आवश्यक माना गया है। 'उत्तराध्ययन', समवयांग ओर तत्त्वार्थ सूत्र में परीषह की संख्या बाईस बतायी गयी है तथा इन्हें अनुकूल और प्रतिकूल दो श्रेणियों में बाँटा गया है :

1. क्षुधा, 2. पिपासा, 3. शीत, 4. उष्ण, 5. दंश मशक, 6. अचेल, 7. अरति, 8. स्त्री, 9. चर्या, 10. निषद्या, 11. शय्या, 12. आक्रोश, 13. वध, 14. याचना, 15. अलाभ, 16. रोग, 17. तृण स्पर्श, 18. जल्ल, 19. सत्कार-पुरस्कार, 20. प्रज्ञा, 21. अज्ञान और 22. दर्शन।[11]

इन परिषहों में स्त्री और सत्कार इन दो परिषहों को अनुकूल और अन्य सभी को प्रतिकूल माना गया है। जैन धर्मग्रन्थों में यह भी कहा गया है कि स्त्री परीषह जैसे अनुकूल परीषह पर विजय प्राप्त करना अत्यन्त दुष्कर कार्य है, अत: भिक्षुओं को इस सम्बन्ध में सदैव सचेत रहना चाहिए। 'वृहदवृत्ति'[12] में, मुनि स्थूलभद्र की कथा इसी से सम्बन्धित है। स्थूलभद्र ने सांसारिक आसक्तियों से विरत होकर आचार्य सम्भूतिविजय से दीक्षा ले ली। जब चर्तुमास का समय आया तो आचार्य सम्भूति विजय के चार शिष्यों ने अलग-अलग स्थानों पर चतुर्मास किया। इनमें से स्थूलभद्र ने वेश्या के घर में, दूसरे शिष्य ने साँप के बिल पर तीसरे ने सिंह की गुफा में तथा चौथे ने कुएँ के किनारे चतुर्मास बिताया। जब चारों शिष्य चतुर्मास सम्पन्न करके गुरू के पास पहुँचे तो स्थूलभद्र के कार्य को गुरु ने 'दुष्कर' तथा बाकी शिष्यों के कार्य को 'दूष्कर कारी' बताया। पूछने पर उन्होंने कहा कि साँप, सिंह और कुँआ तो सिर्फ़ शरीर को हानि पहुँचा सकते थे, किन्तु गणिका का संसर्ग तो ज्ञान, दर्शन ओर चरित्र सभी को नष्ट कर सकता था। स्थूलभद्र का यह कार्य तो तलवार की तीक्ष्ण धार पर चलने के समान या आग में कूदकर भी बच जाने जैसा है। यह स्त्री परीषह विजय है।

उपर्युक्त कथा से स्पष्ट है कि स्त्रियों के दुर्निवार आकर्षण को लेकर जैन धर्माचार्य शुरू से काफ़ी सतर्क दिखाई देते हैं, अत: उन्होंने अपने धार्मिक ग्रन्थों में अनेक बार स्त्री संसर्ग से सर्वदा दूर रहने की हिदायत दी है। शायद कोरी शिक्षा या

निर्देश का भिक्षुओं पर इतना प्रबल असर न हो, इसको समझते हुए उन्होंने अनेक रूपों में अनेक उदाहरणों के माध्यम से स्त्री संसर्ग के दुष्परिणाम को समझाने का प्रयास किया है। 'उत्तराध्ययन सूत्र' में कहा गया है कि :

"ब्रह्मचारी के लिए स्त्रियाँ दलदल के समान हैं, इस बात को भली-भाँति जानकर मेधावी मुनि उनसे अपने संयमी जीवन का विनाश नहीं होने देते हैं और आत्मस्वरूप की गवेषणा करते हुए श्रमण धर्म में प्रवृत्त रहते हैं।"[13]

'सूत्रकृतांग सूत्र' में भी अनेक रूपों में उन्हें अमंगल का कारण बताया गया है। कहीं उनकी तुलना 'विष में लिपटे हुए काँटे' से की गयी है, तो कहीं 'शिकारी' से कभी वे गृहस्थ की नवयौवना सुन्दर नारी के रूप में आती हैं तो कभी भिक्षुकों की साथी के रूप में। कभी वे कारुणिक शब्दों से मन में करुणा उत्पन्न करने का प्रयास करती हैं तो कभी अत्यन्त मधुर वचनों द्वारा आकर्षण पैदा करती हैं और कभी अपनी आंगिक चेष्टाओं से कामासक्ति पैदा करती हैं। लेकिन इन गाथाओं में यह बार-बार ज़ोर देकर कहा गया है कि स्त्रियाँ विश्वास के लायक नहीं होती हैं, अत: भिक्षु किसी भी परिस्थिति में उन पर भरोसा न करें :

"स्त्रियाँ मन में कुछ सोचती हैं, वचन से कुछ और कहती हैं तथा कर्म से कुछ और करती हैं। अत: स्त्रियों को अति मायावी जानकर भिक्षु उन पर विश्वास न करें।"[14]

इस प्रकार 'सूत्रकृतांग सूत्र' के प्रथम उद्देश्क (चतुर्थ अध्याय) में अनेक रूपों में स्त्री संसर्ग से होन वाले अमंगल से भिक्षुओं को सचेत किया गया है। उन्हें यह भी बताया गया है कि स्त्रियाँ अत्यन्त मायावी होती हैं, मन, वचन और कर्म के अनेक रूपों द्वारा वह भिक्षुओं को आने आकर्षण में बाँधकर उनके चरित्र का नाश कर देती है, अत: भिक्षु को इस सम्बन्ध में सर्वदा जागरूक रहने की आवश्यकता है :

"जिस प्रकार अग्नि के साथ आलिंगन करने वाला लाख का घड़ा सभी ओर से ताप सहने के कारण शीघ्र ही नष्ट हो जाता है, उसी प्रकार स्त्रियों के संसर्ग से अनागार साधक शीघ्र ही शील भ्रष्ट हो जाते हैं।"[15]

अभी तक सूत्रकृतांग सूत्र के चतुर्थ अध्याय के प्रथम उद्देशक एवं अन्य धार्मिक ग्रन्थों में उल्लिखित स्त्री संसर्ग के कारण किस प्रकार साधक चरित्र भ्रष्ट हो जाता है इसकी चर्चा की गयी है। अब इसी ग्रन्थ के चतुर्थ अध्ययन के द्वितीय उद्देशक की चर्चा भी ज़रूरी है, जिसमें चरित्र भ्रष्ट साधक की दुर्दशा का विस्तार से वर्णन किया गया है। भिक्षु को अपने वश में करने के लिए नारियाँ तरह-तरह से अनुनय विनय

एवं मनुहार करती है लेकिन एक बार जब उस पर मोहित होकर भिक्षु उसके पाश में बँध जाता है, उसके साथ दासों जैसा व्यवहार किया जाता है :

"इसके बाद चरित्र भ्रष्ट, कामवासना में आसक्त उस साधु को वेस्त्रियाँ अपने वशीभूत जानकर उसके सिर पर अपने पैरों से प्रहार करती हैं।"[16]

एक बार जब स्त्रियाँ भली-भाँति जान लेती हैं कि भिक्षु उनके प्रति आसक्त है और उनके साथ घुलमिल गया है, उसके बाद न केवल उसका अपमान करती हैं बल्कि रोजमर्रा के छोटे-से-छोटे कामों में उसे लगा देती हैं। धर्म साधन के लिए घर, परिवार और बन्धु बान्धवों का त्याग करने वाला भिक्षु अब धर्म साधना के बजाए दैनिक कार्यों को निबटाने में ही लगा रहता है :

"स्त्री उस भिक्षुक को नौकर की तरह आज्ञा देती हुई कहती हैं कि देखो साग-भाजी पकाने के लिए लकड़ियाँ नहीं हैं, अत: लकड़ियाँ ले आओ। रात में प्रकाश करने के लिए तेल भी खत्म हो गया है, तेल लाओगे तभी प्रकाश होगा। और मेरे पैरों को महावर से और बर्तनों को रंग दो। ज़रा इधर आओ, मेरी पीठ में दर्द हो रहा है, उसे मल दो।"[17]

आगे की गाथाओं में इस बात की विस्तार से चर्चा की गयी है कि स्त्री के मोहपाश में बँधे हुए उस भिक्षु की कैसी दुर्गति होती है। रसोई के काम से लेकर घर के लिए साजो समान लाने तक, प्रसाधन की सामग्री से लेकर बच्चों के लिए खिलौने लाने तक गृहस्थ जीवन के सभी कार्यों का दायित्व अब इस भिक्षु के ऊपर आ जाता है। गाथा 7 से 15 तक इन कार्यों की सूची इस प्रकार दी गयी है :

"हे भिक्षु! मेरे लिए सुरमादानी, आभूषण ओर वीणा लाकर दो। लोध्र का फल और फूल लेकर आओ। बाँस से बनी हुई बाँसुरी एवं पौष्टिक औषधि की गोली भी लाकर दो।

खसखस के साथ पीसे हुए कुष्ट, तगर और अगरु लाकर दो। साथ ही मुँह पर लगाने के लिए तेल तथा वस्त्र आदि रखने के लिए बाँस की संदूकची लेकर आओ।

प्रियतम! मुझे ओठ रँगने के लिए चूर्ण लाकर दो। साथ में छाता और जूता भी लेकर आना है। साग-भाजी काटने के लिए एक छुरी या चाकू भी लाना है तथा मेरा कपड़ा नीले रंग में रंगवा दो।

साग-भाजी पकाने के लिए एवं पानी रखने के लिए पात्र लेकर आओ। तिलक और अंजन लगाने के लिए सलाई भी लेते आना। ग्रीष्मकाल में हवा करने के लिए एक पंखा भी लाकर दो।

नाक के बालों को उखाड़ने के लिए चीपिया और केशों को सँवारने के लिए कंघी लेकर आओ। चोटी बाँधने के लिए ऊन की बनी हुई जाली लाकर दो और चेहरा देखने के लिए दर्पण भी लेते आना। दाँत साफ़ करने के लिए दातून भी लेकर आना।

सुपारी, पान एवं सूई-धागा लेकर आओ। इसके साथ ही सूप, ओखली एवं खार गलाने के लिए बर्तन शीघ्र लाकर दो।

देवपूजन करने के लिए ताँबे का बर्तन तथा जल एवं मधु रखने के लिए पात्र लेकर आओ। मेरे लिए एक शौचालय भी बनवा दो एवं अपने पुत्र के खेलने के लिए धनुष भी ला दो। अपने पुत्र के लिए तीन वर्ष का एक बैल भी लेकर आओ।

अपने पुत्र के खेलने के लिए मिटटी की गुड़िया, झुनझुना एवं कपड़े की बनी हुई गेंद लेकर आओ। और देखो, वर्षा ऋतु निकट आ गयी है, अत: मकान और अन्न का प्रबन्ध भी कर लेना।

नये सूत की बनी हुई एक कुर्सी और चलने के लिए एक जोड़ी खड़ाऊँ ले आओ। मेरे पुत्र के दोहद के लिए भी आवश्यक वस्तुएँ ले आओ। इस प्रकार स्त्रियाँ दास की तरह पुरुषों पर आज्ञा चलाती हैं।[18]

उपर्युक्त सूची को देखने से प्रतीत होता है कि गृहस्थ जीवन के जितने भी रोजमर्रा के कार्य शास्त्रकार को याद थे, उन्होंने सभी की याद दिला दी है। इस सूची में वर्णित कार्यों और उससे सम्बद्ध स्त्री और पुरुष की छवि की कल्पना करें तो स्त्री एक बहुत बड़ी अधिनायक (Dictater) जबकि पुरुष एक गुलाम या दास (Slave) के रूप में नज़र आता है। ऐसे में निश्चय ही स्त्री की छवि आतंकित करने वाली है और शायद यह शास्त्रकार का उद्देश्य भी रहा हो कि इससे आतंकित होकर एक जैन भिक्षु स्त्री संसर्ग करने की बात तो दूर उसके सम्बन्ध में सोचना भी छोड़ दे। स्त्री की आसक्ति में बँधे हुए पुरुष की दारूण दशा का समाहार करते हुए कहा गया है कि एसे पुरुष पशुओं से भी गये गुज़रे हैं एवं सबसे अधम हैं :

"स्त्रियों के वशीभूत होकर बहुत से लोगों ने पहले भी उनकी आज्ञा का पालन किया है। जो पुरुष भोग के लिए विविध प्रकार के सावद्य कार्यों में संलग्न होते हैं, उनकी स्थिति या तो दासों की तरह है या हिरण की तरह या भोले-भाले नौकरों की तरह है। वे पशु के समान हैं एवं उनकी दशा सबसे अधम या नगण्य वस्तु की तरह है।"[19]

उपर्युक्त विश्लेषण से यह स्पष्ट है कि स्त्रियों को लेकर जैन धर्म में दुविधा की स्थिति स्पष्ट रूप से दिखाई पड़ती है। नारियों के एक विशिष्ट वर्ग को जिनमें

महासतियाँ और प्रतिष्ठित भिक्षुणी हैं, उन्हें गौरवपूर्ण स्थान दिया गया है। उसके साथ ही आदर्श गृहस्थ की भूमिका निभाने वाली नारियों विशेषत: माता की भूमिका को भी काफ़ी आदर दिया गया है। तीर्थंकरों की माताओं की खासतौर पर सराहना की गयी है क्योंकि उन्होंने न केवल उन तीर्थंकरों का सम्यक पालन पोषण किया, बल्कि धर्म के मार्ग पर भी उन्हें आगे बढ़ाने में महत्त्वपूर्ण भूमिका अदा किया है। इस धर्म की एक उल्लेखनीय बात यह भी रही कि धार्मिक जीवन के लगभग सभी पहलुओं में स्त्री और पुरुष को समान धरातल पर रखा गया है। इसी कारण जो आचार सम्बन्धी विधान भिक्षुओं के लिए हैं लगभग वही भिक्षुणियों के लिए भी तथा जो निर्देश श्रावकों के लिए हैं वही श्राविकाओं के लिए भी। इसी कारण जैन धर्म ने बड़ी तादाद में स्त्री भिक्षुणियों और श्राविकाओं को आकर्षित किया और वर्तमान समय में भी भिक्षुणियों की संख्या काफी तादाद में है। लेकिन इसके साथ ही यह उल्लेख करना आवश्यक है कि स्त्री संसर्ग के विषय को वे कटटरता की सीमा तक ले आए हैं। भिक्षुओं को स्त्रियों के आकर्षण से विरत करने के लिए आगमों एवं अन्य धार्मिक ग्रन्थों में स्त्री का जो स्वरूप चित्रित किया गया है, वह निश्चित ही एक चालाक, धूर्त, अति मायावी व्यक्ति की है जिसके मन, वचन एवं कर्म में कोई समन्वय नहीं है। उसे एक अधिनायक एवं स्वार्थी व्यक्ति के रूप में पेश किया गया है जो भिक्षुओं को पथभ्रष्ट करने के लिए हर तरह के टोटके आजमाती है एवं एक बार स्त्रियों के प्रति आसक्त हो जाने पर उनके साथ दास की तरह व्यवहार करती है। स्त्रियों के चरित्र का यह अतिरंजित वर्णन भिक्षुओं को आतंकित करने तथा स्त्री संसर्ग से पूरी तरह विरत करने के लिए किया गया होगा, लेकिन इसने स्त्री की सामाजिक छवि को निश्चित रूप से नुकसान पहुँचाया। इससे समाज में स्त्रियों को लेकर एक द्विविधापूर्ण स्थिति बन गयी–भावना एवं सिद्धान्त के स्तर पर वह गरिमापूर्ण बनी रही, लेकिन व्यावहारिक स्तर पर वह स्वार्थी एवं स्वकेन्द्रित व्यक्ति के रूप में देखी गयी जो पुरुषों की सर्वोच्च साधना में सबसे बड़ी बाधक है।

बौद्ध धर्म का उद्‌भव और विकास

इसी कालखण्ड में बौद्ध धर्म का भी प्रवर्तन हुआ जिसके संस्थापक महात्मा बुद्ध माने जाते हैं। उनका जन्म शाक्य जन में हुआ और उनके पिता शुद्धोदन इस जन के मुखिया थे। उनकी माता मायादेवी भी शाक्य कुल से सम्बन्ध रखती थीं। बुद्ध का जन्म 566 ई. पू. में माना जाता है। जन्म के कुछ समय बाद ही उनकी माता का देहान्त हो गया और उनका सम्यक रूप से पालन पोषण उनकी सौतेली माँ गौतमी ने किया। एक राजकुमार के रूप में उनका प्रारम्भिक जीवन ऐश्वर्य में बीता लेकिन

राजसी ऐश्वर्य से उनका असन्तोष लगातार बढ़ता गया। एक बार बूढ़ा व्यक्ति, दूसरी बार व्याधिग्रस्त व्यक्ति और तीसरी बार एक मृत व्यक्ति को देखकर उनका मन बहुत खिन्न हो जाता है और वह पूर्ण विरक्त होकर गृह त्याग कर देते हैं और सच्चे धर्म का मार्ग खोजने की ओर प्रवृत्त होते हैं। प्रारम्भ में वह कठोर तपस्या में संलग्न होते हैं लेकिन कुछ समय बाद इस निष्कर्ष पर पहुँचते हैं कि संन्यास द्वारा मुक्ति प्राप्त नहीं किया जा सकता है। फिर वह समाधि के द्वारा मुक्ति का उपाय खोजते हैं और समाधि के उनचासवें दिन वैशाखी पूर्णिमा के दिन उन्हें ज्ञान प्राप्त होता है। इस ज्ञान प्राप्ति के बाद सिद्धार्थ बुद्ध के रूप में प्रसिद्ध हुए।

ज्ञान प्राप्ति के बाद उनके मन में विचार आया कि यह सबसे पहले किसको दिया जाए? उनके दो गुरु आलार कालाम और उद्दक रामपुत्र उस समय तक जीवित नहीं बचे थे। अत: उन्होंने अपने पाँच साथियों को ज्ञान का प्रथम उपदेश बनारस के पास स्थित ऋषि पत्तन (सारनाथ) में दिया जहाँ ये भिक्षु मौजूद थे। बुद्ध का यह उपदेश धर्मचक्र प्रवर्तन के नाम से प्रसिद्ध है और यह 'सच्चसंयुत' नामक ग्रन्थ के दूसरे वग्ग और विनयपिटक के 'महावग्ग' में संकलित है।

धर्म चक्र प्रवर्तन में चार आर्य सत्यों को स्वीकार किया गया है–संसार दुखों से परिपूर्ण है, इन दुखों का कारण मानवीय इच्छाएँ हैं, इच्छाओं का नाश करके दुखों से मुक्ति पाना सम्भव है और इच्छा या तृष्णा का नाश अष्टांगिक मार्ग द्वारा किया जा सकता है। ये अष्टांगिक मार्ग जीवन में अतिरेक का निषेध करते थे और 'मध्यम मार्ग' अपनाने का सुझाव देते थे। ये अष्टांगिक मार्ग थे–सम्यक दृष्टि, सम्यक संकल्प, सम्यक वचन, सम्यक कर्म, सम्यक जीविका, सम्यक व्यायाम, सम्यक स्मृति और सम्यक समाधि। कई मामलों में बौद्ध धर्म जैन धर्म से समानता रखता था। दोनों ही मत निरीश्वर वादी थे अर्थात् ईश्वर की सत्ता में विश्वास नहीं रखते थे। दोनों ही मत वेद और कर्म काण्ड के महत्त्व को अस्वीकार करते थे। दोनों की परिकल्पना एक सामूहिक धर्म के रूप में की गयी थी जिसमें भिक्षुओं के संघ की संकल्पना थी।

बौद्ध संघ में स्त्रियों की स्थिति

जहाँ तक बौद्ध धर्म में स्त्रियों की स्थिति का प्रश्न है अनेक साहित्य स्रोतों से इसके बारे में जानकारी मिलती है। न केवल भिक्षु संघ, उसकी संरचना और प्रबन्धन का उल्लेख करने वाले ग्रन्थों जैसे चुल्लवग्ग बल्कि 'थेरी गाथा' और 'थेरी अपादान' जैसे भिक्षुणियों द्वारा गीतों के माध्यम अपने उद्गार प्रकट करने वाले ग्रन्थों से भी उनके पूर्व जीवन और वर्तमान जीवन के सम्बन्ध में अनेक महत्त्वपूर्ण जानकारी

मिलती है। जातक कथाओं की विभिन्न कथाओं से भी तत्कालीन समाज में स्त्रियों की स्थिति के सम्बन्ध में अत्यन्त महत्त्वपूर्ण बातों का पता चलता है। इन स्त्रोतों के आधार पर कहा जा सकता है कि बौद्ध संघ में स्त्रियों का प्रवेश खुले मन से नहीं बल्कि थोड़ी दुविधापूर्ण स्थिति में हुआ। भिक्षुणी संघ की स्थापना के संबंध में जो विवरण विनयपिटक के चुल्लवग्ग[20] एवं अंगुत्तर निकाय के अट्ठकनिपात[21] में आया है उसके अनुसार भगवान बुद्ध जब कपिलवस्तु में निवास कर रहे थे, तब उनकी सौतेली माँ महाप्रजापति गौतमी ने स्त्रियों को अपने सम्प्रदाय में दीक्षित करने का अनुरोध किया। बुद्ध ने तीन बार उनकी प्रार्थना अस्वीकार कर दी और वह वहाँ से वैशाली चले गये। महाप्रजापति गौतमी भी अपना सिर मुँड़ाकर अनेक स्त्रियों के साथ वैशाली चली आयी। वहाँ भी उन्होंने पहाप्रजापति गौतमी और उनेक साथ दीक्षा चाहने वाली स्त्रियों को भिक्षुणी बनाने से इनकार कर दिया। पर आनन्द की वकालत पर बुद्ध ने आठ शर्तों के साथ स्त्रियों को प्रवज्या या दीक्षा की अनुमति दे दी। ये आठ शर्तें 'अट्ठ गुरु धम्मा' के नाम से जानी गयी जो इस प्रकार है:

1. भिक्षुणी संघ में चाहे कितने वर्षों तक रही हो उसे छोटे-बड़े सभी भिक्षुओं का अभिवादन करना चाहिए।
2. जिस स्थान पर भिक्षु न हो, वहाँ भिक्षुणी न रहे।
3. हर पखवाड़े में उपोसथ और धर्मोपदेश के सम्बन्ध में भिक्षुणी भिक्षु संघ से पूछ ले।
4. चतुर्मास (वर्षावास) के बाद भिक्षुणियों को भिक्षु और भिक्षुणी दोनों संघों में प्रवारणा[22] करनी चाहिए।
5. जिस भिक्षुणी से संघ से सम्बन्धित कोई दोष हुआ हो उसे दोनों संघों से पन्द्रह दिनों का मानत्त[23] लेना चाहिए।
6. दो वर्षों तक धर्म शिक्षा का अध्ययन करने बाद भिक्षुणी को दोनों संघों में उपसम्पदा की प्रार्थना करनी चाहिए।
7. भिक्षुणी को आक्रोश परिभाषण नहीं करना चाहिए।
8. किसी भी कारण से भिक्षुणी भिक्षु को गाली-गलौज न दे, भिक्षु भिक्षुणी को उपदेश दे।

आनन्द ने महाप्रजापति गौतमी को ये आठ शर्तें बतायीं जिसे उन्होंने स्वीकार कर लिया। इसके बाद बुद्ध ने आनन्द से कहा–"हे आनन्द! यदि स्त्री को इस धर्मविनय में प्रवज्या न मिलती तो यह धर्म एक हजार बरस तक कायम रहता परन्तु अब जबकि स्त्री को प्रवज्या का अधिकार दिया गया है, यह सद्धर्म पाँच सौ बरस तक ही कायम रहेगा।"[24]

उपर्युक्त प्रसंग से स्पष्ट है कि बौद्ध संघ में स्त्रियों का प्रवेश पुरुषों की भाँति वर्जना रहित नहीं था यद्यपि इसके पहले ही जैन धर्म में स्त्रियों को संन्यासी (श्रमणेरी) के रूप में दीक्षित किया जा चुका था एवं उनके संघ भी स्थापित हो चुके थे। अत: इन प्रसंगों के आधार पर अनेक विद्वान यह स्वीकार करते हैं कि बुद्ध स्त्रियों को पुरुषों के समान नहीं मानते थे और स्त्रियों के संघ प्रवेश से उन्हें भिक्षुओं के पथभ्रष्ट होने की आशंका थी। कुछ अन्य विद्वान यह भी मानते हैं कि ये आठ शर्तें महात्मा बुद्ध द्वारा प्रवर्तित नहीं हैं एवं बाद में क्षेपक के रूप में जोड़ दी गयी हैं ताकि संघों पर भिक्षुओं का नियन्त्रण कायम रहे। धर्मानन्द कोसाम्बी के अनुसार :

"यह कुछ अजीब सा लगता है कि भिक्षुणी संघ में कोई दोष पैदा होने से पहले ही भिक्षुणियों पर ये आठ नियम लाद दिए गए हों। इससे यह अनुमान लगाया जा सकता है कि सारी सत्ता को अपने हाथ में रखने के लिए भिक्षु संघ ने पीछे से यह नियम बनाकर उन्हें विनय और 'अंगुत्तरनिकाय' में शामिल कर दिया होगा।"[25]

इस बात की सम्भावना से इनकार नहीं किया जा सकता है कि स्त्रियों के संघ में प्रवेश सम्बन्धी आठ शर्तें बुद्ध के द्वारा प्रवर्तित न होकर बाद में जोड़ दी गयी हो लेकिन भिक्षुणी संघ के प्रबन्धन सम्बन्धी अनेक संदर्भों में इन शर्तों के पालन और इनके बदस्तूर जारी रहने के संकेत मिलते हैं। अत: यह कहना असंगत नहीं होगा कि बौद्ध संघ में स्त्रियों का प्रवेश और उनकी दिनचर्या पुरुषों के समान धरातल पर नहीं था और कई मामलों में भिक्षु संघ का उन पर नियन्त्रण था। यद्यपि 'अट्ठगुरुधम्मा' में से कुछ शर्तें जैसे जिस स्थान पर भिक्षु न हों उस स्थान पर भिक्षुणी न रहे, स्त्री की सामाजिक सुरक्षा के लिए बनायी गयी होगी तथा भिक्षुणी भिक्षु को गाली गलौज न दें या आक्रोश जनित भाषा न बोलें जैसी शर्तें आदर्श आचार संहिता के रूप में है तथापि अन्य अनेक शर्तें ऐसी भी हैं जो भिक्षुणी को भिक्षुओं पर आश्रित बनाती हैं, जैसे–छोटे-बड़े सभी भिक्षुओं का अभिवादन, उपोसथ और धर्मोपदेश के सम्बन्ध में भिक्षु संघ से पूछना, वर्षावास के अनन्तर भिक्षु संघ में स्वदोष बताने की प्रार्थना इत्यादि। रोचक बात यह है कि इनमें से कई बातें भिक्षु संघ पर लागू नहीं की गयी है जबकि धर्माचार, रहन-सहन एवं शिक्षा सम्बन्धी अधिकांश नियम दोनों के लिए एक समान थे। भिक्षुओं के समान भिक्षुणियों के लिए भी संघ प्रवेश में किसी जाति या वर्ग का बन्धन नहीं था। इसी कारण जहाँ महाप्रजापति गौतमी, सुमना, खेमा जैसी राजपरिवार की स्त्रियों ने संघ में दीक्षा प्राप्त किया वहीं सामाजिक सोपान क्रम में निचले पायदान पर स्थित जातियों एवं वर्गों की स्त्रियों ने भी यहाँ तक कि अड़ढकाशी एवं अम्बपाली जैसी गणिकाओं ने भी। इसी प्रकार उपसम्पदा

सम्बन्धी नियम भी भिक्षु और भिक्षुणी के लिए लगभग एक समान थे। लेकिन इन समानताओं के बावजूद स्त्रियों पर कुछ प्रतिबन्ध एवं अतिरिक्त शर्तें लागू की गयी थीं जिनका सम्यक विश्लेषण स्त्री अस्मिता के अध्ययन के लिहाज से आवश्यक है। विवाहिता स्त्री अपने पति की आज्ञा से अथवा उसकी मृत्यु के बाद ही संघ में प्रवेश पा सकती थी, साथ ही उसके लिए यह भी आवश्यक था कि कम-से-कम 12 वर्ष की वैवाहिक अवधि को उसने पूरा कर लिया हो। 20 वर्ष से कम आयु की स्त्री के लिए प्रवज्या-उपसम्पदा की अनुमति नहीं थी। उपसम्पदा की इच्छुक किसी भी स्त्री को कम-से-कम दो वर्ष तक धर्मशिक्षा का अध्ययन आवश्यक था। इस अवधि में उसे विकाल भोजन निषेध के साथ पंचशील का अनुसरण सुनिश्चित करना होता था। उपसम्पदा के समय उससे अन्तरायी दोषों के बारे में पूछा जाता था। ये दोष मूलत: भिक्षुओं और भिक्षुणियों के लिए एक समान थे लेकिन कुछ अतिरिक्त दोष-ध्रुवचोड़ा, ध्रुवलोहिता, आलोहिता, गर्भिणी, स्तन पायिनी भी भिक्षुणियों पर लागू होते थे।[26] शिक्षा का त्याग करने वाली तथा अन्य तैथिकों के पास चली गयी भिक्षुणी के लिए फिर से उपसम्पदा का विधान नहीं था। भिक्षुणियों को प्रारम्भ में भिक्षु संघ में दीक्षा लेनी पड़ती थी और बाद में औपचारिक दीक्षा के लिए एक बार फिर वहाँ जाना होता था। बौद्ध संघ की आरम्भिक अवस्था में अन्तरायी दोष पूछना और उपसम्पदा देना भिक्षुओं का ही कार्य था। यद्यपि इसके लिए भिक्षुओं को आवश्यक गुणों से सम्पन्न होना आवश्यक था। उसे पातिमोक्ख का ज्ञाता, भिक्षु प्रेमी और कम-से-कम बीस वर्ष उपसम्पन्न होना चाहिए। रोगी, मूढ़ एवं गमिक भिक्षुओं को छोड़कर कोई भी भिक्षु यहाँ तक कि आरण्यकों को भी भिक्षुणियों के अनुरोध पर उपदेश देना जरूरी था। ऐसा लगता है कि भिक्षुणी संघ के शुरूआती दिनों में उपसम्पदा, आचार-व्यवहार और धार्मिक शिक्षा का कार्य भिक्षुओं के हाथ में ही केन्द्रित था और बाद में भी मुख्यत: उन्हीं के हाथों में बना रहा, लेकिन उपसम्पदा सम्पन्न योग्य भिक्षुणियों की उपलब्धता के बाद विशेष अवस्था में प्रतिनिधि भिक्षुणी द्वारा भी उपसम्पदा देने का कार्य किया जाता था।[27]

जातक कथाओं में स्त्री की छवि

इन ग्रन्थों के साथ-साथ जातक कथाएँ भी सामाजिक संगठन एवं मान्यताओं के अध्ययन की दृष्टि से अत्यन्त महत्त्वपूर्ण हैं। इसमें पारिवारिक एवं गृहस्थ जीवन की दिनचर्या से लेकर तत्कालीन समाज में व्यापार, शिल्पकला, धार्मिक रीति रिवाजों एवं मान्यताओं का भी विस्तार से वर्णन है। पाँच सौ से अधिक इन कथाओं में उस

युग की सामाजिक संरचना, पारिवारिक सम्बन्ध, राजनीति, अर्थनीति एवं स्त्रियों को लेकर समाज की दृष्टि से सम्बन्धित विशद सामग्री भरी पड़ी है। अनेक कथाओं में स्त्री के चरित्र पर टिप्पणी मिलती है तथा कुछ में आदर्श स्त्री की छवि को बताने का प्रयास किया गया है। स्त्री जीवन के इतने आयाम इन कथाओं में प्रदर्शित किए गए हैं कि उन्हें आसानी से वर्गीकृत नहीं किया जा सकता है। कहीं पूर्व पत्नी की आसक्ति को लेकर कथाएँ हैं तो कहीं स्त्रियों के अविश्वसनीय, अकृतज्ञ एवं मित्र द्रोही होने से सम्बन्धित कहीं उन्हें कामभोग में आसक्त बताया गया है, तो कहीं अपने आकर्षण में बाँधकर भिक्षुओं का शील नष्ट करते हुए दिखाया गया है कहीं वह अपनी पवित्रता साबित करने के लिए 'सच्चक्रिया' करती हैं तो कहीं पूरे परिवार को धर्म के रास्ते पर प्रेरित करती हैं। यद्यपि अनेक कथाएँ ऐसी हैं जो स्त्री के महत्त्वपूर्ण योगदान की झलक दिखाते हैं, लेकिन अधिकांश कथाओं में उनकी छवि ऋणात्मक रूप में ही है जो पुरुषों के नैतिक पतन का कारण बनती हैं। यहाँ जैन धर्म और बौद्ध धर्म में काफ़ी समानता है और सम्भवत: भिक्षुओं को स्त्री के आकर्षण से विरत करने के लिए स्त्रियों के दानवीकरण (Demonization of Women) का सहारा लिया गया हो लेकिन ये प्रसंग इतने अधिक और बार-बार दुहराए गए हैं कि इससे स्त्रियों की सामाजिक छवि निश्चित रूप से प्रभावित हुई और आगे चलकर सामाजिक जीवन में स्त्रियों की प्रतिष्ठा को गहरा धक्का लगा। यहाँ इस बात का उल्लेख करना भी आवश्यक है कि संन्यास धर्म की श्रेष्ठता को बताने के बावजूद स्त्रियों को लेकर जैन और बौद्ध दोनों धर्मों का आदर्श प्रतिरूप (model) एक पतिव्रता गृहस्थ नारी का है। 'सुजाता जातक' में बुद्ध सात प्रकार की पत्नी का उल्लेख करते हैं जिसमें 'बधका' 'चोर' और 'आर्या' नारी को दुश्शील, कठोर और अनादरयुक्त बताया गया है जो मरने पर नरक जाती है जबकि माता, भगिनी, सखी और 'दासी' भार्या को सुशील एवं चिरकाल तक संयत रहने वाला बताया गया है जो मरने के बाद सुगति को प्राप्त करती हैं। बधका भार्या का लक्षण बताते हुए बुद्ध कहते हैं : क्रोधी, अहित करने वाली, अनुकम्पा रहित, दूसरे को चाहने वाली और अपने पति की अवहेलना करने वाली खरीदे गए दास दासियों को मारने लिए उत्सुक रहने वाली, पुरुष की भार्या 'बधका भार्या' कहलाती है।[28]

आगे चोर भार्या के लक्षणों को बताते हुए कहा गया है :

"स्वामी द्वारा कमाए गए धन, चाहे शिल्प, वाणिज्य या कृषि से हो अगर कोई स्त्री उसमें से थोड़ा भी चुराने की इच्छा करती है, वह 'चोर भार्या' कही जाती है।[29]

'आर्या भार्या' के लक्षणों को इस प्रकार बताया गया है :

"काम न करने वाली, आलसी, ज़्यादा खाने वाली, कठोर 'चन्ड' स्वभाव वाली, खराब बोलने वाली, सेवकों को दबा कर रखने वाली स्त्री को 'आर्या भार्या' कहते हैं।[30]

'माता भार्या' के लक्षणों को बताते हुए कहा गया है :

"सर्वदा हित और अनुकम्पा करने वाली, जैसे माता-पुत्र की रक्षा करती है वैसे ही पति की रक्षा करने वाली, उसके कमाए हुए धन की रक्षा करने वाली स्त्री 'माता भार्या' कही जाती है।[31]

'भगिणी भार्या' का विवरण इस प्रकार दिया गया है :

"जैसे छोटी बहन बड़ी बहन के प्रति गौरव का भाव रखती है, उसी प्रकार जो स्त्री पति के लिए गौरव का भाव रखती है जो लज्जा से युक्त है, पति के वश में रहने वाली है, वह स्त्री भगिणी भार्या कहलाती है।"[32]

सखी भार्या के लक्ष्णों को बताते हुए कहा गया है :

"जो पति को देखकर इस प्रकार प्रसन्न होती है जैसे चिरकाल के बाद आए सखा को देखकर सखी। जो कुलीन, शीलवती एवं पतिव्रता है, उस स्त्री को 'सखी भार्या' कहते हैं।"[33]

अन्त में सातवें प्रकार की पत्नी 'दासी भार्या' के लक्ष्णों का इस प्रकार विवरण दिया गया है:

"क्रोध करने पर जो शान्त रहती है और मार एवं दण्ड से दबी रहती है अच्छे चित्त वाली होती है पति का सहन करने वाली होती है, क्रोध नहीं करती है, पति के वश में रहती है, इस प्रकार की स्त्री 'दासी भार्या' कहलाती है।"[34]

इन सात प्रकार की पत्नियों का वर्णन करने के बाद बुद्ध सुजाता से कहते हैं कि इनमें से 'बधका' चोर और 'आर्या' ये तीन प्रकार की भार्या नरक में पैदा होती हैं और मरने के बाद भी नरक जाती हैं, जबकि 'माता', 'भगिनी', 'सखी' और 'दासी' भार्या देवलोक में जन्म लेती हैं और मरने पर सुगति को प्राप्त करती हैं। 'सुजाता जातक' में बुद्ध द्वारा जिन सात प्रकार की पत्नियों का वर्णन किया गया है, उसमें पति के लिए हमेशा मंगल कामना करने वाली, उसकी तथा उसके कमाए हुए धन की रक्षा करने वाली, उसके प्रति गौरव का भाव रखने वाली, पति के वश में रहने वाली तथा उसके अनुकूल आचरण करने वाली, पति के क्रोध को सहकर भी क्रोध न करने वाली, लज्जाशील, शीलवती एवं पतिव्रता स्त्री को प्रशंसा की दृष्टि से देखा गया है। इसके विपरीत पति की अवहेलना करने वाली, दूसरे पुरुषों में अनुरक्त रहने वाली पुरुष के धन में से कुछ ले लेने की इच्छा रखने वाली, क्रोधी, अकर्मण्य

ज़्यादा खाने वाली एवं सेवकों के साथ अप्रिय व्यवहार करने वाली स्त्रियों की निन्दा की गयी है। इसीलिए इन्हें नरक में जन्म लेने वाली तथा मृत्यु के बाद भी नरक में जानेवाली बताया गया है। ऊपर जिन गुणों एवं अवगुणों का वर्णन किया गया है, उनमें से अधिकांश पुरुष और स्त्री दोनों पर लागू होने वाले हैं, लेकिन स्त्रियों की तरह पुरुषों का ऐसा सांस्थानिक वर्गीकरण तत्कालीन साहित्य में नहीं मिलता है। अन्य अनेक जातक कथाओं में भी स्त्रियों के उन सदगुणों और दुर्गुणों का विस्तार से विवरण मिलता है। 'उच्छंग जातक' में पुरुष को स्त्री को प्रश्रय देने वाले के रूप में चित्रित करते हुए उसे 'स्त्री की चादर' कहा गया है। कथा कुछ इस प्रकार है कि एक समय कौसल प्रदेश में तीन व्यक्ति एक जंगल के पास खेती करते थे। उन्हीं दिनों कुछ चोर लोगों को लूटकर जंगल के अन्दर भाग गए। चोर पकड़ने वालों को जब चोर नहीं मिले तो इन तीनों को यह कहकर राजा के पास पकड़कर ले गए कि तुम लोग डाका डालकर यहाँ किसानों के वेश में छिपे हो। उसी समय एक स्त्री 'मुझे वस्त्र दो मुझे वस्त्र दो' कहती हुई बार-बार रोती-पीटती राजभवन के पास से गुजरती है। राजा ने इस स्त्री के शब्द सुनकर परिचारकों से कहा - इसे वस्त्र दे दो। राजभवन के कर्मचारी उसके पास वस्त्र लेकर गए। उन्हें देखकर स्त्री ने कहा - मुझे यह चादर (वस्त्र) नहीं चाहिए। मुझे तो मेरा स्वामी चाहिए। कर्मचारियों ने राजा को बताया कि महाराजा यह ऐसी चादर नहीं चाहती है, वह स्वामी रूपी चादर चाहती है। जब राजा ने उस स्त्री को बुलकार पूछा तो उसने कहा :

"देव! स्त्री की चादर उसका स्वामी ही है। बिना स्वामी के बहुमूल्य वस्त्र पहनने पर भी स्त्री नंगी ही है। अपने पक्ष के समर्थन में उसने यह सूक्त कहा: "बिना पानी के नदी नग्न होती है, बिना राजा के राष्ट्र नग्न होता है, विधवा स्त्री नग्न होती है चाहे उसके दस भाई क्यों न हो।"[35]

उपर्युक्त दृष्टान्त से स्पष्ट है कि बौद्धकालीन समाज में स्त्रियों की स्वतन्त्र सामाजिक अस्मिता महत्त्वपूर्ण नहीं रह गयी थी। पुरुषों की छत्रछाया में एक पतिव्रता अनुगामिनी के रूप में वह समाज में प्रशंसा का पात्र थीं, न कि स्वतन्त्रचेता मुक्तिकामी व्यक्ति के रूप में।

'स्त्री की पवित्रता को जातक कथाओं में काफी महत्त्व दिया गया है। 'संबुला जातक', 'कट्ठहारि जातक', 'पण्णिक जातक' जैसी अनेक कथाओं में स्त्री की पवित्रता को आधार बनाया गया है। ऐसा लगता है कि तत्कालीन समाज में स्त्री की पवित्रता अत्यन्त महत्त्वपूर्ण मानी जाती थी और किसी स्त्री के चरित्र के आकलन

का यह एक मुख्य आधार था। पवित्रता पर सन्देह होने की स्थिति में इन स्त्रियों को परीक्षा देकर अपनी शुचिता प्रमाणित करनी पड़ती थी। जातक कथाओं में इसे 'सच्चक्रिया' कहा गया है जो रामायण में वर्णित अग्निपरीक्षा से काफ़ी मिलती है। संबुला जातक[36] की कथा भी रामायण में वर्णित सीता की कथा से साम्य रखती है। इसके अनुसार संबुला एक राजपुत्री थी जो पिता द्वारा अपने कोढ़ी पति को वनवास दिए जाने के कारण स्वयं भी उसकी सेवा के लिए वनवास ग्रहण करती है। लेकिन वही पति एक बार उसके चरित्र पर शंका प्रकट करता है। अपनी पवित्रता को प्रमाणित करने के लिए वह सच्चक्रिया करती है। अन्त में उसकी जीत होती है और राजा अपने किए पर पश्चाताप करता है। इसी प्रकार की कथा 'कट्ठहारि जातक'[37] में भी है, जिसमें एक स्त्री सार्वजनिक सभा में अपनी पवित्रता साबित करने के लिए सच्चक्रिया करती है। कथा संक्षेप में उद्धृत किया जा रहा है :

एक समय वाराणसी में ब्रह्मदत्त नामक राजा राज्य करता था। एक दिन वह अपने उद्यान में घूम रहा था कि वन प्रान्तर में लकड़ी चुनने वाली स्त्री के मधुर संगीत से वह उसकी ओर आसक्त हो गया। राजा ने उस स्त्री के साथ सहवास किया जिससे वह स्त्री गर्भवती हो गयी। उसने राजा से कहा—हे देव! मैं गर्भवती हो गयी हूँ। तब राजा ने अँगूठी देकर कहा—यदि लड़की हो तो उस अँगूठी को बेचकर उसका पालन-पोषण करना। यदि लड़का हो तो अँगूठी के साथ उसे मेरे पास ले आना। कुछ समय बाद उस स्त्री ने एक लड़के को जन्म दिया जो बोधिसत्व ही थे। बड़े होने पर लड़के ने अपनी माता से पिता के पास ले जाने का जिद किया। अपने बेटे का विचार जान वह राजदरबार में पहुँच गयी और राजा के बुलाने पर अपने बेटे को दिखाकर कहा—देव! यह तुम्हारा पुत्र है! पहचानते हुए भी राजा ने लज्जा के मारे सभा में कहा—यह मेरा पुत्र नहीं है।

देव! यह तुम्हारी अँगूठी है, इसे तो पहचानते हैं।

यह अँगूठी भी मेरी नहीं है। राजा ने कहा।

देव! तो अब मेरे पास 'सच्चक्रिया' के अतिरिक्त कोई दूसरा साक्ष्य नहीं है। 'यदि यह बालक आपका है तो आकश में ठहरे, नहीं तो भूमि पर गिरकर मर जाए।' यह कहते हुए उसने बालक को पैरों से पकड़ आकाश में उछाल दिया। बालक के रूप में बोधिसत्व ने आकाश में पालथी मार मधुर स्वर से पिता का कर्तव्य समझाते हुए राजा से यह गाथा कही :

महाराज! मैं तुम्हारा पुत्र हूँ। तुम मेरा पालन करो। तुम तो औरों का भी पालन करते हो, फिर अपनी सन्तान की तो बात ही क्या है?

राजा ने बोधिसत्व को आकाश में बैठे धर्मोपदेश करते देख उसे अपने पुत्र के रूप में स्वीकार कर लिया। राजा ने उसे उपराजा और उसकी माता को पटरानी बना दिया।

एक अन्य कथा 'पण्णिक जातक'[38] में एक पिता अपनी बेटी की पवित्रता की परीक्षा लेता है कि ताकि उसे समाज में निन्दित न होना पड़े। इन संदर्भों से यह स्पष्ट होता है कि स्त्री की पवित्रता सम्बन्धी अवधारणा इस समय तक समाज में बहुमान्य हो चुकी थी और किसी स्त्री के मूल्यांकन में उसकी अहम भूमिका था। इसके विपरीत बहुपत्नी प्रथा एवं एक पुरुष द्वारा कई स्त्रियों से समागम के प्रसंग भरे पड़े हैं लेकिन सामाजिक दृष्टि से इसे गर्हित मानते हुए भी पुरुषों को किसी परीक्षा से गुजरने की आवश्यकता नहीं थी न ही उनकी सामाजिक प्रतिष्ठा में इससे कुछ खास प्रभाव पड़ता था। ऐसा प्रतीत होता है कि इस काल तक आते-आते स्त्रियों पर नियन्त्रण स्थापित करने के लिए पुरुषों ने 'पवित्रता' के नायाब नुस्खे को खोज लिया था, जो एक तरफ़ा कार्य करता था, पुरुष के पक्ष में। वह जब चाहे स्त्री के चरित्र के सम्बन्ध में शंका प्रकट करके उसे अपनी पवित्रता साबित करने के लिए कह सकता था लेकिन वह उस पर लागू नहीं होता था।

इन जातक कथाओं में स्त्रियों के चरित्र को केन्द्र में रखकर भी अनेक कथाएँ बुनी गयी हैं। इनमें एक ओर तो स्त्रियों को चरित्रहीन, कामुक और दुराचारी बताया गया है तो दूसरी ओर उन्हें अवश्विसनीय अकृतज्ञ एवं मित्रद्रोही दिखाया गया है। पहले प्रकार की कथाओं में 'कुणाल जातक'[39], 'दुराजान जातक'[40], 'असातमन्त जातक'[41], 'उच्छिठभत्त जातक'[42], 'वातमिग जातक'[43], 'वालाहस्स जातक'[44] जैसी कथाओं को रखा जा सकता है। इन कथाओं में स्त्री को उद्दाम काम वासना का स्रोत मानते हुए यह दर्शाया गया है कि इसकी तृप्ति के लिए वह किसी भी हद तक जा सकती है। इस सम्बन्ध में 'बन्धनमोक्ख जातक' की कथा को संक्षेप में प्रस्तुत करना समीचीन प्रतीत होता है। प्राचीन काल में राजा ब्रह्मदत्त के समय बोधिसत्व ने पुरोहित के घर में जन्म लिया एवं पिता की मृत्यु के बाद राजा का पुरोहित बन गया।

एक बार उस राजा के राज्य में विद्रोह हो गया। उसे दबाने के लिए राजा ने सेना इकटठा कर प्रस्थान करने से पहले अपनी पत्नी से कहा–मुझे विद्रोह दबाने के लिए यहाँ से बाहर जाना पड़ेगा। ऐसी जगहों में स्त्रियों को साथ ले चलना कठिन है, अत: तुम यहीं रहो। उसकी पत्नी ने कहा–महाराज! मैं यहाँ नहीं रह सकती। राजा के बार-बार समझाने पर उसने कहा–अच्छा! तो एक योजन पर पहुँच कर मेरा कुशल समाचार जानने के लिए एक-एक आदमी भेजना होगा। राजा ने यह बात

स्वीकार कर लिया।

बोधिसत्व (पुरोहित) को नगर में छोड़ बड़ी भारी सेना के साथ उसने प्रस्थान किया और एक-एक योजन पर एक-एक आदमी को रानी का कुशल समाचार पूछने के लिए भेजता रहता। इस तरह बत्तीस योजन की यात्रा तय करते हुए राजा ने बत्तीस लोगों को इस प्रयोजन से रानी के पास भेजा। रानी आने वाले हर व्यक्ति से पूछती–राजा ने तुम्हें किसलिए भेजा है? 'तुम्हारा कुशल जानने के लिए' कहने पर उनसे कहती–तो आओ, मेरे साथ सहवास करो। इस प्रकार राजा द्वारा भेजे गए सभी व्यक्तियों के साथ उसने सहवास किया। उपद्रव दबाकर वापस लौटते समय भी राजा ने प्रत्येक योजन पर एक-एक आदमी रानी के पास भेजा और रानी ने सबके साथ वही कार्य किया।

एक दिन जब बोधिसत्व राजा के नगर वापस आने के स्वागत कार्यक्रम के दौरान राजमहल पहुँचा, तब उसके सुन्दर शरीर को देखकर कामासक्त रानी ने उसे भी सहवास करने का निमन्त्रण दिया, लेकिन बोधिसत्व ने उसके प्रस्ताव को ठुकरा दिया। उस पर बोधिसत्व को धमका कर वह अपने महल में वापस लौट आयी। वहाँ अपने शरीर पर नाखून के खरोंच का निशान बनाकर राजा के लौटने पर उससे शिकायत किया कि बोधिसत्व ने उसके साथ समागम किया है। इस बात से नाराज होकर राजा ने अपने परिचारकों को बोधिसत्व को बन्दी बनाकर वध करने की आज्ञा दे दी। बोधिसत्व के यह कहने पर कि वध होने से पहले उसे राजा से मिलकर, राज्य की धन सम्पत्ति के बारे में बताना है, राज कर्मचारी उसे राजा के पास ले गए। उसे देखते ही राजा ने कहा–तूने ऐसा पापकर्म क्यों किया? इस पर बोधिसत्व ने कहा–मैंने कभी हिंसा नहीं की तिनके की भी चोरी नहीं की, कभी कामुक दृष्टि से किसी स्त्री को नहीं देखा, मैंने कभी झूठ नहीं बोला कभी मद्यपान नहीं किया। मैंने कोई अपराध नहीं किया। तुम्हारी पत्नी ने कामासक्त होकर मुझ से सहवास करने के लिए कहा और मेरे द्वारा अस्वीकार करने पर यह षडयन्त्र रचा। आप चाहें तो उन चौसठ लोगों से पूछ सकते हैं जिनको आपने रानी के पास कुशल समाचार के लिए भेजा था और जिन्होंने रानी के कहने पर उसके साथ समागम किया।

राजा ने उन चौसठ लोगों को बँधवाकर उनसे जब इस बारे में पूछताछ किया तो सबने सत्य स्वीकार कर लिया। इसके बाद इन सभी का सिर काटने का आदेश दिया। तब बोधिसत्व ने कहा–महाराज! इनका दोष नहीं। रानी ने अपनी मर्जी चलाई। इसलिए उन लोगों को क्षमा करें। दोष रानी का भी नहीं है। स्त्रियों को मैथुन से संतुष्टि नहीं होती। यह उनका जातीय स्वभाव है। अत: इन्हें भी क्षमा करें।

बोधिसत्व का धर्मोपदेश सुन राजा ने सबको क्षमा कर दिया और स्वयं संन्यासी हो गया। इसी प्रकार 'कुणाल जातक' में स्त्री की कामभावना को अदम्य बताया गया है, इस कथा में आचार्य बोधिसत्व को बताता है कि स्त्रियाँ असाध्वी एवं निकृष्ट होती हैं। इसलिए अत्यन्त वृद्ध अवस्था में भी चित्त में रागोत्पत्ति के कारण अपने उपकारी पुत्र को मारने के लिए तैयार हो जाती है। यद्यपि अन्धी, जराजीर्ण ओर एक सौ बीस वर्ष की बूढ़ी स्त्री का कामासक्ति के कारण अपने उपकारी पुत्र को मारने का प्रयास करना मनुष्य की तर्कशक्ति को बिल्कुल अपील नहीं करती है। इसी प्रकार 'राध जातक'[45] में स्त्री की अनियन्त्रित काम भावना को दर्शाते हुए कहा गया है कि स्त्रियों को सिर पर उठाकर फिरने से भी उन्हें अनाचार करने से नहीं रोका जा सकता है। इस कथा में एक ब्राह्मण व्यापार के लिए नगर से बाहर जाते समय अपने दोनों तोतों से अपनी पत्नी को अनाचार से रोकने के लिए कहता है। उसके जाने के बाद ब्राह्मणी अनाचार में संलग्न हो गयी और उसके घर आने जाने वालों की सीमा न रही। इसे देखकर जब पोट्ठपाद नामक तोते ने ब्राह्मणी को इस कार्य सेविरत रहने की बात कही तो उसने गुस्से में उस तोते को पकड़कर गर्दन मरोड़कर चूल्हे में फेंक दिया। इसी प्रकार 'उच्छिठभत्त जातक', 'दुराजान जातक' जैसी अनेक कथाओं में उनके अनिर्बंध कामासक्ति को दर्शाया गया है।

इस कामासक्ति से जुड़ी एक और बात जो अनेक जातक कथाओं में दर्शायी गयी है वह है पुरुषों को आसक्त कर उन्हें चरित्र भ्रष्ट करने की भावना। इन सभी कथाओं में पुरुष में उत्पन्न कामभावना एवं उनके चारित्रिक पतन के लिए स्त्रियों को ही दोषी ठहराया गया है यहाँ तक कि पशु पक्षियों में भी अनिष्ट के लिए स्त्रियों को ही उत्तरदायी माना गया है। इस दृष्टि से 'दुराजान जातक', 'अनभिरत जातक'[46], 'वातमिग जातक', 'कंडिन जातक'[47] जैसी कथाएँ उल्लेखनीय है। इन कथाओं में न केवल नारियों को कामुक और दुश्चरित्र कहा गया है, बल्कि उन्हें दुर्बोध भी बताया गया है अर्थात् उनके चरित्र को समझना अत्यन्त दुष्कर कार्य है। इस सम्बन्ध में 'दुराजान जातक' की कथा को संक्षेप में उद्धृत करना समीचीन होगा :

प्राचीन समय में वाराणसी में ब्रह्मदत्त नामक राजा राज्य करता था। उसी समय बोधिसत्व लोक प्रसिद्ध आचार्य के रूप में जन्म ग्रहण करके ब्रह्ममचारियों (माणवकों) को विद्या पढ़ाते थे। उसके यहाँ दूर देश से एक ब्राह्मण भी विद्या सीखने आया और एक स्त्री पर आसक्त होकर उसे अपनी पत्नी बनाकर रहने लगा। उसकी पत्नी अत्यन्त कठोर स्वभाव की एवं अनाचार में संलग्न रहने वाली थी। उससे

परेशान हाकर ब्राह्मण कई दिनों तक आचार्य के यहाँ नहीं गया। सात-आठ दिनों बाद उनके पास आने पर आचार्य ने पूछा–माणवक! क्यों दिखाई नहीं देते? उसने उत्तर दिया–आचार्य! मेरी भार्या एक दिन तो चाहती है, दासी की तरह नम्र होती है। लेकिन दूसरे दिन स्वामिनी की तरह कठोर होती है। मैं उसके मन की बात नहीं समझ पाता हूँ। इसी बात से पेरशान होकर आपकी सेवा में नहीं आया।

आचार्य ने कहा–यह ऐसा ही है। अनाचार करने के दिन तो स्त्रियाँ स्वामी का अनुसरण करती हैं, दासी की तरह नम्र होती हैं लेकिन अन्य दिनों में अभिमान के वशीभूत होकर उसका कद्र नहीं करती हैं। उनके मन की बात जानना दुष्कर है। उनके चाहने पर और न चाहने पर दोनों स्थितियों में उनके साथ उपेक्षा का ही व्यवहार करना चाहिए। उपदेश के रूप में उन्होंने यह गाथा कही–

'मुझे चाहती है' यह सोचकर प्रसन्न न हों, 'मुझे नहीं चाहती है', यह सोचकर खिन्न भी न हों, पानी में मछलियों की चाल की तरह स्त्रियों के मन की बात समझना दुष्कर है।[48]

इसी प्रकार 'अनभिरत जातक' में बताया गया है कि स्त्रियाँ स्वभाव से दुश्चरित्र होती हैं। जैसे नदी, महामार्ग, शराबखाने, धर्मशालाएँ तथा प्याऊ सबके लिए सुलभ होते हैं, वैसे ही लोक में स्त्रियाँ होती हैं। अत: बुद्धिमान लोग उनके विषय में क्रोध नहीं करते हैं।[49]

स्त्रियों को न केवल मानव समाज में बल्कि मानवेतर जगत में भी पुरुषों के चारित्रिक पतन एवं दुर्गति का कारण माना गया है। 'कण्डिन जातक' में एक हिरणी पर आसक्त होने के कारण मृग शिकारी के हाथों मारा जाता है। हिरणी मुनष्य गन्ध सूँघकर हिरण को आगे कर देती है और स्वयं तो छलाँग लगाकर हवा की गति से भाग जाती है लेकिन आगे-आगे चलने के कारण हिरण शिकारी के हाथों मारा जाता है। आगे इस कथा में कहा गया है कि यह मूर्ख मृग न तो माता के लिए मरा, न पिता के लिए, बल्कि यह कामुकता के कारण मरा। इस कामुकता या स्त्री संसर्ग के कारण प्राणी की अनेक प्रकार से दुगर्ति होती है। दूसरों को मारना लोक में निन्दनीय है, उसी प्रकार जिस देश पर स्त्री शासन करती है, स्त्री की अधीनता में रहने वाला वह देश भी निन्दनीय है। साक्ष्य के रूप में यह गाथा कही गयी :

"बाण से किसी प्राणी का शरीर बेधने वाले मुनष्य को धिक्कार है, जिस जनपद का स्त्रियाँ संचालन करती हैं, उस जनपद को धिक्कार है, जो प्राणी स्त्रियों के वशीभूत होते हैं, उन प्राणियों को धिक्कार है।"[50]

उपर्युक्त प्रसंग में न केवल स्त्रियों को प्राणी के पतन का कारण बताया गया है बल्कि उन्हें समाज में किसी भी नेतृत्व सम्बन्धी भूमिका (Leadership) के लिए सर्वथा अनुपयुक्त माना गया है। इसीलिए उस राष्ट्र एवं जनपद की निंदा की गयी है जो स्त्रियों के नियन्त्रण हैं। निश्चित रूप से ऐसे उद्धरण इस बात का स्पष्ट संकेत करते हैं कि न केवल बौद्ध धर्म में बल्कि तत्कालीन समाज में भी नेतृत्वकारी या प्रभावशाली भूमिका में स्वतन्त्रचेता स्त्रियों का अस्तित्व समाप्त हो गया था। उनकी उपस्थिति केवल पुरुषों के संरक्षण में उनके मनोनुकूल आचरण करने तक सीमित हो गयी थी, चाहे वह पारिवारिक जीवन में पतिव्रता गृहस्थ नारी के रूप में हो या भिक्षुणी के रूप में संन्यासी के जीवन में।

इनके अतिरिक्त अनेक कथाएँ ऐसी भी हैं जिनमें स्त्रियों को भिक्षुओं को पथभ्रष्ट करते हुए दर्शाया गया है तथा एक बार अपनी ओर आकर्षित जानकर भिक्षुओं को रोजमर्रा के कामों में फँसाकर उनसे अनर्गल माँगें मनवाकर उन्हें धर्म के उच्च पद से अपदस्थ करते हुए भी बताया गया है। 'वातमिग' जातक में एक गणिका द्वारा भिक्षु को धर्मभ्रष्ट करने की कथा है। कथा संक्षेप में इस प्रकार है :

एक बार एक समृद्धिशाली सेठ का पुत्र तिष्यकुमार ने महात्मा बुद्ध के पास प्रवज्या ग्रहण किया। उसके संन्यास ले लेने से माता-पिता अत्यन्त दुखी थे और अपने पुत्र को याद कर रोते रहते थे। एक वेश्या ने सेठानी को रोते देखकर पूछा– आप क्यों रोती हो? सेठानी से सारी बातें सुनने के बाद उसने कहा–यदि तुम इस घर की सारी धन दौलत मुझे दे दो तो मैं तुम्हारे बेटे को वापस ले आऊँगी। सेठानी ने यह बात स्वीकार कर ली। इसके बाद उस गणिका ने श्रावस्ती पहुँचकर उसी गली में घर ले लिया जिसमें सेठानी का पुत्र स्थविर के रूप में रोज भिक्षा माँगने आता था। फिर स्थविर के भिक्षाटन के समय अपने लोगों के साथ मौजूद रहकर उसे उदारतापूर्वक भिछा देने लगी। धीरे-धीरे उसने स्थविर को घर के भीतर बिठाकर भिक्षा देने के लिए मना लिया।

जब उस गणिका को यह पक्का हो गया कि स्थविर उसके आकर्षण में बँध गया है तब एक दिन रोगी होने का बहाना बनाकर वह घर के भीतर लेट गयी। जब स्थविर भिक्षाटन के लिए आया तो गणिका को अनुपस्थित पाकर उसके परिचारकों से पूछा कि उपासिका कहाँ है? परिचारिकों द्वारा यह बताने पर कि वह रोगग्रस्त है और आपके दर्शन करना चाहती है, स्थविर अपनी प्रतिज्ञा भंग कर उसके पास पहुँच गया। उस गणिका ने स्थविर को कामासक्त जानकर पहले उसका चीवर उतरवा दिया और फिर अपनी गाड़ी में बिठाकर वापस लेकर चली गयी। इस प्रकार उस

गणिका द्वारा एक स्थविर को अपने आकर्षण में बाँधकर धर्म पथ से विमुख कर दिया गया।

'उदंचनि जातक'[51] में भी एक स्त्री द्वारा बोधिसत्व के पुत्र चुल्लतापस को मोहित कर उसे गुलाम की तरह पीड़ा देने को दर्शाया गया है। कथा के अनुसार बोधिसत्व का पुत्र चुल्लतापस एक स्त्री के प्रति अनुरक्त होकर चिन्तित अवस्था में पड़ा हुआ था। उसकी ऐसी दशा देखकर बोधिसत्व ने जब इसका कारण पूछा तो उसके पुत्र ने कहा–मैं एक स्त्री के प्रति अनुरक्त हूँ। आपसे आज्ञा लेकर मैं उसके साथ जाऊँगा। बोधिसत्व ने यह सोचकर जाने की आज्ञा दे दी कि स्त्री प्रेम में आसक्त इस व्यक्ति को रोका नहीं जा सकता और उससे कहा– जब यह नमक, तेल की माँग करेगी तथा 'यह ला वह ला' कहकर तुम्हें परेशान करेगी तब तुम भागकर यहीं आ जाना। बोधिसत्व का पुत्र चुल्लतापस उस स्त्री के साथ बस्ती में रहने लगा और उसे अपने वश में जानकर वह दास की तरह दैनिक कार्यों में उलझाए रखती। कभी कहती–मछली ला, मांस ला और इसी तरह के अन्य कार्यों में दास की तरह लगाये रखती। इससे तंग आकर चुल्लतापस भागकर पिता के पास आ गया और खड़े-खड़े यह गाथा कही–

"जल निकालने वाली मटकी की तरह भार्या के रूप में यह चोरनी, मुझे मीठे शब्दों से लुभाकर नमक तेल माँग कर जलाती रहती है।"[52]

'मृदुलक्खन जातक'[53] एवं 'पुप्फरत जातक'[54] में भी स्त्रियों द्वारा अनेक प्रकार के बेसिर पैर की माँगों से पुरुषों को सन्त्रास देने की कथाएँ हैं। 'मृदुलक्खन जातक' की कथा के अनुसार प्राचीन समय में एक बार बोधिसत्व काशी के महाधनी ब्राह्मण कुल में उत्पन्न हुए थे। सभी शिल्प एवं विद्याओं में पारंगत होकर उसने संन्यास ग्रहण किया और हिमालय प्रदेश में रहने लगा। एक बार नमक खटाई खाने के लिए वह हिमालय प्रदेश से उतरकर काशी के राजा के राजदरबार में पहुँचा। राजा ने उसका समुचित सेवा सत्कार करके उससे राज उद्यान में ठहरने का अनुरोध किया। उसने उस उद्यान में सोलह वर्ष बिताये। एक दिन राजा अपने सीमान्त प्रदेश में उपद्रव शान्त करने के लिए जाते समय अपनी मृदुलक्षणा नामक पटरानी को भिक्षु के उचित सेवा सत्कार करते रहने की सलाह दिया। राजा के जाने के बाद बोधिसत्व अपनी मरजी से उसके घर आता-जाता। एक दिन मृदुलक्षणा सुगन्धित जल से नहाकर सुसज्जित होकर भोजन तैयार कर उसकी प्रतीक्षा में लेटी हुई थी। तभी अचानक बोधिसत्व के आने की आहट पाकर तेजी से उठने के कारण उसका महीन वस्त्र शरीर से खिसक गया और छज्जे पर से आते हुए बोधिसत्व ने उसे इस

रूप में देख लिया। उसे देखते ही भिक्षु कामभावना से ग्रस्त होकर निराहर रहते हुए सात दिन बिस्तर पर ही बिता दिया।

राजा ने वापस आने पर बोधिसत्व की ऐसी दशा देखकर समझा कि उसे कोई रोग हो गया है। उसने तुरन्त पर्णशाला की अच्छी से सफ़ाई करवाकर आदर के साथ भिक्षु से उसकी समस्या के बारे में पूछा। उसने राजा को बताया कि उसका मन मृदुलक्षणा के प्रति आसक्त हो गया है और उसी कारण किसी भी बात में उसका चित्त नहीं रमता। बोधिसत्व की यह बात सुनकर राजा ने मृदुलक्षणा को अलंकारों से सुसज्जित कर उसे सुपुर्द कर दिया। ज्योंहि बोधिसत्व मृदुलक्षणा के साथ बाहर निकला उसने भिक्षु से कहा–आर्य! हमें एक घर लेना चाहिए, जाकर राजा से एक घर माँग लीजिए। राजा ने उसे एक खाली पड़ा घर दे दिया। फिर उसने बोधिसत्व से इसे साफ़ करने, गोबर से लीपने के लिए कहा और उसने वैसा ही किया। उसके बाद चारपाई, दीपक, बिछौना, घड़ा इत्यादि लाने की माँग की और बाधिसत्व ने वैसा ही किया। फिर घड़ा में पानी भरने, स्नान घर में पानी रखने और बिछौना बिछाने के लिए कहा और बोधिसत्व ने यह आदेश पूरा किया। उसके बाद चारपाई पर साथ में बैठते समय बोधिसत्व को दाढ़ी से पकड़कर अपमानित करते हुए मृदुलक्षणा ने कहा तुम्हें अपने श्रमण होने का तनिक भी ख़याल नहीं? तब जाकर बोधिसत्व को अकल आई और उसका अज्ञान दूर हो गया। उसने मृदुलक्षणा को ले जाकर राजा को वापस करते हुए कहा–

"मृदुलक्षणा के मिलने से पहले केवल यही एक इच्छा थी। लेकिन जब से यह विशालाक्षी मिली है, तब एक इच्छा से दूसरी इच्छा पैदा हो रही है।"[55]

उपर्युक्त प्रसंग में एक स्त्री को भिक्षु के चारित्रिक पतन का उत्तरदायी एवं सभी प्रकार की तृष्णाओं का स्त्रोत दर्शाया गया है। 'पुप्फरत्त जातक' में भी एक गरीब घर की स्त्री द्वारा केसर रंग का वस्त्र पहनने की जिद को दर्शाया गया है। इस जिद को पूरा करने के लिए केसर लाने की अद्विग्नता में उसका पति राजा के बाग से केसर चोरी करने का प्रयास करता है और राजकर्मियों द्वारा पकड़ा जाता है। इसके बाद राजा की आज्ञा से उसे फाँसी दे दी जाती है। इस प्रकार रोजमर्रा के तुच्छ कार्यों में फँसाकर एवं अपनी उल जुलूल माँगों से संन्यासियों एवं गृहस्थों को प्रताड़ित करने की अनेक कथाएँ जातक कथाओं में मिलती है।

जातक कथाओं में स्त्री जीवन से सम्बन्धित एक और बात जो बार-बार दुहरायी गयी है वह है उनका अविश्वासी, अकृतज्ञ एवं मित्र द्रोही होना। 'अट्ठान जातक'[56], 'तक्क जातक'[57], 'चुल्लपदुम जातक'[58], एवं 'अण्डभूत जातक'[59] इस दृष्टि से

उल्लखनीय कथाएँ हैं। 'चुल्लपदुम' जातक में एक ऐसे अकृतज्ञ स्त्री की कथा है जो अपनी जाँघ का लहू पिलाकर जीवनदान देने वाले पति को भी धोखा देती है और एक लंगड़े व्यक्ति पर आसक्त होकर उसके साथ सम्बन्ध बनाती है। कथा संक्षेप में इस प्रकार है :

प्राचीन समय में वाराणसी में राजा ब्रह्मदत्त के समय बोधिसत्व उसके पुत्र के रूप में उत्पन्न हुए। उसका नाम पदुम कुमार था। उसके छह और भाई थे और सभी भाई सुखी वैवाहिक जीवन व्यतीत कर रहे थे। एक दिन राजा के मन में यह शंका उत्पन्न हुई कि ये बलशाली युवक कहीं मुझे मारकर राज्य न हड़प लें। ऐसा विचार आते ही उसने सभी पुत्रों को नगर से बाहर चले जाने का आदेश दिया यह कहते हुए कि मेरे मरने पर आकर अपना राज्य प्राप्त करना। सभी भाई अपनी-अपनी पत्नियों को लेकर नगर से बाहर चले गए। कुछ दिनों तक भटकते रहने के बाद भूख से व्याकुल होकर उन्होंने विचार किया कि जीवन बचने पर स्त्रियाँ मिल जायेंगी, अभी प्राण रक्षा के लिए स्त्रियों को मारकर खा लिया जाये। सबसे पहले छोटे भाई की पत्नी को मारकर उसके तेरह टुकड़े कर उसका माँस खाया। बोधिसत्व ने अपने और अपनी पत्नी के दो हिस्सों में से एक को सुरक्षित रख केवल एक टुकड़े से काम चलाया। इस तरह छह दिनों में उसके पास छह टुकड़े बच गए। अन्त में बोधिसत्व की पत्नी की बारी आयी। उसने अपने भाइयों को माँस के बचे हुए टुकड़े देकर एक दिन के लिए उसे सुरक्षित कर लिया। अगले दिन सुबह जब सभी भाई सो रहे थे वह अपनी पत्नी को साथ लेकर वहाँ से निकल गया। रास्ते में उसकी पत्नी ने पानी के लिए आग्रह किया तब बोधिसत्व ने पानी का कोई उपाय न देखकर उसे अपनी दाँयी जाँघ का लहू पिलाकर उसकी प्राणरक्षा की। उसके बाद वे लोग गंगा के किनारे एक स्थान पर आश्रम बनाकर बस गये।

एक दिन गंगा के किनारे नाक कान काटकर बोरे में भरे हुए एक चोर की करुण पुकार सुनायी दिया। पुकार सुनकर बोधिसत्व उसे उठाकर आश्रम ले आया और उसकी अच्छे ढंग से देखभाल की। उस अपंग व्यक्ति के पूरी तरह ठीक हो जाने पर बोधिसत्व की पत्नी उसकी ओर आकृष्ट हो गयी और उसने उस अपंग के साथ समागम किया। फिर किसी उपाय से वह बोधिसत्व को ठिकाने लगाने के बारे में सोचने लगी। एक दिन देवता को बलि अर्पित करने के बहाने पर्वत पर ले जाकर उसने बोधिसत्व को पर्वत से नीचे गिरा दिया। लेकिन पेड़ की शाखाओं में अटककर उसकी जान बच गयी और वह अपने पिता की मृत्यु के बाद वाराणसी का राजा बन गया। इधर उस अपंग को कन्धे पर बिठाकर वह स्त्री बस्तियों में भिक्षाटन

करने लगी और लोग करूणा के वशीभूत होकर उसे काफी भिक्षा देने लगे। फिर लोगों ने उसे वाराणसी के राजा के उदारता के बारे में बताया और काफ़ी धन पाने की लालसा में वह अपंग के साथ वाराणसी के राजदरबार पहुँच गयी। वहाँ राजा ने उस स्त्री को पहचान लिया और उस अपंग को मूसल से मार डालने और उस स्त्री के नाक कान कटने का आदेश दिया। बाद में क्रोध शान्त होने पर उन्होंने इन दोनों को राज्य से बाहर निकाल दिया।

स्त्री की कृतघ्नता की ऐसी ही एक कथा 'तक्क जातक' में भी मिलती है। उस कथा में स्त्रियों को कृतघ्न और मित्रों में फूट डालने वाली बताया गया है। कथा संक्षेप में यह है कि एक बार गंगा में बहती हुई स्त्री को भिक्षु बचाकर लाते हैं और उसके द्वारा अच्छी तरह देखभाल के कारण वह स्त्री शीघ्र ही पूर्णत: स्वस्थ हो जाती है। उसके बाद वह भिक्षु का ब्रह्मचर्य नष्ट कर उसे धर्म पथ से विरत कर देती है। स्त्री के मोहपाश में बँधकर वह भिक्षु पास के एक सीमान्त गाँव में रहने लगा और मट्ठा बेचकर परिवार का पालन करने लगा। एकदिन चोरों का दल उस गाँव में लूटपाट करके उस स्त्री को भी उठाकर ले गया और दल के सरदार ने उसे अपनी पत्नी बना लिया। इधर बोधिसत्व अपनी पत्नी की चिन्ता में डूबा था उधर वह स्त्री सोच रही थ्री कि मैं यहाँ सुख से हूँ, कहीं वह भिक्षु मुझे वापस न ले जाए। अत: अपने दुखी होने का झूठा समाचार भिक्षुक तक भेजकर उसे साथ ले जाने के लिए अपने पास बुला लिया। उसके बाद चोरों ने उसे पकड़ कर खूब पीटा और बाँधकर एक ओर डाल दिया। पिटते समय वह एक ही बात बार-बार दुहराता–क्रोधी, अकृतज्ञ, चुगलखोर, मित्रों में फूट डालनेवाली[60]। जब चोरों ने इस विषय में उससे पूछा तो उसने पूरी कथा विस्तार से कह सुनायी। चोर सोचने लगा कि जब इसने उपकार करने वाले व्यक्ति के साथ ऐसा व्यवहार किया, तो मेरे साथ क्या उपद्रव नहीं करेगी? ऐसा सोचकर चोरों ने उस स्त्री का वध कर दिया।

कृतघ्नता के अतिरिक्त स्त्री चरित्र के एक और लक्षण को इन कथाओं में दुहराया गया है, वह है उनकी अविश्वसनीयता। 'अण्डभूतजातक' में यह दर्शाया गया है कि स्त्रियों की कितनी भी सुरक्षा की जाए, उन्हें सँभालकर नहीं रखा जा सकता। इस कथा के अनुसार एक बार बोधिसत्व ने राजा के पुत्र के रूप में जन्म लिया और वयस्क होने पर सभी विधाओं में पारंगत होकर राज्य का उत्तराधिकारी बना। वह पुरोहित के साथ जुआ खेलता था और इस गीत के साथ हमेशा पासा फेंकता था। "सभी नदियाँ टेढ़ी हैं, सभी वनों में लकड़ी है। मौका मिलने पर सभी स्त्रियाँ अनाचार में संलग्न होती हैं।"[61]

इस प्रकार खेलते हुए राजा हमेशा जीतता और पुरोहित की हार होती। अपनी सम्पत्ति को नष्ट होने से बचाने के लिए पुरोहित ने सोचा कि यदि मैं राजा के कथन को व्यर्थ कर दूँ और किसी ऐसी स्त्री को ढूँढकर रखूँ जो किसी पर पुरुष के पास न जाए तो मेरी किस्मत बदल सकती है। ऐसा सोचकर उसने एक दरिद्र गर्भिणी स्त्री को अंकविद्या से यह सुनिश्चित करके रखा कि उसे लड़की उत्पन्न होगी। समय आने पर उसे लड़की उत्पन्न हुई और उसका पालन-पोषण उसने स्त्रियों के माध्यम से ही करवाया और किसी पर पुरुष की छाया तक नहीं लगने दी। फिर लड़की के वयस्क होने पर उससे विवाह कर लिया एवं उसके बाद राजा से जुआ खेलने की प्रार्थना की। राजा ने पासा फेंकते हुए फिर से वही कथन दोहराया कि सभी नदियाँ टेढ़ी हैं, सभी वनों में लकड़ियाँ हैं, मौका मिलने पर सभी स्त्रियाँ पापाचार में संलग्न होती हैं लेकिन इस बार पुरोहित ने उसमें जोड़ दिया 'मेरी माणविका के अतिरिक्त'। इसके बाद से इस खेल में, पुरोहित जीतता गया और राजा की हार होती रही। इस पर राजा ने सोचा कि जरूर उसके घर में ऐसी स्त्री है जो एक पुरुष में ही अनुरक्त है। इसके बाद राजा ने एक धूर्त को बुलाकर उसे धन देकर पुरोहित की स्त्री का शील भंग करने का दायित्व सौंपा। उस धूर्त ने पुरोहित की स्त्री की परिचारिका से साठ-गाँठ करके पहले उसके घर में प्रवेश किया फिर उसके साथ समागम किया। पुरोहित के बाहर जाने पर दोनों आपस में प्रेमालाप करते उसके आने पर धूर्त छिप जाता। कुछ दिनों बाद उस धूर्त ने कहा कि मुझे पुरोहित को एक थप्पड़ मारना है। उसकी बात मानकर उसने धूर्त को छिपा दिया ओर पुरोहित के आने पर कहा– स्वामी मैं चाहती हूँ कि तुम वीणा बजाओ और मैं नाचूँ। अच्छा! कहकर पुरोहित वीणा बाजने लगा फिर उस स्त्री ने कहा–तुम्हारे देखने पर नाचते हुए लज्जा आती है, अत: तुम्हारी आँखें वस्त्र से ढँककर नाचूँगी। फिर उसने पुरोहित की आँखों पर पट्टी बाँध दिया और पुरोहित फिर से वीणा बजाने लगा। थोड़ी देर नृत्य करने के बाद स्त्री ने कहा–जी चाहता है कि तुम्हारे सिर पर थप्पड़ मारूँ। स्त्री के मोहपाश में बँधा पुरोहित इस बात को भी अस्वीकार न कर सका। तभी उसने धूर्त को संकेत कर दिया और उसने पीछे से पुरोहित के सिर पर जोर से प्रहार किया। पुरोहित की आँखें चकरा गयीं। उसे शक हुआ कि स्त्री के हाथ तो इतने कोमल हैं फिर इतना कठोर प्रहार कैसे सम्भव है लेकिन धूर्त व्यक्ति के छिपे रहने कारण उसने उस समय कुछ नहीं कहा। पुरोहित के बाहर जाने के बाद उस स्त्री ने धूर्त को उसी तरह टोकरी में छिपाकर बाहर कर दिया। उस धूर्त ने राजा के पास जाकर सारी बात बता दी।

इसके बाद राजा ने पुरोहित को फिर से खेलने का निमन्त्रण दिया और उसी तरह गीत गाकर पासा फेंका और पुरोहित ने भी वही बात दोहरायी – 'मेरी माणविका के अतिरिक्त'। ऐसा कहने पर भी पुरोहित हार गया। फिर राजा ने उससे पत्नी के शीलभ्रष्ट हो जाने की पूरी बात बतायी और कहा कि स्त्री को गोद में लेकर घूमने से भी उसे सुरधित नहीं रखा जा सकता। साथ में यह गाथा कही–

"जिसके कारण पुरोहित ने आँख पर पट्टी बाँध कर वीणा बजायी, वह गर्भ से प्रारम्भ कर उसके द्वारा पाली गयी उसकी भार्या थी। ऐसी स्त्रियों का भला कौन विश्वास करे"?[62]

स्त्री निन्दा के विभिन्न प्रसंगों के अलावा जातक कथाओं में अनेक ऐसे प्रसंग हैं जिनसे पुरुष द्वारा अपनी स्त्री को परपुरुष को समर्पित किए जाने के भी वर्णन मिलते हैं। 'दसण्णक जातक'[63] में राजा द्वारा अपनी पटरानी को सात दिनों के लिए पुरोहित पुत्र को समर्पित किए जाने का उल्लेख है तो 'मृदुलक्खन जातक' में राजा द्वारा अपनी रानी को एक भिक्षुक को समर्पित करने की कथा है। रोचक बात यह है कि उन प्रसंगों में उस काल में बहुमान्य 'पवित्रता' की अवधारणा काम करती दिखाई नहीं देती है। ऐसा प्रतीत होता है कि यह अवधारणा पुरुष द्वारा अपने पक्ष में गढ़ी गयी थी, अत: जब तक वह अपनी पत्नी किसी दूसरे व्यक्ति को उपभोग के लिए देता था, तब नियन्ता पुरुष होने के कारण अवांछनीय स्थिति उत्पन्न नहीं होती थी। लेकिन किसी स्त्री द्वारा अन्य पुरुष के साथ प्रेमालाप या समागम के प्रसंग में अथवा उस बात का शक होने पर नियन्ता पुरुष नहीं था अत: 'सच्चक्रिया' या 'अग्निपरीक्षा' के माध्यम से स्त्री को अपनी पवित्रता साबित करनी पड़ती थी।

श्रमण पन्थों में स्त्री का दानवीकरण

जातक कथाओं और बौद्ध धर्म के धार्मिक ग्रन्थों में स्त्रियों की छवि को सम्पूर्णता में और तत्कालीन सामाजिक परिप्रेक्ष्य में देखना उचित होगा। जैन धर्म की तरह ही बौद्ध धर्म भी पुरुषों के समान ही स्त्रियों को भी मोक्ष या निर्वाण का अधिकारी मानता था। बिना जाति, वर्ग और लिंग भेद के ये धर्म व्यक्ति की त्याग, तपस्या और पात्रताके आधार पर उन्हें परम पद का अधिकारी मानते थे। यह चार वर्णों में बँटी सामजिक व्यवस्था के लिए बहुत क्रान्तिकारी बात थी खासकर समाज में निचले पायदान पर अवस्थित वर्गों और जातियों के लिए। इनके लिए वर्णाश्रम व्यवस्था पर आधारित ब्राह्मण धर्म में मोक्ष या परमपद पाने की कोई सम्भावना नहीं थी। अत: स्वाभाविक ही था कि इन वर्गों के अनेक पुरुष और स्त्रियों ने ब्राह्मण धर्म छोड़कर

श्रमण धर्म अपना लिया। ब्राह्मण धर्म में मोक्ष या परमपद पाने के लिए गृहस्थ धर्म का त्याग आवश्यक नहीं था। इसमें राजा जनक जैसे व्यक्ति के ज्ञान और वैराग्य की काफ़ी सराहना की गयी है और उन्हें 'विदेह' या 'जीवनमुक्त' की उपाधि से नवाजा गया। उनके पास अनेक संन्यासी ऋषि एवं प्रबुद्ध व्यक्ति आकर अपनी शंकाएँ मिटाते थे। लेकिन श्रमण धर्म में गृहस्थ धर्म की प्रशंसा करने के बावजूद निर्वाण या मोक्ष का अधिकारी वही माना गया जो गृहस्थ धर्म त्यागकर संन्यासी या भिक्षु के रूप में दीक्षित होते थे। अत: परमपद पाने की लालसा एवं श्रमण धर्म में पुरुषों और स्त्रियों की सैद्धान्तिक बराबरी के कारण बड़ी संख्या में स्त्रियों ने भी जैन और बौद्ध धर्म को अपनाया यद्यपि रामधारी सिंह दिनकर की यह बात संगत नहीं जान पड़ती है कि बौद्ध धर्म से पहले भिक्षुणियों का अस्तित्व नहीं था और वे एक स्थान से दूसरे स्थान की यात्रा नहीं किया करती थीं–

"बौद्ध धर्म से पहले हमारे देश में स्त्रियों का भिक्षुणी होना, उनका मर्द साधुओं के साथ मठों में वास करना अथवा एक जगह से दूसरी जगह मारी-मारी फिरना प्रचलित नहीं था।"[64]

इस पुस्तक के प्रथम अध्याय में विस्तार से 'ब्रह्मवादिनी' स्त्रियों के बारे में बताया गया है जो आजीवन कुँवारी रहकर विभिन्न क्षेत्रों में घूम-घूमकर ब्रह्मविद्या का प्रचार किया करती थीं। इनमें से अनेकों ने–वागम्भृणी, सुलभा आदि ने अपनी रचनाओं में इस बात का उल्लेख भी किया है। इसके अलावा बौद्ध धर्म से लगभग एक दो शताब्दी पहले ही जैन धर्म का प्रवर्तन हो चुका था जिसमें भिक्षुणियों के बड़े-बड़े संघ थे। अत: दिनकर जी की उपर्युक्त धारणा भ्रांत प्रतीत होती है। लेकिन यह बात अवश्य उल्लेखनीय है कि जैन एवं बौद्ध धर्म दोनों ही सामूहिक धर्म थे और दोनों में भिक्षु संघ की स्थापना के कारण स्त्री-पुरुष के आपसी मेल मिलाप की सम्भावना कहीं अधिक थी ब्राह्मण धर्म की तुलना में जिसमें संघ जैसी कोई व्यवस्था नहीं थी। उस मेल-मिलाप की सम्भवना ने नये प्रश्नों को खड़ा किया और अपने भिक्षुओं को स्त्री संसर्ग से बचाने के लिए अतिरंजित स्त्री निन्दा का सहारा लिया गया होगा। इन दोनों धर्मों में स्त्री के दानवीकरण के मूल में यह एक प्रमुख तत्व है। लेकिन इसके अलावा भी स्त्री जीवन के अनेक सरोकार हैं जो इन धर्मों के साहित्य में समाज और परिवार में स्त्री की महत्त्वपूर्ण भूमिका की ओर संकेत करते हैं। लेकिन मुख्यत: यह भूमिका परिवार के दायरे के भीतर ही है जहाँ घर का सम्यक तरीके से संचालन करके उसका विकास करने सन्तान एवं परिवार के अन्य सदस्यों की अच्छे तरीके से देखभाल और पति के मनोनुकूल रहने में

ध्वनित होते हैं। कभी-कभार इससे अलग हटकर आध्यात्मिक क्षेत्र में भी स्त्रियों के योगदान की सराहना की गयी है, लेकिन वह प्रमुख रूप से एक विशिष्ट वर्ग की स्त्रियों के लिए हैं जिन्होंने त्याग, तपस्या और अपने आदर्श जीवन चरित से समाज में उदाहरण प्रस्तुत किया है।

आध्यात्मिक जीवन की उपलब्धि और मुक्ति का गीत : थेरी गाथा

इस प्रसंग में 'थेरी गाथा' और 'थेरी अपादान' में भिक्षुणियों के भावपूर्ण उद्‌गार का उल्लेख करना भी अत्यन्त महत्त्वपूर्ण है। जहाँ थेरी गाथाओं में भिक्षुणियों ने अपने जीवनानुभव को, बौद्ध धर्म में अपनी आध्यात्मिक यात्रा और इस धर्म में दीक्षित होने से पूर्व के अनुभवों को गीतात्मक रूप से पिरोया है, वहीं 'अपादान' में व्यक्तिगत अनुभव की जगह सांस्थानिक प्रथाओं का उल्लेख किया गया है खासकर उन प्रथाओं को जिन्हें सुरक्षित रखना महत्त्वपूर्ण समझा गया। थेरी गाथाएँ मूल रूप से उनके द्वारा निर्वाण प्राप्त कर लेने के आहलाद को व्यक्त करती हैं, लेकिन कहीं-कहीं इनमें इन थेरियों का व्यक्तिगत एवं सामाजिक संघर्ष भी अंकित हुआ है।

बौद्ध धर्म में अपनी आध्यात्मिक यात्रा की सफलता को थेरियों ने प्राय: इन रूपों में अभिव्यक्त किया है–अब मैंने जीवन की तृष्णाओं का अन्त कर दिया है, आज मेरा हृदय शान्त है, सब पापों को मैंने दूर फेंक दिया है, आज मैं निर्वाण प्राप्त हूँ, परम शान्त हूँ इत्यादि। अपनी मुक्ति का उत्सव मनाती हुई 'सुमंगला माता' नामक भिक्षुणी कहती है–

"अहो! मैं मुक्त नारी! मेरी मुक्ति कितनी धन्य है!
पहले मैं मूसल लेकर धान कूटा करती थी, आज उससे मुक्त हुई।
मेरे स्वामी के पास उसके बनाए हुए रक्खे छातों की डंडियों से भी
अधिक क्षीण मेरी देह थी।।23।।
अब उस जीवन की आसक्तियों और मलों को मैंने छोड़ दिया।
मैं आज वृक्ष मूलों में ध्यान करती हुई जीवन यापन करती हूँ।
अहो! मैं कितनी सुखी हूँ! मैं कितने सुख से ध्यान करती हूँ[65]।।24।।

उपर्युक्त गाथा में मुक्ति के उल्लास को सहज ही लक्षित किया जा सकता है। यह उल्लास न केवल तृष्णाओं से मुक्त होने का है, बल्कि पूर्व के गृहस्थ जीवन के दुखों से मुक्ति का भी है। थेरी गाथा की टिप्पणी 'परमत्थदीपनी' में दिए गए विवरण के अनुसार इस भिक्षुणी का जन्म श्रावस्ती के एक दरिद्र परिवार में हुआ था। इसका विवाह छाता बनाने वाले एक व्यक्ति से हुआ। अपने कष्टपूर्ण जीवन का

स्पष्ट रूप से उल्लेख करते हुए वह कहती है कि धान कूटने से लेकर तमाम तरह के पारिवारिक दायित्वों का निर्वाह करते हुए उसका शरीर अत्यन्त क्षीण हो गया था जिससे वह मुक्त हो गयी है। इसी प्रकार सोणा नामक भिक्षुणी अपनी गाथा में निर्वाण प्राप्ति के आनन्द के साथ-साथ पारिवारिक जीवन के संत्रास को भी व्यक्त करती हैं। 'परमत्थदीपनी' के अनुसार श्रावस्ती के कुलीन परिवार में इसका जन्म हुआ था। पति के संन्यास ग्रहण करने के बाद उसने सारी सम्पत्ति अपने दस पुत्रों में बाँट दी। लेकिन पुत्रों ओर बहुओं से निरादर पाकर बौद्ध संघ में प्रविष्ट हो गयीं। अपने जीवनानुभव को गीतों में पिरोते हुए उसने कहा है :

रूप, वेदना, संज्ञा, संस्कार और विज्ञान के मिलन क्षेत्र इस
शरीर में, मैंने दस पुत्रों को पैदा किया।
फिर दुर्बल और जीर्ण होकर मैं एक भिक्षुणी के पास गई।।102।।
उसने मुझे स्कन्ध, आयतन और धातुओं का आदेश दिया।
उसके धर्मोपदेश को सुनकर मैं केश कटवा कर प्रवजित हो
गयी।।103।।
आज मैं अपने पूर्व जन्मों को, जहाँ-जहाँ मैंने जन्म धारण किए,
स्मरण करती हूँ।।
एकाग्र समाधिनिष्ट, होकर मैं संसार के सारे पदार्थों को
अनित्य, दुःख और अनात्म के रूप में देखती हूँ।
मुक्ति प्राप्त और अनासक्त होकर मैंने निर्वाण में प्रवेश
किया है।।105।।"[66]

'थेरी गाथा' में अपना जीवन अनुभव व्यक्त करने वाली थेरियों में से कई ने अपने पूर्व जीवन के अनुभव को साझा किया है जिसमें मुख्य रूप से दरिद्रता, सन्तान द्वारा की गयी उपेक्षा, सन्तान की मृत्यु से उपजने वाले दुःख के साथ-साथ विधवा एवं निःसन्तान होने के दर्द को भी अभिव्यक्त किया है। चन्द्रा नामक भिक्षुणी कहती है–

"विधवा और निःसन्तान, मैं पहले बड़ी मुसीबत में पड़ी थी।
मित्र मेरे कोई नहीं थे, जाति वाले मेरे कोई नहीं थे।
भोजन और वस्त्र भी मैं नहीं पाती थी।।122।।
लकड़ी ओर भिक्षा पात्र लेकर मैं घर से घर भिक्षा माँगती
फिरती थी,

गर्मी और सर्दी से व्याकुल हुई, मैं सात वर्ष तक इसी प्रकार
घूमती रही।।123।।
एक दिन एक भिक्षुणी के मुझे दर्शन हुए।
उसने मुझे भोजन और जल देकर अनुग्रहीत किया
उस दयामयी पटाचारा ने अनुग्रहपूर्वक मुझे प्रवज्या दी।
फिर धर्मोपदेश देकर उसने मुझे परमार्थ में लगाया।।125।।[67]

चन्द्रा के सम्बन्ध में जो कथा बतायी गयी है उसके अनुसार उसका प्रारम्भिक जीवन अत्यन्त कष्ट में बीता। उसके जन्म लेते ही घर में दरिद्रता आ गयी। थोड़े समय बाद संक्रामक बीमारी से एक-एक करके परिवार के सभी लोग मर गए। वह भिखारिन हो गयी और घर-घर भीख माँगकर अपना निर्वाह करती थी। उसके जीवन की दरिद्रता और अकिंचनता के साथ ही समाज की उपेक्षा को बड़े प्रभावशाली ढंग से उपर्युक्त गाथा में वर्णित किया गया है।

दरिद्रता एवं उपेक्षा के साथ-साथ कई भिक्षुणियों ने सन्तान की मृत्यु से उपजने वाले संत्रास को भी अभिव्यक्त किया है। तत्कालीन समाज में पुत्र की मृत्यु के बाद स्त्रियों की प्रतिष्ठा कम हो जाती थी, इस कारण उनका दु:ख और भी तीव्र हो जाता था–एक तो सन्तान खोने का गम दूसरी ओर पारिवारिक और सामाजिक उपेक्षा। इस स्थिति को व्यक्त करते हुए वाशिष्ठी नामक थेरी कहती है :

"पुत्र शोक से दु:खी विक्षिप्त चित्त वाली, संज्ञा विहीन,
नंगी, बालों को बिखेरे हुए, मैं इधर-उधर घूमती थी।।133।।
कभी जंगली रास्तों में, कभी कूड़े-करकट के ढेरों में, कभी
स्तूपों में, कभी मरघटों में, कभी रथों के मार्गों में, भूख और
प्यास से सताई हुई मैं तीन वर्ष तक घूमती रही।।134।।
फिर मैंने मिथिला नगर को जाते हुए उन सुन्दर गति वाले
भगवान बुद्ध के दर्शन किए।

उनके उपदेश को सुनकर मैं घर छोड़ बेघर हो प्रवजित हो गई।
शास्ता के वचन का पालन कर मैंने मंगलमय पद (निर्वाण)
का साक्षात्कार किया,
मैं सर्वोत्तम मंगल की अधिकारिणी हो गई। ।।137।।[68]

इस गाथा में सन्तान की मृत्यु के कारण विक्षिप्त हुई एक माँ की त्रासद स्थिति का प्रभावशाली चित्रण है, जो बुद्ध के उपदेश को सुनकर जीवन में शान्ति महसूस करती है और आगे चलकर निर्वाण का साक्षात्कार करती है। इन गाथाओं में न

केवल सामान्य वर्ग की भिक्षुणियों द्वारा पूर्व के गृहस्थ जीवन की समस्याओं और उससे मुक्ति के आनन्द का वर्णन किया है बल्कि वे भिक्षुणियाँ भी हैं जो सामाजिक सोपान में निम्न वर्ग या अछूत वर्ग से सम्बन्ध रखती हैं और बौद्ध संघ में दीक्षित होने के उपरान्त उनकी आध्यात्मिक उपलब्धि किसी उत्सव से कम नहीं है। अड्ढकाशी, अभयमाता एवं विमला वेश्या होने के बावजूद भिक्षु संघ में दीक्षित होकर परमपद को प्राप्त करने में समर्थ रहीं। यद्यपि इन स्त्रियों की आर्थिक स्थिति काफ़ी अच्छी प्रतीत होती है लेकिन इसके बावजूद समाज में उन्हें प्रतिष्ठा प्राप्त नहीं थी। बौद्ध संघ में दीक्षित होने के कारण अपनी साधना के बल पर वह अन्य भिक्षुणियों की तरह परमज्ञान प्राप्त करने में सफल हुई, अत: अपनी जीवन-यात्रा का स्मरण करती हुई अड्ढकाशी बताती है :

"जितनी समस्त काशी राज्य की आग है, उतना ही विपुल मेरा
शुल्क था। उससे किसी प्रकार कम पारिश्रमिक मैं मनुष्यों से
अपनी सेवा के बदले में नहीं पाती थी।।25।।
किन्तु वही मेरा सब सौन्दर्य आज मेरे लिए घृणा का कारण
हुआ, ग्लानि पैदा करने वाला हुआ।
मैं उस मोह से मुक्त होकर अब विरक्त हो गई।
मृत्यु और पुनर्जन्म के चक्कर में मुझे अब और घूमना नहीं है।
मैंने तीनों विधाओं का साक्षात्कार कर लिया, भगवान सम्यक
संबुद्ध के शासन को पूरा कर लिया।।26।।"[69]

यद्यपि 'थेरी गाथा' का प्रमुख स्वर इच्छाओं से मुक्त होकर निर्वाण के आनन्द की प्राप्ति है, लेकिन अप्रत्यक्ष ही सही तत्कालीन समाज में स्त्रियों की दशा भी इनमें प्रतिबिम्बित होती है। बौद्ध धर्म के ग्रन्थों ओर जातक कथाओं में पुरुष को स्त्री का आश्रय, अलंकरण ओर आच्छादन बताया गया है। 'थेरी गाथा' की कई गाथाओं में भी पुरुष वर्चस्व की स्थिति को आसानी से लक्षित किया जा सकता है। किसी भी स्त्री को संघ में दीक्षित होने से पहले पिता या पति की आज्ञा लेनी पड़ती थी और अनेक स्त्रियों को यह अनुमति नहीं मिलती थी। इसी प्रकार पारिवारिक दायित्व का पूरी सफलता से निर्वाह करने के बावजूद सभी स्त्रियों को परिवार में समुचित प्रतिष्ठा नहीं मिलती थी। 'ऋषिदासी' नामक भिक्षुणी ने अपनी इस त्रासद स्थिति का स्पष्ट रूप से उल्लेख करते हुए लिखा है :

"अपने घर में पाई हुई शिक्षा के अनुसार मैं प्रतिदिन सायंकाल
और प्रात:काल सास और ससुर को प्रणाम करती, नतमस्तक

होकर उनकी चरण-धूलि अपने सिर पर लेती।।407।।
पति की भगिनी, भाई और परिजन-वर्ग को देखते ही एकदम
आदरपूर्वक उनके लिए आसन देती।।408।।
अन्न, पान, खाद्ययादि से सबकी यथायोग्य सेवा करती,
जिस को जैसा चाहिए, उसको वैसा ही ले जाकर देती।।409।।

किन्तु मेरे समान पति-परायणा, विनम्र, उष:काल से पूर्व
चारपाई को छोड़ देने वाली, आलस्य रहित और
सदाचारिणी पत्नी की तरफ़ से भी मेरे स्वामी का चित्त हट गया।।413।।"[70]

यह गाथा तत्का!लीन समाज में स्त्री की सामाजिक स्थिति का जीवन्त दस्तावेज है। पारिवारिक एवं गृहस्थ जीवन के कर्तव्यों का सम्यक निर्वाह ही एक स्त्री के लिए काफ़ी नहीं था बल्कि पुरुषों खासकर पति का कृपा पात्र होना भी आवश्यक था। ऋषिदासी से सम्बन्धित कथा के अनुसार उसका उज्जैन के एक कुलीन परिवार में जन्म हुआ था। समय आने पर उसका विवाह हुआ। पति-परायणा और गृह कार्य में दक्ष होने के बावजूद वह पति को पसन्द नहीं आयी, अत: घर से निकाल दी गयी। पिता ने दो बार पुनर्विवाह किया, किन्तु वहाँ भी सुखी नहीं रह सकी। अन्त में क्षुब्ध होकर पिता की अनुमति से बौद्ध संघ में दीक्षित हो गयी। इस प्रकार की अनेक कथाएँ 'थेरी गाथा' में मिलती है, जो इस बात का संकेत करती है कि इस समय तक आते-आते समाज में पुरुष सत्ता का वर्चस्व पूरी तरह स्थापित हो चुका था और स्त्रियों की स्वतन्त्र अस्मिता का लगभग लोप होने लगा था। सोमा भिक्षुणी का मार के साथ संवाद में स्त्रियों के प्रति अवमानना का भाव रखते हुए मार कहता है :

"जो स्थान ऋषियों के द्वारा भी प्राप्त करने में अत्यन्त कठिन है उसे दो अंगुली मात्र प्रज्ञा वाली स्त्री प्राप्त कर लेगी, यह कभी सम्भव नहीं।।60।।"[71]

इस गाथा में मार द्वारा स्त्री को 'दो अंगुली मात्र' प्रज्ञा वाली कहा गया है। स्त्रियाँ बचपन से ही भात पकाना शुरू कर देती हैं और इस बात को निश्चित करने के लिए चावल ठीक से पक गया है या नहीं वे अपनी दो अंगुलियों से दबाकर देखती हैं। इसी कारण अवज्ञा के भाव से स्त्री की प्रज्ञा को दो अंगुली मात्र बताते हुए कहा गया है कि वे कभी भी निर्वाण प्राप्त नहीं कर सकती। फिर भी समाज के विभिन्न वर्गों से भिक्षुणी संघ में दीक्षित होने वाली स्त्रियों की आध्यात्मिक यात्रा अत्यन्त प्रेरक है और उसे कमतर नहीं आँकना चाहिए। प्रतिकूल सामाजिक परिस्थिति और पुरुष नियन्त्रण वाले संघ व्यवस्था में भी खेमा, सुतना, मनुजा, तिस्सा, विशाखा,

मिगारमाता, चुन्दी, सोना, नकुलमाता, उत्तरानन्द माता सामावती जैसी उपासिकाओं द्वारा बौद्ध धर्म में विशिष्ट उपलब्धि प्राप्त करने की घोषणा है और उनका उल्लेख अष्टशील उपासिकाओं के रूप में किया जाता है।

बौद्धिक विमर्श में स्त्री की भूमिका

स्वयं बुद्ध ने खेमा की प्रशंसा करते हुए उसे भिक्षुणियों में सर्वोत्तम ज्ञान वाली बताया है।[72] उसके ज्ञान की गहराई के सम्बन्ध में एक कथा आती है कि एक बार राजा पसेनादि अपने राज्य में भ्रमण करते हुए एक छोटे से कस्बे में पहुँचे। धर्म के सम्बन्ध में विमर्श करने के लिए उनके मन में इच्छा उत्पन्न हुई और इस हेतु उन्होंने किसी संन्यासी को खोजने के लिए अपने सेवकों से कहा। राजा के सेवकों ने बहुत खोजा लेकिन उन्हें ऐसा कोई व्यक्ति नहीं मिला जो राजा के साथ संवाद कर सके। अन्त में उन्होंने यह बात राजा से बता दी और साथ में यह भी बताया कि यहाँ एक भिक्षुणी अवश्य रहती है। राजा ने भिक्षुणी खेमा के यहाँ पुहँचकर उनका अभिवादन किया और उनके साथ इस प्रकार संवाद किया :

राजा – क्या मृत्यु के बाद आत्मा का अस्तित्व बचता है?

खेमा – तथागत ने ऐसा नहीं बताया है।

राजा – उसका अर्थ यह है कि मृत्यु के बाद आत्मा का अस्तित्व नहीं बचता है?

खेमा – तथागत ने ऐसा भी नहीं बताया है।

राजा – फिर तो आत्मा मृत्यु के बाद बचती भी है और नहीं भी बचती है।

खेमा – तथागत ने ऐसा भी नहीं कहा है।

राजा – फिर तो हमें मानना पड़ेगा कि मृत्यु के बाद न तो आत्मा के अस्तित्व को स्वीकार किया जा सकता है और न ही उसके अनअस्तित्व को।

खेमा – तथागत ने ऐसा भी नहीं बताया है।

खेमा उसे विस्तारपूर्वक बताती है – क्या आपके पास कोई ऐसा गणितज्ञ है जो गणना करके यह बता सके कि गंगा के किनारे पड़े बालू मे कितने कण हैं?

राजा ने कहा – ऐसा सम्भव नहीं।

खेमा ने फिर पूछा – आपके पास कोई ऐसा व्यक्ति है जो यह बता सकता है कि महासागर में कितना पानी है?

राजा ने फिर कहा – असम्भव।

खेमा ने पूछा – ऐसा क्यों?

राजा ने कहा – क्योंकि महासागर अति विशाल, गहरा और माप से परे है।

खेमा ने कहा – आत्मा की स्थिति भी ऐसी ही है। जो भी इसे परिमापित करने की कोशिश करता है, वह पाँच स्कन्धों के माध्यम से ही ऐसा कर सकता है जबकि आत्मा इससे बँधी नहीं है। वह रूप, वेदना, संज्ञा, संस्कार और विज्ञान रूपी पंच स्कन्धों से पूरी तरह मुक्त है और महासागर की तरह विशाल और अपरिमेय है।

इसलिए यह कहना उचित नहीं है कि उसका अस्तित्व है या नहीं है, अनस्तित्व है या नहीं है। ये सभी विशेषताएँ अव्यक्त को परिमापित नहीं कर सकते। निर्वाण की तरह आत्मा के रूप में स्वयं को देखने की भावना से मुक्ति ही 'पंच स्कन्धों' से मुक्ति है जो इस जगत में प्रत्येक क्षण परिवर्तित होता रहता है।

खेमा के इस विलक्षण वाक्पटुता एवं ज्ञान से राजा बहुत प्रभावित हुआ। बाद में उसने वही चार प्रश्न तथागत से भी किया और उसे वही उत्तर मिला जो खेमा ने दिए थे। इस प्राकर बौद्धिक विमर्श एवं दार्शनिक चिन्तन के क्षेत्र में खेमा का योगदान महत्त्वपूर्ण है। अपने समय में ज्ञानवती भिक्षुणी के रूप में वह लोक प्रसिद्ध थी, यद्यपि इस काल में ज्ञान एवं दर्शन के क्षेत्र में हमें स्त्रियों की सीमित भूमिका ही दिखाई पड़ती है। जैन और बौद्ध धर्म ने अनेक प्रतिष्ठित दार्शनिक और विद्वान समाज को दिए हैं जिनका भारतीय ज्ञान परम्परा के विकास में अत्यन्त महत्त्वपूर्ण योगदान है लेकिन इस क्षेत्र में खेमा जैसी कुछ स्त्रियों की ही जोरदार उपस्थिति महसूस की जा सकती है। 'ब्रह्मावादिनी' परम्परा की तरह लम्बे समय तक (पूर्व वैदिक काल से उत्तर वैदिक एवं उपनिषद काल तक) बौद्धिक विमर्श के क्षेत्र में स्त्रियों की वैसी क्रियाशीलता हमें दिखाई नहीं पड़ती जब न केवल सूक्तों की रचना कर वे अपने ज्ञान का प्रकाश चारों ओर फैलाती है बल्कि गार्गी और सुलभा के रूप में पुरुष सत्ता को जबरदस्त चुनौती प्रस्तुत करती हैं। इन सीमाओं के बावजूद 'थेरी गाथा' एवं 'थेरी अपादान' के रूप में संकलित भिक्षुणियों के उद्‌गार न केवल उनके व्यक्तिगत संघर्ष और सामाजिक मान्यताओं को हमारे सामने रखते हैं, बल्कि उनकी आध्यात्मिक यात्रा एवं उपलब्धि भी बहुत महत्त्वपूर्ण है।

आत्म गौरव और आध्यात्मिक सफलता का आख्यान : थेरी अपादान

अब तक हमने 'थेरी गाथा' में दर्ज भिक्षुणियों के जीवन अनुभवों पर विचार किया है। जहाँ तक 'थेरी अपादान' में संकलित रचनाओं ओर रचनाकारों की संख्या का सवाल है वह 'थेर अपादान' की तुलना में काफ़ी कम है। जहाँ 'थेर अपादान' में 559 भिक्षुओं की रचनाएँ हैं वहीं 'थेरी उपादान' में यह केवल 40 है। यही अन्तर

रचना के परिमाण में भी है। इसके बावजूद उनकी जीवनयात्रा और उपलब्धियों को समझने की दृष्टि से यह रचना बहुत उपयोगी है। इसमें न केवल उनके पूर्व जन्म के वृतान्तों को शामिल किया गया है बल्कि निर्वाण तक पहुँचने की उनकी उपलब्धियों और विहार एवं स्तूप जैसे बौद्ध संघ को समर्पित उल्लेखनीय दान के साथ-साथ सामान्य दान का भी विवरण है। अपादान संख्या 29 से में यशोवती के नेतृत्व में दस हजार भिक्षुणियों की निर्वाण प्राप्ति का उल्लेख है, तो अपादान संख्या 30 में यशोधरा के नेतृत्व में अठारह हजार भिक्षुणियों के जीवन मुक्त होने का उल्लेख है। इसी प्रकार अपादान संख्या 31 में अठारह हजार भिक्षुणियों द्वारा निर्वाण प्राप्ति का वर्णन है तो अपादान संख्या 32 में चौरासी हजार भिक्षुणियों द्वारा। निश्चित रूप से यह संख्या अतिशयोक्तिपूर्ण प्रतीत होती है जो समाज में बौद्ध धर्म की लोकप्रियता को बढ़ाने के लिहाज़ से किया गया होगा, फिर भी इन अपादानों में वर्णित स्त्रियों की मुक्ति की आकांक्षा और उसे प्राप्त करने का उमंग तत्कालीन समय में बौद्ध भिक्षुणियों के प्रतिष्ठा और आध्यात्मिक यात्राा के महत्त्वपूर्ण पड़ाव को हासिल करने की ओर संकेत करता है। इन सभी अपादानों में एक बात बार-बार दुहरायी गयी है कि सदकर्मों और भगवान बुद्ध की शिक्षाओं के अनुरूप आचरण करने से उन्हें समाज में न केवल यश और गौरव प्राप्त हुआ है बल्कि जीवन-मृत्यु के बन्धनों से मुक्त होकर वे निर्वाण प्राप्त करने में सफल हुई है। अपादान संख्या 30 में संकलित गीत में भिक्षुणियाँ कहती हैं :

"हम सभी स्त्रियों को सौन्दर्य और आकर्षण का
अद्‌भुत वरदान मिला है!
हम सब जीवन से भरपूर और मृदुभाषी हैं
लोगों में हम वैसे ही पूजी जाती हैं
जैसे स्वर्ग के देवता।"[73]

भिक्षुणियाँ इसी अपादान में अपनी चमत्कारिक शक्तियों का भी वर्णन करती हैं जिसकी पुनरावृत्ति अन्य अपादानों में भी दिखाई पड़ती है :

"हमने चमत्कारिक शक्तियों को हासिल कर लिया है,
विशोधित दिव्य चक्षु की तरह,
ओ महात्मा! हम भी ज्ञाता हैं,
मनुष्य के हृदय में उत्पन्न ज्ञान का।"[74]

इसी प्रकार अठारह हजार भिक्षुणियाँ अपनी उपलब्धियों का समवेत रूप से उल्लेख करती हुई कहती हैं :

"ओ महात्मा! हम उद्घोषणा करती हैं कि
हमने सभी आसक्तियों का अन्त कर दिया है,
मृत्यु और पुनर्जन्म के बन्धनों से हम मुक्त हैं,
जीवन प्रवाह हमारे लिए मायने नहीं रखता।"[75]

इसी प्रकार अपादान संख्या-32 में चौरासी हजार भिक्षुणियाँ अपने सत्कर्मों से हासिल सामाजिक प्रतिष्ठा और यश का समवेत गायन करते हुए कहती हैं:

"हम सौन्दर्य, धन सम्पदा एवं एश्वर्य से परिपूर्ण हैं,
हम प्रशंसा और प्रतिष्ठा से समन्वित हैं,
अपने सद्कर्मों की प्राप्ति
हमें लगातार हो रही है।"[76]

आगे अपने आध्यात्मिक जीवन की उपलब्धियों, इच्छाओं पर विजय पाने और जीवन-मृत्यु के बन्धनों से मुक्त होने के उल्लास को प्रकट करते हुए भिक्षुणियाँ कहती हैं :

"आज हम अपने पूर्वजन्मों का स्मरण करती हैं,
अपने चक्षुओं को शोधित कर हमने दिव्य बना लिया है,
सभी आसक्तियों की जड़ हमने काट दी है,
अब हम पुनर्जन्म के बन्धनों से मुक्त हैं।"[77]

प्राय: सभी अपादानों में भिक्षुणियों द्वारा तृष्णा पर विजय प्राप्त करने और जीवन-मृत्यु के बन्धनों से मुक्ति के उल्लास को बार-बार व्यक्त किया गया है। इस उपलब्धि की एक वजह सद्कर्म को माना गया है, जो तथागत अथवा बोधिसत्व को समर्पित दान और उनके द्वारा बताए गए मार्ग पर आचरण करने से सम्भव हुआ है। प्रथम अपादान में भिक्षुणी सुमेधा द्वारा विहार दान करने का वर्णन है तो दूसरे अपादान में भिक्षुणी मेखलादायिका द्वारा स्तूप निर्मित कर संरक्षित करने तथा उसे बौद्ध संघ को समर्पित करने का उल्लेख है :

"मैंने तथागत सिद्धार्थ के लिए
एक स्तूप का निर्माण करवाया
मैंने अपनी मेखला का भी दान किया
ताकि
उस स्तूप के निर्मित होने के उपरान्त
मैंने फिर से आभूषणों का दान किया

जगत के उद्धारक उस महात्मा के लिए
जिन्होंने प्रसन्न होकर अपने हाथों से उसे ग्रहण किया।"[78]

इसी प्रकार मण्डपदायिका भिक्षुणी द्वारा तीसरे अपादान में मण्डप निर्मित करवाने का उल्लेख है :

"कोनागमण बुद्ध के लिए
मैंने एक मण्डप बनवाया,
और विश्व के त्राता उस बुद्ध के लिए
मैंने परिधान भी भेंट किया।"[79]

'थेरी अपादान' का सम्यक अवलोकन करने पर यह बात स्पष्ट हो जाती है कि विहार, स्तूप एवं मण्डप जैसे उल्लेखनीय दान देने वाले भिक्षुणियों की संख्या काफ़ी कम है, जबकि बरतन, आसन, मिठाई इत्यादि सामान्य वस्तुओं का दान करने वाली भिक्षुणियों की संख्या ही अधिक है। 'कटच्छुभिक्खुदायिका' ने बुद्ध को एक चम्मच अन्न समर्पित किया तो मोदकदायिका ने मिठाई भेंट की ओर एकासनदायिका ने आसन अर्पित किया। 'थेरी अपादान' में वर्णित थेरियों के नाम पर गौर करने पर एक रोचक बात सामने आती है कि उनमें से कई का नामकरण उनके द्वारा अर्पित किए गए दान के आधार पर है जैसे मण्डप दान करने वाली भिक्षुणी का नाम मण्डपदायिका, मिठाई दान करने वाली का नाम मोदकदायिका, मेखला दान करने वाली का नाम मेखलादायिका इत्यादि। 'थेर अपादान' एवं 'थेरी अपादान' का तुलनात्मक अध्ययन से यह बात स्पष्ट हो जाती है कि जहाँ भिक्षुओं द्वारा विविधतापूर्ण और बड़ी वस्तुओं के दान के सन्दर्भ दिए गए हैं, वहीं भिक्षुणियों द्वारा ऐसे दान बहुत कम हैं। भिक्षुओं द्वारा अलंकृत और भव्य चैत्य, विहार, मण्डप, गुफाएँ, स्नानगार, अग्निशाला, कूटागार एवं अनेक प्रकार के उपस्कर दान करने के सन्दर्भ हैं वही भिक्षुणियों द्वारा अन्न, जल, दीप, मिठाई जैसे सामान्य वस्तुओं के दान का विवरण ही अधिक है।

बौद्ध धर्म के धार्मिक ग्रन्थों, जातक कथाओं, थेरी अपादान एवं थेरी गाथाओं के अध्ययन से एक और महत्त्वपूर्ण बात सामने उभरकर आती है कि तत्कालीन समाज में पुत्रों के नाम से माताओं को पहचान मिलने लगी थी। विशाखा मिगारमाता, नकुलमाता, उत्तरानन्द माता, खजुत्तरा नन्द माता, सुमंगल माता, अभय माता, वडढ माता जैसे नाम इस बात का स्पष्ट संकेत करते हैं। मानव सभ्यता के विकास के आरम्भिक चरण में यह देखा गया है कि सन्तानों के नाम माताओं के नाम पर आधारित होते थे अर्थात् वंश परम्परा मातृ सतात्मक थी। आगे चलकर सन्तानों

के नाम माता और पिता दोनों के नाम के आधार पर रखे जाने लगे। सबसे बाद में सन्तानों के नाम केवल पिता के नाम पर रखे जाने लगे। इस काल में एक नयी प्रवृत्ति अभरकर सामने आयी कि अब वंश परम्परा मातृ सतात्मक तो बिल्कुल नहीं रही बल्कि इसके उलट माताओं की पहचान पुत्रों के आधार पर होने लगी। यहां यह उल्लेख करना भी आवश्यक है कि पुत्रियों के नाम से माताओं के नामकरण की प्रवृत्ति का कोई संकेत नहीं मिलता।

श्रमण धर्म का विस्तार एवं नारी की क्रियाशीलता

इस काल के धार्मिक और लौकिक साहित्य के अनुशीलन के आधार पर कहा जा सकता है कि यद्यपि श्रमण धर्म खासकर जैन और बौद्ध धर्म ने ब्राह्मण धर्म की कई असंगतियों का विरोध कर तथा अहिंसा एवं त्याग जैसे जीवन दर्शन को समाज के केन्द्र में लाकर सामाजिक आवश्यकताओं की पूर्ति किया। यज्ञ और पशुबलि पर आधारित ब्राह्मण धर्म कृषि आधारित अर्थव्यवस्था के अनुकूल नहीं रह गया था। इसकी जगह 'अहिंसा' को जीवन दर्शन के केन्द्र में लाने से लगातार पशुधन की कमी से जूझ रहे समाज को बड़ी राहत मिली और इसने कृषि एवं पशुपालन आधारित अर्थव्यवस्था को जबरदस्त सहारा दिया। इसी प्रकार अहिंसा के व्यापक प्रचार के कारण आपसी युद्ध और संघर्ष की महत्ता कम हो गयी, जिसने व्यापार के प्रसार में महत्त्वपूर्ण भूमिका निभायी। इस प्रकार कृषि, व्यापार एवं आजीविका (नौकरी) सभी का इस काल में उल्लेखनीय विकास हुआ जिससे आर्थिक समृद्धि के एक नये दौर की शुरूआत हुई। वर्णाश्रम व्यवस्था एवं ब्राह्मणों के एकाधिकार का विरोध करके भी इन धर्मों ने सामाजिक क्रियाशीलता के एक नये अध्याय की शुरूआत की। जैन और बौद्ध धर्म दोनों ही अपने अपने संघों में जातिगत और वर्गगत विभेदों को मान्यता नहीं देते थे और इन संघों में सभी वर्गों और जातियों के लोगों के प्रतिनिधित्व मिल जाते हैं। लेकिन दुर्भाग्य से यह नीति संघों के संगठन तक सीमित रही और वास्तविक जीवन में वर्गभेद और जातिभेद बना रहा। सम्भवत: समाज में बहुमान्य होने की कामना से इन्होंने विभेद पर आधारित सामाजिक संरचना का विरोध नहीं किया। स्त्री अस्मिता की दृष्टि से देखें तो भी आशाजनक तस्वीर नहीं उभरती है। यद्यपि सैद्धान्तिक रूप से मोक्ष या परमपद प्राप्त करने की सम्भावना पुरुष और स्त्री के लिए एक जैसी थी लेकिन व्यावहारिक धरातल पर स्त्रियाँ पुरुषों के नियन्त्रण में या उन पर आश्रित रहीं--गृहस्थ जीवन में भी और संन्यासी जीवन में भी। इस काल के साहित्य में एक आदर्श स्त्री की छवि एक पतिव्रता नारी एवं पुरुष

की छत्रछाया में घर को कुशलतापूर्वक चलाने वाली व्यक्ति की बनी रही, स्वतन्त्र चेता व्यक्ति के रूप में उसकी भूमिका बहुत सीमित हो गयी चाहे वह परिवार हो, समाज हो या भिक्षुणी संघ। भिक्षुणी संघ भी अपने दैनिक कार्य व्यापार एवं धार्मिक विषयों के लिए भिक्षु संघ के ही मुखापेक्षी थे। यहाँ तक कि स्त्रियाँ अपने पति या पिता की अनुमति के बिना भिक्षु संघ में प्रवेश नहीं पा सकती थीं। इसके साथ जैन और बौद्ध धर्म के धार्मिक एवं लौकिक साहित्य में भिक्षुओं को स्त्री संसर्ग से बचाने के लिए स्त्री निन्दा का जो अतिरंजित ताना-बाना बुना गया उसने स्त्रियों की सामाजिक प्रतिष्ठा को निश्चित रूप से ठेस पहुँचायी। कुछ विशिष्ट स्त्रियों जैसे भिक्षुणी एवं पतिव्रता गृहस्थ स्त्री को तो गरिमापूर्ण स्थान दिया गया, लेकिन स्त्री जाति को तमाम दुर्गुणों का स्रोत बताकर और पुरुषों के चारित्रिक पतन का मूल मानने से उनकी सामाजिक स्थिति कमजोर होती गयी जिसे आगे चलकर स्मृति ग्रन्थों और धर्मशास्त्रों ने और मजबूती प्रदान करते हुए संहिताबद्ध कर दिया।

सन्दर्भ :

1. धर्मानन्द कोसाम्बी : भगवान बुद्ध : जीवन और दर्शन, पृ. 71
2. उत्तराध्ययन सूत्र, अध्याय-22
3. आचारांग सूत्र, प्रथम खण्ड; दूसरा अध्ययन : लोकविजय, सूत्र-79
4. उपर्युक्त, अध्ययन 2 : लोकविजय, सूत्र-84
5. उपर्युक्त, द्वितीय खण्ड; दूसरा अध्ययन : शय्या, सूत्र-67
6. उपर्युक्त, सूत्र-71
7. जे मायरं च पियरं च विप्पजहाय, पुव्वसंजोगं।
   एगे सहिते चरिस्सामि, आरतमेहुणो विवित्तेसु।।1।।
   सुहुमेणं तं परिक्कम्म, छन्नपएण इत्थियो मंदा।
   उव्वायं पि ताउ जाणंसु, जहाँ लिस्सन्ति भिक्खुणो एगे।
   सूत्रकृतांग सूत्र : चतुर्थ अध्ययन : स्त्री परिज्ञा, प्रथम उद्देशक, गाथा-1-2
8. उपर्युक्त, गाथा-3
9. उपर्युक्त, गाथा-7
10. अह तत्थ गुणो णमयन्ती, रहकारो व णेमि आणु पुव्वीये।
    बद्धे मिये व पासेणं फंदते वि ण मुच्चए ताहे।
    सूत्रकृतांग सूत्र, चतुर्थ अध्ययन : स्त्री परिज्ञा, प्रथम उद्देशक, गाथा-9
11. उत्तराध्ययन सूत्र, द्वितीय अध्ययन : परीषह प्रविभक्ति
12. वृहदवृत्ति, पत्र 96-97
13. एव मादाय मेहावी पंकभूया न इत्थियो।
    नो ताहि विणिहन्नेज्जा चरेज्जऽत्तगवेसए।
    उत्तराध्ययन सूत्र, द्वितीय अध्ययन : परीषह-प्रविभक्ति, गाथा-17

14. अन्नं मणेण चिन्तेति वाया अन्नं च कम्मुणा अन्नं।
तम्हा न सद्दह भिक्खू बहुमायाओ इत्थीयो णच्चा।
सूत्रकृतांग सूत्र, चतुर्थ अध्ययन : स्त्री परिज्ञा, प्रथम उद्देशक, गाथा-24

15. जतुकुंभे जोइउवगूढ़े, आसुऽभितते णासमुवयाउ।
एतित्थयाहिं अणगार, सवासेण णासमुक्यंति।
उपर्युक्त, गाथा-27

16. अह तं तु भेदमावन्नं, मुच्छियं भिक्खुं काममतिवट्टं।
पलिभिदिया णं तो पच्छा, पादद्धट्टु मुद्धि पहणंति।
सूत्रकृतांग सूत्र, चतुर्थ अध्ययन : स्त्री परिज्ञा, द्वितीय उद्देशक, गाथा-2

17. दारूणि सागपागाए, पञ्जोओ वा भविस्सति राओ।
पाताणि य मे त्यावेहि, एहिता मे पिट्ठओ मद्दे।।5।।
उपर्युक्त, गाथा-5

18. उपर्युक्त, गाथा-7-15

19. उपर्युक्त, गाथा-18

20. विनय, चुल्लवग्ग, 10.1 और आगे

21. अंगुतर निकाय, अट्ठकनिपात

22. अपना दोष बताने के लिए सबसे प्रार्थना करना

23. संघ की सन्तुष्टि के लिए विहार से बाहर रातें बिताना

24. विनय, चुल्लवग्ग, 10.1

25. धर्मानन्द कोसाम्बी : 'भगवान बुद्ध : जीवन और दर्शन'

26. विनय सुत्तविभंग, पाचित्तिय 61-83 (भिक्खुनी पातिमोक्ख)

27. विनय, चुल्लवग्ग, 10, 17, 2 एवं 10.22

28. पदुट्ठचित्ता अहितानुकंपिनी,
अन्येसुरता अतिमन्यते पति।
धनेन कीसस्स बधाय उस्सुका,
या एवरूपा पुरिसस्स भरिया।
बधका च भरिया ति च सा पवुच्चति।।
सुजाता जातक, जातक (सं.) भदंत आनन्द कौसल्यायन

29. यं इत्थिया विन्दति सामिको धनं
सिप्पं वणिज्जं च कसिं अधिट्ठिहं
अप्पंपितस्मा अपहातुमिच्छति,
या एवरूपा पुरिसस्स भरिया
चोरी च भरिया ति च सा पुवच्चति।
उपर्युक्त

30. अकम्मकामा, अलसा, मग्धसा
फरूसा च चण्डी च दुरुत्तवादिनी
उपट्ठयिकानं अभिमुय्य वत्तति,
या एवरूपा, पुरिसस्स भरिया
अय्या च भरियाति च सा पवुच्चति।
उपर्युक्त
31. या सब्ब्दा होति हितानु कम्पनी
माता व पुत्तं अनुरक्खते पति
ततो धनं सम्मतमस्स रक्खत,
या एवरूपा पुरिसस्स भरिया
माता च भरियाति च सा पवुच्चति।
उपर्युक्त
32. यथापि जेट्ठा भागिनी कनिट्ठा
सगारवा होति सकम्हि सामिक
हिरीमना भत्तुवसानुवतिनी
या एवरूपा पुरिसस्स भरिया
भगिणी च भरयाति च सा पवुच्चति।
उपर्युक्त
33. या चिध विस्वान पति पमोदिता
सखी सखारं व चिरस्स आगतं
कोलेय्यका सीलवती पतिव्वता
या एवरूपा पुरिसस्स भरिया
सखी च भरियाति च सा पुवुच्चति।
उपर्युक्त
34. अकुट्ठसन्ता वधदण्डतज्जिता
अदुदचित्ता तिनोतितिक्खति
अक्कोधना, भत्तुवसानुवत्तिनी
या एवरूपा पुरिसस्स भरिया
दासी च भरियाति च सा पवुच्चति।
उपर्युक्त
35. नग्गा नदी अनोदिका नग्गं रट्ठं अराजिकं
इत्थीपि विधवा नग्गा यस्सापि दस भातरो।।
उच्छंग जातक
36. संबुला जातक
37. कट्ठहारि जातक

38. पण्णिक जातक
39. कुणाल जातक, जातक (द्वितीय खण्ड)
40. दुराजान जातक, जातक (प्रथम खण्ड)
41. असातमन्त जातक, जातक (प्रथम खण्ड)
42. उच्छिठभत्त जातक, जातक (द्वितीय खण्ड)
43. वातमिग जातक, जातक (प्रथम खण्ड)
44. वालहस्स जातक, जातक (द्वितीय खण्ड)
45. राध जातक, जातक (द्वितीय खण्ड)
46. अनभिरत जातक, जातक (प्रथम खण्ड)
47. कण्डिन जातक, जातक (प्रथम खण्ड)
48. मा सु नन्दि इच्छति मं मा सु सोचि न इच्छति,
    थीनं भावो दुराजानो मच्छस्सेवोदके गतं।
    दुराजान जातक जातक (प्रथम खण्ड)
49. यथा नदी च पन्था च पाणागारं सभा पपा,
    एवं लोकत्थियो नाम नासं कुंझंति पंडिता।
    अनभिरत जातक, जातक (प्रथम खण्ड)
50. धिरत्यु कण्डिनं सल्लं पुरिसं गालवेधिनं,
    धिरत्यु तं जनपद यत्यित्थी परिनायिका
    ते चापि धिक्किता सत्ता से उत्थीनं वसं गता।
    कण्डिन जातक, जातक (प्रथम खण्ड)
51. उदंचनि जातक, जातक (द्वितीय खण्ड)
52. सुखं वत मं जीवन्तं पचमाना उदंचनी।
    चोरी जायप्पवादेन तेलं लोणंच याचति।।
    उदंचनि जातक, जातक (द्वितीय खण्ड)
53. मृदुलक्खण जातक, जातक (प्रथम खण्ड)
54. पुप्फरत्त जातक, जातक (द्वितीय खण्ड)
55. एका इच्छा पुरे आसि अलद्धा मृदुलक्खनं
    यतो लद्धा अलारक्खी इच्छा इच्छं विजायथ।।
56. अट्ठान जातक
57. तक्क जातक, जातक (प्रथम खण्ड)
58. चुल्लपदूम जातक, जातक (द्वितीय खण्ड)
59. अण्डभूत जातक, जातक (प्रथम खण्ड)
60. कोधना अकतन्नू च पिसुणा च विभेदिका,
    ब्रह्मचरियं चर भिक्खू। सो सुखं न विहाहिसि।।

(भिक्षु! जिस पर तू आसक्त है वह क्रोधी है, अकृतज्ञ है, चुगलखोर है और मित्रों में फूट डालने वाली है। तू ब्रह्मचर्य का पालन कर। इससे तुम्हारे सुख का नाश नहीं होगा)
तक्क जातक, उपर्युक्त

61. सब्बा नदी वकंगता, सब्वे कट्ठमया वना,
सब्बित्थियो करे पापं, लभमाना निवातके।
अंण्डभूत जातक, जातक (प्रथम खण्ड)

62. यं ब्राह्मणं अवादेसी वीणं सम्मुखवेहिती,
अण्डभूता भता भरिया, तासु को जातु विस्ससे।
अण्डभूत जातक, जातक (प्रथम खण्ड)

63. दसण्णक जातक, जातक (: खण्ड)

64. रामधारी सिंह दिनकर : 'संस्कृति के चार अध्याय', प्रकरण 3 : बौद्ध धर्म, पृ. 139

65. थेरी गाथाएँ, अनुवादक-भरत सिंह उपाध्याय, गाथा-23-24, सस्ता साहित्य मण्डल, प्रथम संस्करण, 1950

66. उपर्युक्त, गाथा–102-105

67. उपर्युक्त, गाथा–122-125

68. उपर्युक्त, गाथा–133-137

69. उपर्युक्त, गाथा–25-26

70. उपर्युक्त, गाथा–407-423

71. उपर्युक्त, गाथा–60

72. थेरी अपादान : खेमा (Legends of the Buddhist Saints : Apadanapali Jonatnan S. Walters, 2017)

73. [All us women are] endowed with
the virtue of beauty and grace;
youthful, well spoken, we've revered
like gods [are revered by] people
The legends of Buddhist Saints : Apadanapali : The legend of the Theris, Apadan:30, (1051)

74. We've mastered the Superpowers
[like] the "divine ear" element;
We're also the masters, Great Sage,
of the knowledge in other's hearts
Apadan-30, Ibid, 1060

75. O Great Sage, we are announcing
"all existence has been destroyed
[we're] freed from ties to existence

all outflows don't exist for us
Apadan-31 Ibid] 1104

76. Beautiful, wealthy and famous
and also praised and respected;
we are constantly receiving,
[that] well done Karma's attainment
Ibid. Apadan-32, verse-36

77. We remember [our] former lives;
our "divine eye[s]" purified
All the defilments are destroyed
[we] will not be reborn again
Ibid. Apadan : 32, verse-16

78. I had a stupa constructed
for Siddhartha, the Blessed one
I gifted [my] waist ornament
so the Teacher could be repaired
when that great stupa was finished
I gave another ornament
for the sage, the Guide of the world
[feeling well] pleased by [my] own hands
Ibid. Apadana : 2 (Mekhaladayika), verse 1-2

79. A pavilion was built by me
for Buddha Konagamana,
and I gave robes unceasingly
to the Buddha, the world's Kinsmen
Ibid. Apadana : 3 [Mandapdayika], verse-1

चतुर्थ अध्याय

स्मृति एवं धर्मशास्त्रों के काल में स्त्री अस्मिता के विविध आयाम

राजनीतिक एवं आर्थिक स्थिति में परिवर्तन

मौर्यकाल के बाद का समय महत्त्वपूर्ण राजनीतिक एवं सामाजिक परिवर्तनों का दौर था। राजनीतिक रूप से यह साम्राज्य के विघटन का दौर था तो अर्थव्यवस्था और व्यापार के मोर्चे पर अभूतपूर्व उन्नति का। मौर्य साम्राज्य के अन्तर्गत भारत के अनेक जनपद और गणराज्य विशाल मगध साम्राज्य का अंग बन गए और इस काल में राजनीतिक सत्ता के केन्द्रीकरण की प्रवृत्ति चरमोत्कर्ष पर पहुँचती है। लेकिन मौर्य साम्राज्य के विघटन के साथ ही राजनीतिक उथल-पुथल का दौर प्रारम्भ हो जाता है। शुंग, कण्व, सातवाहन, इंडो-यूनानी, शक, कुषाण, चेर और चोल राजवंशों के अन्तर्गत भारतीय समाज गहरे राजनीतिक उथल-पुथल के दौर से गुजरता है, लेकिन इसके बावजूद इस काल खण्ड में भारतीय अर्थव्यवस्था और व्यापारिक गतिविधि उत्कर्ष पर पहुँचती है। देश के पश्चिमोत्तर भाग पर अभारतीय राजवंशों के प्रभुत्व के कारण, भारतीय व्यापारियों का सम्पर्क विश्व के उन भूभागों के साथ भी हुआ जो, अब तक उन व्यापारियों की पहुँच से दूर थे। इंडो-यूनानी राजाओं ने जहाँ पश्चिमी एशिया और भूमध्य सागरीय क्षेत्रों से सम्पर्क स्थापित करने में महत्त्वपूर्ण भूमिका निभायी, वहीं शक, पार्थियन और कुषाण राजाओं ने भारतीय व्यापारियों की पहुँच मध्य एशिया तक स्थापित कर दिया। इसके साथ ही मसालों और विलास सामग्रियों की अत्यधिक माँग के कारण भारत और रोम के बीच व्यापार की शुरूआत होती है, जिसने भारतीय समाज में समृद्धि के नये दौर को सम्भव बनाया। रोमन लेखक प्लिनी ने बड़े दु:ख के साथ इस बात का उल्लेख किया है कि भारतीय व्यापार रोम की राष्ट्रीय आय का एक बड़ा हिस्सा हथिया लेता है। दरअसल इस काल में फलने

फूलने वाले विदेशी व्यापार पूरी तरह भारतीय समाज के अनुकूल था जिसमें हर वर्ष बहुत बड़ा व्यापार अधिशेष (Trade Surplus) सृजित होता था। इसी युग में दक्षिण पूर्व एशिया से भी व्यापार का विस्तार होता है। आर्थिक परिदृश्य में इस दूरगामी परिवर्तन का भारतीय समाज पर भी गहरा असर पड़ा। व्यापारिक वर्ग के बढ़ते हुए महत्त्व और नई जातियों के आवगमन से परम्परागत सामाजिक व्यवस्था को चुनौती मिलने लगी। अनेक अभारतीय राजवंशों की सत्ता के कारण पारम्परिक वर्ण व्यवस्था में भी नये संयोजन और तालमेल बिठाने की आवश्यकता महसूस की गयी। इंडो-यूनानी, शक और कुषाण राजाओं को 'अस्पृश्य' की कोटि में नहीं रखा जा सकता था क्योंकि उनके पास राजनीतिक सत्ता थी। लेकिन समाज में प्रचलित 'चतुवर्ण' व्यवस्था में भी वे फिट नहीं बैठते थे। विश्व के अनेक भूभागों के साथ व्यापारिक सम्पर्क के कारण व्यापारिक केन्द्रों और समाज में विदेशियों की बहुत बड़ी संख्या थी, जिन्हें वर्ण आधारित सामाजिक व्यवस्था में स्थान देना आसान नहीं था। समाज में मौजूद अभारतीयों की बड़ी संख्या के कारण नस्ल की शुद्धता बनाए रखना अत्यन्त चुनौतीपूर्ण था। इसलिए इस काल के रचित अधिकांश पुराणों में 'कलियुग' के रूप में सामाजिक अव्यवस्था का अनेक रूपों में वर्णन किया गया है।

सामाजिक व्यवस्था का केन्द्र : वर्ण व्यवस्था

वर्ण व्यवस्था के विखराव और अनेक अभारतीय समुदायों के भारतीय समाज में आवागमन की वजह से इस काल में धर्म सूत्रों, धर्मशास्त्रों और स्मृतियों की रचना की गयी, जिसमें वर्ण आधारित सामाजिक व्यवस्था को मजबूती के साथ पेश किया गया। धर्म सूत्रों, स्मृतियों, महाभारत एवं अर्थशास्त्र में राजा के जिस कर्तव्य पर सर्वाधिक बल दिया गया, वह है वर्णों पर आधारित सामाजिक व्यवस्था की रक्षा करना। महाभारत के 'शान्तिपर्व' में राजा को वर्ण व्यवस्था का रक्षक मानते हुए कहा गया है कि राजा के विरुद्ध विद्रोह करने वाले तथा समाज में 'वर्ण संकर' जैसी अव्यवस्था फैलाने वाले को मृत्युदण्ड दिया जाना चाहिए। इसी प्रकार कौटिल्य ने धर्म प्रवर्तक के रूप में राजा को बताते हुए उसे चतुवर्ण व्यवस्था का रक्षक घोषित किया है :

"राजा की दण्ड व्यवस्था से रक्षित चारों वर्ण–आश्रम, सारा लोक, अपने-अपने धर्म कर्मों में प्रवृत्त होकर निरन्तर अपनी-अपनी मर्यादा में बने रहते हैं।"[1]

इसी प्रकार मनुस्मृति के सातवें अध्याय में राजा के कर्तव्यों का वर्णन करते हुए उसे सब वर्णों और आश्रमों की रक्षा करने वाला बताया गया है।[2]

इन उदाहरणों से स्पष्ट है कि वर्ण आधारित सामाजिक व्यवस्था इस काल में वर्णित नीति की केन्द्रीय धुरी है जिसकी विशाल छाया हमें जीवन के सभी क्रिया व्यापारों में देखने को मिलता है चाहे वह विभिन्न वर्णों द्वारा अपनायी जाने वाली आजीविका का सवाल हो, सम्पत्ति और उसके उत्तराधिकार का अथवा दण्ड विधान का। इन सभी विषयों में ब्राह्मण की वरीयता और शूद्रों की उपेक्षा का भाव सहज ही लक्षित किया जा सकता है। जहाँ तक स्त्रियों का सवाल है अनेक विषयों में वह वर्ण आधारित व्यवस्था के मानदण्डों से परिवद्ध दिखाई देती है लेकिन अन्य अनेक विषयों जैसे सम्पत्ति के अधिकार में सामान्यत: सभी वर्गों की स्त्रियों को इससे वंचित रखा गया है। स्त्री धन को छोड़कर परिवार की सम्पत्ति में उसकी हिस्सेदारी को सभी धर्मग्रन्थों में एक सुर से नकारा गया है और इस मामले में सभी वर्ग की स्त्रियाँ एक ही वर्ग में खड़ी दिखाई देती हैं या यूँ कहें कि उनका अपना एक अलग ही वर्ग है।

स्त्री जीवन की केन्द्रीय धुरी : पवित्रता का सिद्धान्त

धर्मसूत्रों और स्मृतयों में वर्णित स्त्री सम्बन्धी विचारों की केन्द्रीय धुरी हे पवित्रता का सिद्धान्त जो 'पतिव्रत धर्म' के रूप में परिकल्पित की गयी है। यह विचार जैन एवं बौद्ध धार्मिक ग्रन्थों में मुखर रूप धारण करती है और धर्मशास्त्रों के काल में आकर चरमोत्कर्ष पर पहुँचती है। तत्कालीन समाज में किसी नारी की हैसियत इसी 'पतिव्रता' के तराजू पर तौली जाती थी। यदि स्त्री पतिव्रता है और इस धर्म का आजीवन पालन करती है तो उसकी समाज में प्रतिष्ठा है, सम्पत्ति सम्बन्धी अधिकारों में भी उसे थोड़ी हिस्सेदारी मिल जाती है, 'स्त्री धन' पर उसका अधिकार सुरक्षित रहता है और उसका गौरव गान किया जाता है। 'मनुस्मृति' एवं अन्य धर्मशास्त्रों एवं स्मृति ग्रन्थों में स्त्रियों के महिमा गान को उसी सन्दर्भ में देखने की आवश्यकता है। लेकिन पतिव्रत धर्म से च्युत अथवा धर्मशास्त्रों की भाषा में कहें तो 'पतित स्त्री' की न तो कोई सामाजिक हैसियत है, न ही कोई स्वतन्त्र अस्मिता। महत्त्वपूर्ण बात यह है कि 'पतिव्रत धर्म' के इस सिद्धान्त को गढ़ने वाला पुरुष है जो स्त्री पर अपने नियन्त्रण को चिर स्थायी और मजबूत बनाने के लिए इस एकतरफा विचार का सृजन करता है। स्त्री से न केवल जीवन पर्यन्त पुरुष के मनोनुकूल एवं एकनिष्ठ रहने की अपेक्षा की जाती है, बल्कि पति की मृत्यु के बाद भी उसकी स्मृति संजोकर अत्यन्त साधारण जीवन व्यतीत करते हुए 'पतिव्रत धर्म' का पालन उसका आवश्यक कर्तव्य माना जाता है। दरअसल इस 'पतिव्रत धर्म' की परिकल्पना के मूल में पुरुष के अमर होने की अपराजेय आकांक्षा है, जिसे धर्म के आवरण में

अभिव्यक्त किया गया है ताकि यह समाज में बहुमान्य हो सके। एकनिष्ठ पतिव्रता नारी की कोख से उत्पन्न सन्तान के रूप में वह अपने को ही नए रूप में मौजूद पाता है और इस प्रकार उसका अस्तित्व हमेशा बना रहता है : उसकी मृत्यु से पहले भी और मृत्यु के बाद भी। इसलिए धर्मशास्त्रों में स्त्री की परिकल्पना क्षेत्र (खेतों) के रूप में और पुरुष की बीज के रूप में की गयी है और इस बात को बार-बार दुहराया गया है कि सन्तान बीज वपन करने वाले व्यक्ति अर्थात् पुरुष की ही होती है। स्त्री की सन्तान होने के दृष्टान्त विरले ही हैं। पवित्रता का यह सिद्धान्त पूरी तरह से एकतरफा है क्योंकि पुरुषों पर यह उसी प्रकार लागू नहीं होता जिस प्रकार स्त्रियों पर। यद्यपि पुरुषों से भी पतिव्रता स्त्री का सम्मान करने की अपेक्षा की गयी है लेकिन तत्कालीन धर्मग्रन्थों में बहुपत्नी प्रथा के व्यापक रूप से प्रचलित होने का साक्ष्य मिलता है और इसके लिए पुरुषों को एक स्त्री की तरह न तो दण्ड का सामना करता है, न सामाजिक अपमान का और न ही सम्पत्ति से बेदखल होने का।

इस परिप्रक्ष्य में धर्मसूत्रों, स्मृतियों एवं लोक कथाओं में अभिव्यक्त स्त्री सम्बन्धी विचारों का आकलन करना समीचीन होगा। इस संक्रान्ति काल में धार्मिक चिन्तन की तीन धाराएँ समानान्तर रूप में विकसित होती हुई दिखाई पड़ती हैं। प्रथम धारा धर्मसूत्रों और स्मृतियों की जिसमें वैदिक आधार पर तत्कालीन समाज के यथार्थ के सन्दर्भ में धर्म को एक व्यापक व्यवस्था के रूप में परिभाषित किया गया तथा उसे संहिता के रूप में व्यवस्थित रूप दिया गया। दूसरी धारा अर्थशास्त्र और दण्डनीति के आधार पर निर्मित की गयी जिसमें राजा को धर्म और प्रजा का संरक्षक बताकर उसकी सत्ता का विस्तार किया गया। इस विचारधारा के अन्तर्गत 'दण्डनीति' को राज्य व्यवस्था का मुख्य आधार माना गया और राजा से अपेक्षा की गयी कि इसके समुचित प्रयोग द्वारा वह सर्वदा प्रजा के कल्याण और सामाजिक व्यवस्था के सुचारू संचालन में प्रवृत्त रहेगा। तीसरी धारा श्रमण सम्प्रदायों की थी जिनमें जैन और बौद्ध धर्म मुख्य थे और निवृत्ति प्रधान जीवन पर जोर देते थे। यह बात गौर करने लायक है कि यद्यपि धर्मसूत्र और स्मृति वैदिक परम्परा को अपना मूल आधार मानते थे लेकिन उनके द्वारा निर्दिष्ट कई सारी बातें वैदिक परम्परा से मेल नहीं खाती हैं। स्त्रियों के सम्बन्ध में यह बात विशेष तौर पर लागू होती है। जहाँ वैदिक साहित्य स्त्रियों को लेकर एक उदार और वर्जनामुक्त जीवन दृष्टि का संकेत देते हैं जो उनकी शिक्षा-दीक्षा से लेकर जीवन साथी के चयन, सामाजिक जीवन में सहभागिता और बौद्धिक विमर्श के क्षेत्र में उनकी जोरदार उपस्थिति के रूप में सामने आते हैं, वहीं इस काल के साहित्य में वर्णित स्त्रियों की क्रियाशीलता का

क्षेत्र काफी संकुचित है। जैसा कि पहले उल्लेख किया जा चुका है कि इस काल में स्त्री सम्बन्धी विचारों पर 'पवित्रता' की गहरी छाया मौजूद है और इसी परिप्रेक्ष्य में स्त्री जीवन का पूरा ताना-बाना बुना गया है। पतिव्रता स्त्री का महिमा मण्डन और स्त्री जाति की कटु निन्दा दरअसल एक ही सिक्के के दो पहलू हैं और स्त्रियों के ऊपर पुरुष वर्चस्व को स्थापित करने के साधन हैं। न केवल धर्मसूत्रों और स्मृतियों में बल्कि 'महाभारत' के 'अनुशासन' एवं 'शान्तिपर्व' (जो इसी काल में जोड़े गए प्रतीत होते हैं) कौटिल्य के 'अर्थशास्त्र', 'पंचतन्त्र' और कालिदास के 'अभिज्ञान शाकुंतल' एवं शूद्रक के 'मृच्छकटिक' जैसी रचनाओं में भी स्त्री जीवन के विविध सन्दर्भों की झलक मिल जाती है। महाभारत के 'अनुशासन' पर्व में साध्वी स्त्रियों की प्रशंसा करते हुए कहा गया है कि :

"साध्वी स्त्री कुल की वृद्धि करती है, वह घर में परम पुष्टि स्वरूप है। साध्वी स्त्री घर की लक्ष्मी है, रति है, मूर्तिमती प्रतिष्ठा है तथा सन्तान परम्परा की आधार है।"[3]

मनुस्मृति के भी पाँचवे अध्याय में पतिव्रता स्त्री का गुणगान करते हुए कहा गया है कि :

"जो स्त्री वाग्दान से लेकर जीवन पर्यन्त पतिव्रता होती है वह पति लोक का त्याग नहीं करती है और अरुन्धती की तरह सर्वदा पति लोक में निवास करती है।"[4]

पंचतन्त्र में भी पतिव्रता स्त्री के गुणों का वर्णन करते हुए बताया गया है कि इन स्त्रियों को पाने वाले पुरुष धन्यभाग्य हैं :

"जिसके घर में पति को ही अपना प्राण समझने वाली और सदा पति के हित में लगी हुई पतिव्रता स्त्री है, वह पुरुष इस पृथ्वी पर धन्यभाग्य है।"[5]

कौटिल्य ने अपने 'अर्थशास्त्र' में भी केवल उसी स्त्री को अपने निजी धन और प्रीति धन का अधिकारी माना है जो अपने धर्म कर्म पर रहना चाहती है। इसके विपरीत यदि स्त्री अपनी इच्छा से या परिवार की इच्छा के विरुद्ध पुनर्विवाह कर लेती है तो उसे न केवल अपने मृत पति के उत्तराधिकार से वंचित होना पड़ता था बल्कि प्रारम्भ में पाए हुए सम्पूर्ण धन को ब्याज सहित लौटाना भी पड़ता था।[6]

न केवल इन ग्रन्थों में पतिव्रता स्त्री की महिमा का अनेक रूपों में बखान किया गया है कि बल्कि इनके पर्यवेक्षण से 'पतिव्रता' की अवधारणा को समझने में भी मदद मिलती है। उससे न केवल जीवन पर्यन्त पति के नियन्त्रण में रहकर उसके सेवा सत्कार एवं मंगलकामना में अपना जीवन उत्सर्ग करने की अपेक्षा की जाती है बल्कि पति की मृत्यु के बाद भी उसे अत्यन्त साधारण जीवन व्यतीत

करते हुए अपने शरीर को क्षीण बनाकर मृत्यु की प्रतीक्षा करने की भी अपेक्षा की जाती थी।

पति के मर जाने पर आजीविका की व्यवस्था होने के बावजूद स्त्री पुष्प कन्द और फल के आहार से शरीर को क्षीण करे तथा किसी अन्य पुरुष के बारे में कभी न सोचे।[7]

पिता या भाई एक स्त्री का विवाह जिस किसी व्यक्ति से भी कर देता था उस स्त्री से आशा की जाती थी कि वह पति के जीवन पर्यन्त उसके साथ निर्वाह करे बल्कि उसकी मृत्यु के बाद भी किसी अन्य पुरुष से संसर्ग, उसके श्राद्ध एवं पारलौकिक कर्तव्यों के त्याग से उस पति का उल्लंघन न करे। यहाँ तक कहा गया है कि अयोग्य एवं आचारहीन पति भी पतिव्रता स्त्रियों के लिए देवता के समान पूजनीय होता है :

"सदाचार से हीन, पर स्त्री में अनुरक्त और विद्या आदि गुणों से हीन भी पति पतिव्रता स्त्रियों के लिए देवता के समान पूज्य होता है।"[8]

'याज्ञवल्क्य स्मृति' में भी इस बात का उल्लेख किया गया है कि जो स्त्री पति के जीवित रहने पर या मरने पर अन्य पुरुषों के पास नहीं जाती वह इस लोक में कीर्ति पाती है तथा मृत्यु के पश्चात पार्वती के साथ आनन्द करती है।[9] आगे आदर्श स्त्री के गुणों का उल्लेख करते हुए कहा गया है :

"स्त्री घर के सामानों को सँभाल कर रखने वाली कुशल, प्रसन्नचित्त, खर्च न करने वाली, पति की वशवर्तिनी एवं सास-ससुर को पैर छूकर प्रणाम करने वाली हो।"[10]

उपर्युक्त उद्धरण से मिलती-जुलती बात मनुस्मृति में भी कही गयी है। पतिव्रता स्त्री के लक्षणों का वर्णन करते हुए इसमें कहा गया है कि ऐसी स्त्री जो पति के विरुद्ध कोई कार्य नहीं करती है पतिव्रता कहलाती है:

"मन वचन तथा कर्म से संयत रहती हुई जो स्त्री पति के विरुद्ध कोई आचरण नहीं करती है वह पतिलोक को प्राप्त करती है तथा उसे सज्जन लोग 'पतिव्रता' कहते हैं।"[11]

इन सन्दर्भों के अवलोकन से स्पष्ट है कि स्त्री के जीवन को आच्छादित करने वाला 'पतिव्रत धर्म' के विचार में मूलत: स्त्री का पुरुष की वशवर्तिनी होना है, न केवल पति की मृत्यु तक बल्कि उसके बाद भी। धर्मशास्त्रों और स्मृतियों को लेकर भारतीय समाज में विपरीत ध्रुवों पर स्थित विचारों को सही परिप्रेक्ष्य में समझने की आवश्यकता है। एक धड़ा इन साहित्यों से अनेक उद्धरण देकर यह

साबित करने का प्रयास करता है कि इसमें स्त्रियों को लेकर अनेक अच्छी बातें कही गयी हैं, दूसरा धड़ा इसे प्रतिगामी साहित्य घोषित करते हुए स्त्री निन्दा के प्रसंगों पर जोर देता है। लेकिन इस विमर्श को सम्पूर्ण परिप्रेक्ष्य में रखकर देखा जाए तो धर्मसूत्रों, स्मृतियों, अर्थशास्त्र और तत्कालीन लोक कथाओं में मौजूद स्त्री की छवि पुरुषत्व (masculinity) की गहरी छाया से ग्रस्त है। इन साहित्य में प्रशंसा केवल उन स्त्रियों का किया गया है जो पूरी तरह पुरुषों नियन्त्रण में और उनके मनोनुकूल आचरण करने वाली हैं। दूसरे शब्दों में कहें तो जो स्त्री 'पतिव्रता' के मानदण्डों पर खरी उतरने वाली हैं, मुख्यत: गुणगान उन्हीं स्त्रियों की गयी है। इससे इतर स्त्रियों की खासकर परपुरुष से संसर्ग करने वाली स्त्री की न केवल कटु निन्दा की गयी है, बल्कि उनके लिए सार्वजनिक अपमान, सम्पत्ति से वंचित करने और कठोर दण्ड देने का विधान किया गया है। 'याज्ञवल्क्य स्मृति' में कहा गया है कि व्यभिचारिणी स्त्री को सभी अधिकारों से वंचित कर कठोर दण्ड देना चाहिए।

"व्यभिचारिणी को सभी अधिकारों से वंचित कर, मलिन बनाकर जीवन यापन भर भोजन देकर, तिरस्कृत कर, भूमिशयन कराकर अपने ही घर में रखे।"[12]

इसी प्रकार 'गौतम धर्मसूत्र' में इस बात का उल्लेख किया गया है कि अपने से निम्नवर्ग के पुरुष के साथ संसर्ग करने वाली स्त्री को राजा सार्वजनिक स्थान पर कुत्तों से खिलवाये।[13] ऐसे ही दण्ड का विधान 'मनुस्मृति' में परपुरुष के साथ समागम करने वाली स्त्रियों के लिए किया गया है :

"जो स्त्री पिता या सम्बन्धियों के अधिक धनी होने या अपने सौन्दर्य के अभिमान में परपुरुष के साथ संगति करके अपने पति का अपमान करे उसे राजा सार्वजनिक स्थान में कुत्तों से कटवाए।"[14]

दाम्पत्य नियमों का उल्लंघन करने तथा पति के साथ दुर्व्यवहार करने वाली स्त्री के लिए कौटिल्य ने भी अनेक प्रकार से दण्डित करने की बात कही है जिसमें उसकी पिटाई से लेकर आर्थिक दण्ड के प्रावधान शामिल हैं :

"दाम्पत्य नियमों का उल्लंघन करने वाली स्त्री को पहले नंगी, अधनंगी, लूली-लंगड़ी, बाप-मरी, माँ-मरी आदि गालियाँ न देकर नम्रता और सभ्यता सिखानी चाहिए। यदि इससे काम न बने तो उसकी पीठ पर बाँस की खपच्ची या रस्सी से तीन बार चोट करना चाहिए। फिर भी वह सीधी राह पर न आए तो उसे वाक्पारुष्य तथा दण्डपारुष्य का आधा दण्ड दिया जाए।"[15]

यही नहीं पुरुष का तिरस्कार करने वाली और उसकी आज्ञा का उल्लंघन करने पर 'अर्थशास्त्र' में अर्थदण्ड का भी विधान किया गया है। पुरुष के मना करने पर भी

यदि कोई स्त्री मद्यपान और विहार करे तो उस पर तीन पण, पति के मना करने पर भी दिन में प्रेक्षागृह में नाटक आदि देखने जाए तो छह पण और यदि किसी परपुरुष के साथ प्रेक्षागृह में जाये तो उसे बारह पण का दण्ड दिया जाए। यदि यही अपराध वह रात में करे तो उसे दुगुणा दण्ड दिया जाए।[16]

आगे फिर इस बात का उल्लेख किया गया है कि यदि कोई स्त्री सोते हुए या उन्मत्त अपने पति को छोड़कर घर से बाहर चली जाए अथवा पति की इच्छा के विरुद्ध घर का दरवाजा बन्द कर ले तो उसे बारह पण दण्ड देना चाहिए। यदि कोई स्त्री अपने पति को रात में घर से निकाल दे तो उसे चौबीस पण का दण्ड दिया जाए।[17]

पति की आज्ञा के बिना पड़ोसी को अपने घर में पनाह देने, भिखारी को भीख देने और व्यापारी को माल देने वाली स्त्री के लिए बारह पण दण्ड का विधान किया गया है। यदि स्त्री निषिद्ध व्यक्तियों के साथ व्यवहार करे तो उसे प्रथम साहस दण्ड तथा यदि वह निर्दिष्ट सीमा के घरों से बाहर जाए तो उसे चौबीस पण दण्ड देने की बात 'अर्थशास्त्र' में कही गयी है। इसी प्रकार पति के घर से भागने वाली और परपुरुष के साथ सहवास करने वाली स्त्री के लिए न केवल आर्थिक दण्ड का प्रावधान किया गया है बल्कि उसे सम्पत्ति सम्बन्धी और सहधर्मिणी के अधिकारों से भी वंचित करने की बात कही गयी है :

"पति घर से भागकर सुदूर गाँव में जाने वाली स्त्री को बारह पण का दण्ड दिया जाए और उसके नाम से जमा पूँजी और उसके आभूषण आदि जब्त कर लिए जाएँ। यदि वह किसी परपुरुष के साथ सहवास करे तो उस पर चौबीस पण का दण्ड दिया जाए और यज्ञ आदि धार्मिक कार्यों में उसे सहधर्मिणी के अधिकार से वंचित कर दिया जाए।"[18]

उपर्युक्त संदर्भों से यह स्पष्ट है कि धर्मशास्त्रों, धर्म सूत्रों, स्मृतियों एवं इस काल में रचित अन्य वैधानिक ग्रन्थों में स्त्री सम्बन्धी विचार 'पवित्रता' के मानदण्ड पर आधारित हैं। इसकी स्वाभाविक परिणति यह है कि इन ग्रन्थों में एक ओर तो पतिव्रता या साध्वी स्त्री की महिमा का बखान किया गया है तो दूसरी ओर स्वतन्त्र जीवन जीनेवाली, पर पुरुष संसर्ग करने वाली एवं पति के मनोनुकूल आचरण नहीं करने वाली स्त्रियों की न केवल कटु निन्दा की गयी है, बल्कि सार्वजनिक रूप से अपमानित करने, सम्पत्ति से बेदखल करने तथा कठोर सजा देने का विधान किया गया है। 'गौतम धर्मसूत्र' में तो व्याभिचारिणी स्त्री के वध करने पर नीले वृषभ का दान पर्याप्त माना गया है तथा वेश्या का वध करने पर किसी प्रायश्चित की आवश्यकता नहीं बतायी गयी है।[19] इस प्रकार इस काल के धर्मग्रन्थों में न केवल

वर्णव्यवस्था अत्यन्त हावी है, बल्कि यौन विषयक नैतिकता के नियम भी काफ़ी कठोर प्रतीत होते हैं, विशेषकर स्त्रियों के लिए। यदि तीन उच्च वर्णों में से किसी वर्ण का पुरुष शूद्र स्त्री से सहवास करे तो उसको देश से निष्कासन का दण्ड विहित किया गया है, जबकि शूद्र वर्ण के पुरुष द्वारा उच्च वर्ग की स्त्रियों के साथ सहवास की स्थिति में मृत्युदण्ड का विधान किया गया है। ऐसी ही भेदभावपूर्ण नीति हमें स्त्रियों के सम्बन्ध में भी दिखाई पड़ती है। पति के मनोनुकूल आचरण न करने या उसकी आज्ञा के विरुद्ध कार्य पर अनेक प्रकार के दण्डों का उल्लेख किया गया है जिनमें सार्वजनिक अपमान से लेकर अर्थ दण्ड के विधान शामिल हैं, लेकिन पुरुषों के लिए ऐसा कोई विधान नहीं किया गया है, केवल कुछ मामलों में प्रायश्चित्त या सामान्य अर्थ दण्ड का विधान है। यहाँ तक कि व्यभिचारिणी स्त्री के वध को मामूली घटना मानते हुए नीले बैल का दान करना पर्याप्त माना गया है और वेश्या के वध के लिए तो उसकी भी जरूरत नहीं समझी गयी है। ऐसे ही मामूली दण्ड की बात व्यभिचारी पुरुष की हत्या के सम्बन्ध में नहीं सोची गयी है।

इस काल के प्रतिनिधि साहित्यक ग्रन्थों के अवलोकन से स्पष्ट है कि इनमें अभिव्यक्त नारी की छवि पूर्व वैदिक कालीन स्त्री की तरह नहीं है जिसकी सामाजिक क्रियाशीलता का आधार बहुत विस्तृत है। वेदों में वह युद्ध लड़ने, रथ चलाने, गुप्तचर का कार्य करने से लेकर बौद्धिक विमर्श एवं साहित्य सृजन तक जीवन के सभी क्षेत्रों में सक्रिय हैं। यही नहीं वह वंश परम्परा के केन्द्र में भी है। लेकिन धर्मसूत्रों, स्मृतियों और तत्कालीन लोक कथाओं में अभिव्यक्त स्त्रियों की सामाजिक क्रियाशीलता का दायरा अत्यन्त सीमित है। उनके सम्पूर्ण जीवन की रूपरेखा एक स्वतन्त्र व्यक्ति के रूप में नहीं बल्कि पत्नीत्व, मातृत्व एवं घरेलू जीवन के ढाँचे में ही निर्मित किया गया है। अनेक स्थानों पर उनकी स्वतन्त्रता का निषेध किया गया है और जीवन की हर अवस्था में उन्हें पुरुषों पर निर्भर बताया गया है। स्त्री के जन्म से लेकर उसकी शिक्षा-दीक्षा, विवाह, पारिवारिक एवं सामाजिक जीवन तथा सम्पत्ति सम्बन्धी अधिकारों, जीवन के प्रत्येक क्षेत्र में उसकी स्थिति पुरुष मुखापेक्षी की है जो अनेक रूपों में इन साहित्य में व्यक्त किए गए हैं। तत्कालीन साहित्य में मौजूद स्त्री जीवन के इन विविध सन्दर्भों की विवेचना स्त्री अस्मिता के स्वरूप को ठीक तरह से समझने के लिए आवश्यक है।

स्त्री की स्वतन्त्रता का निषेध

जैसा कि ऊपर कहा गया है इस काल के साहित्य में स्त्री की स्वतन्त्रता का स्पष्ट रूप से निषेध किया गया है बल्कि कई ग्रन्थों में इस बात का उल्लेख किया गया है

कि स्त्रियाँ इसके काबिल नहीं होती और पुरुषों को यत्नपूर्वक स्त्री की स्वतन्त्रता को सीमित करके रखना चाहिए। महाभारत के 'अनुशासन पर्व' में अष्टावक्र और उत्तर दिशा के बीच संवाद में स्त्रियों के बारे में स्पष्ट तौर पर कहा गया है कि स्वतन्त्रता उनके लिए नहीं है और जीवन की प्रत्येक अवस्था में वह किसी न किसी पुरुष के संरक्षण में रहती है :

अष्टावक्र : "भद्रे! तुम स्वतन्त्र कैसे हो? तीनों लोकों में कोई ऐसी स्त्री नहीं है जो स्वतन्त्र रहने के योग्य हो।

कुमारावस्था में पिता इसकी रक्षा करते हैं, जवानी में वह पति के संरक्षण में रहती है और बुढ़ापे में पुत्र उसकी देखभाल करते हैं। इस प्रकार स्त्रियों के लिए स्वतन्त्रता नही है।"[20]

जीवन की हर अवस्था में स्त्री के पुरुष पर आश्रित होने की बात मनुस्मृति में भी दुहरायी गयी है और महाभारत तथा मनुस्मृति के श्लोकों में आश्चर्यजनक समानता है। मनुस्मृति के अनुसार :

"स्त्री बचपन में पिता के, जवानी में पति के और पति के मर जाने पर बुढ़ापे में पुत्र के वश में रहे, स्वतन्त्र कभी न रहे।"[21]

मनुस्मृति में यह भी कहा गया है कि बचपन में, जवानी में और बुढ़ापे में भी स्त्री को घर में भी अपनी इच्छा से कोई काम नहीं करना चाहिए बल्कि सभी काम क्रमश: पिता पति और पुत्र की सम्मति से करना चाहिए। 'गौतम धर्मसूत्र' में भी इस बात का स्पष्ट उल्लेख किया गया है कि श्रौत और गृह्य सभी प्रकार के धार्मिक कार्यों में स्त्री अस्वतन्त्र होती है अर्थात वह पति के ही धर्म एवं अनुष्ठान का अनुसरण करती है।[22] 'याज्ञवल्क्य स्मृति' में भी जीवन की विभिन्न अवस्थाओं में स्त्रियों का पुरुषों द्वारा संरक्षण की बात करते हुए इस बात पर जोर दिया गया है कि स्त्रियों के लिए स्वतन्त्रता नहीं है :

"स्त्री की कन्यावस्था में पिता रक्षा करे, विवाह के उपरान्त पति रक्षा करे, वृद्धावस्था में पति के अभाव में पुत्र रक्षा करे। इनके अभाव में जाति के लोग रक्षा करें। स्त्रियों का स्वातन्त्र्य कभी भी सम्भव नहीं है।"[23]

उपर्युक्त उद्धारणों से स्पष्ट है कि इस काल के साहित्य में स्त्री की स्वतन्त्रता को स्पष्ट तौर पर नकारा गया है और इस बात पर जोर दिया गया हे कि जीवन की प्रत्येक अवस्था में उसे पुरुष के संरक्षण में होना चाहिए और उसे स्वतन्त्र बिल्कुल नहीं छोड़ना चाहिए। यह बात संगीत के टेक की तरह बार-बार दुहरायी गयी है जिससे भ्रम की कोई गुंजाइश न रहे। धर्मशास्त्रों, धर्मसूत्रों और स्मृतियों में वर्णित यह

दृष्टि वैदिक जीवन दृष्टि के उलट है जिसमें किसी स्त्री को अपनी शिक्षा-दीक्षा पूरी करने के बाद गृहस्थ जीवन या जीवन पर्यन्त कुँवारी रहकर जीवन यापन की पूरी स्वतन्त्रता थी। रोचक बात यह है कि ये सभी ग्रन्थ अपना मूल आधार वेदों को ही मानते हैं और उसमें वर्णित विचारों और मान्यताओं को ही व्यवस्थित रूप से प्रस्तुत करने का दावा करते हैं।

बाल विवाह का समर्थन

वैदिक काल की तरह इस काल में वेद, कला, शिल्प, साहित्य और संगीत की सम्यक् शिक्षा द्वारा कन्या के सर्वांगीण व्यक्तित्व के विकास पर बल नहीं है बल्कि शीघ्रता से उसका विवाह करके अपने कर्तव्यों को पूरा करने पर दिखाई पड़ता है। अत: अनेक प्रसंगों में कन्या के बाल विवाह पर जोर दिया गया है। ऋतुकाल के बाद कन्या को विवाहित नहीं करने पर धर्मसूत्रों एवं स्मृतियों में पिता, भाई एवं परिवार के लोगों को धर्म से च्युत बताया गया है। 'गौतम धर्मसूत्र' में कहा गया है कि इस उम्र तक कन्या का विवाह न करने वाले पिता आदि पाप के भागी होते हैं।[24] 'याज्ञवल्क्य स्मृति' में भी इस बात पर जोर दिया गया है कि कन्या को उचित समय पर वर को न देने वाला व्यक्ति उसके प्रत्येक ऋतुकाल में भ्रूणहत्या के पाप का दोषी होता है।[25] मनुस्मृति में तो इस बात की भी वकालत की गयी है कि श्रेष्ठ और योग्य वर मिल जाने की स्थिति में अत्यन्त अल्प आयु की कन्या का भी विवाह कर देना उचित है :

"कुल तथा आचार में श्रेष्ठ सुन्दर और योग्य वर मिल जाए तो कन्या की अवस्था विवाह योग्य न होने पर भी उस कन्या को यथाविधि दान कर दिया जाए।"[26]

आगे मनुस्मृतिकार यह भी विधान करते हैं कि कन्या के ऋतुमती होने के भय से पिता आदि कन्या के अभिभावकगण नौ या दस वर्ष से कम अवस्था वाली (नग्निका) कन्या का भी दान कर दे, ऋतुमती कन्या के हो जाने पर दान करने वाले पाप के भागी होते हैं।[27] यद्यपि मनुस्मृतिकार इस बात पर भी बल देता है कि ऋतुमती कन्या जीवन पर्यन्त पिता के घर में भले ही रह जाए किन्तु इसे गुणहीन वर को कभी भी समर्पित नहीं करना चाहिए।[28] इसके बावजूद अधिकांश धर्मशास्त्रों एवं स्मृतियों में कन्या के ऋतुमति होने से पहले ही विवाह करने को धर्मसम्मत ठहराया गया है। स्वाभाविक तौर पर धर्मशास्त्रों के ऐसे स्पष्ट निर्देश के बाद शायद ही कोई परिवार कन्या के सुशिक्षित होने और उसकी पसन्द-ना-पसन्द का इन्तजार करता होगा और यथाशीघ्र उसे किसी व्यक्ति के हाथों सुपुर्द कर आत्मतोष अनुभव करता

होगा। ऐसी स्थिति में ज्ञानार्जन के उपरान्त एक वयस्क कन्या को अपने जीवन चुनने की स्वतन्त्रता शायद ही कभी हासिल हो पाती होगी और अपने पति एवं उसके कुटुम्ब की उन्नति में ही वह अपने जीवन की सार्थकता देखती होगी। कालिदास ने अपने प्रसिद्ध नाटक 'अभिज्ञान शाकुंतल' में इस बात को अत्यन्त प्रभावशाली ढंग से व्यक्त करते हुए उस समय के सामाजिक यथार्थ को हमारे सामने रखा है। शकुंतला की विवाह के उपरान्त विदाई पर सन्तोष की भावना व्यक्त करते हुए महर्षि कण्व कहते हैं :

"आह! शकुंतला को उसके पति के घर भेजकर अब निश्चिन्त हुआ क्योंकि कन्या पराये की ही सम्पत्ति है। उसे आज उसके पति के समीप भेजकर किसी की दी हुई धरोहर लौटाने की भाँति मेरी अन्तरात्मा अत्यन्त निर्मल हो गयी है।"[29]

कन्या को 'पराये की सम्पत्ति' कहकर कालिदास कन्या के सम्बन्ध में तत्कालीन समाज की मानसिकता को ही प्रतिध्वनित करते हैं। यह वैदिक काल से लेकर स्मृति काल की यात्रा में स्त्री के जीवन में आनेवाला अत्यन्त महत्त्वपूर्ण परिवर्तन है। वैदिक काल में अनेक ब्रह्मवादिनी स्त्रियों की चर्चा है, जिन्होंने किसी पुरुष के प्रति समर्पित हो जाने में अपने जीवन की सार्थकता महसूस नहीं की, बल्कि आजीवन कुँवारी रहकर वेदों के मन्त्रों का साक्षात्कार किया और ब्रह्मविद्या के प्रचार में अपना योगदान देकर भारत में बौद्धिक विमर्श को एक नयी ऊँचाई पर पहुँचाने का काम किया। इस काल में 'अमाजुर' और 'पितृषद' जैसे स्त्रियों के ऐसे वर्ग का भी उल्लेख मिलता है जो जीवन-भर अविवाहित रहकर पिता के घर में जीवन व्यतीत करती थी। 'धर्मशास्त्रों' के काल तक आते-आते ऐसी स्वतन्त्र जीवी स्त्रियों का अस्तित्व समाप्त हो जाता है।

कन्या के विविध दोष

इन शास्त्रों में बड़े विस्तार से विवाह के उपयुक्त कन्या तथा उसके दोषों का वर्णन किया गया है, साथ में यह चेतावनी भी दी गयी है कि बुद्धिमान पुरुष को दोषयुक्त कन्या से विवाह नहीं करना चाहिए। कन्या का दोष बिना बताए यदि उसका विवाह कर दिया जाए तो पुरुष को ऐसे विवाह की मर्यादा निभाने को बाध्य नहीं किया जा सकता था एवं वह दूसरा विवाह करने के लिए स्वतन्त्र था। कन्या का दोष छिपाकर उसका विवाह कर देना अपराध की श्रेणी में गिना जाता था और उसके लिए विधिवत दण्ड का विधान किया गया था। 'मनुस्मृति' के तीसरे अध्याय में बहुत विस्तार से विवाह के अयोग्य कन्या और कुल का वर्णन किया गया है। इस लंबी

सूची में रोगग्रस्त, संस्कार विहीन, बहुत अधिक बालोंवाली, अधिक बोलने वाली, बहुत मोटी, बहुत पतली, बहुत लम्बी, बहुत छोटी, किसी अंग से हीन और झगड़ा करने वाली कन्याएँ तो हैं ही, वैसी कन्याएँ भी शामिल हैं जिसके भाई न हो अथवा माता-पिता का ज्ञान न हो।[30] ऐसी ही बातें विवाह के अयोग्य कुल के बारे में भी कही गयी है। विवाह के लिए जिन दस कुलों को त्याज्य कहा गया है उनमें रोगग्रस्त, संस्कार विहीन, वेदों के पठन-पाठन से हीन कुलों के अलावा उस कुल को भी शामिल किया गया है जिसमें पुत्र उत्पन्न नहीं होता है, केवल कन्या ही उत्पन्न होती है।[31] 'याज्ञवल्क्य स्मृति' में भी स्त्री के अनेक दोषों में से एक 'कन्याओं' को उत्पन्न करना माना गया है और ऐसी स्थिति में पुरुषों को दूसरा विवाह करने की पूरी छूट दी गयी है :

"मदिरा पीने वाली, दीर्घ रोगिणी, धूर्ता, वन्ध्या, धन नाश करने वाली, कटु भाषण करने वाली, कन्याओं को उत्पन्न करने वाली तथा पुरुष से द्वेष करने वाली पत्नी के रहते हुए दूसरा विवाह विहित है।"[32]

जाहिर है जिस समाज में कन्या को जन्म देना दोष की श्रेणी में गिना जाता हो और उसके कारण पुरुष का दूसरा विवाह वैधानिक माना जाए ऐसे समाज में कन्या को अपने भाइयों के समकक्ष अवसर मिलते होंगे, इसकी तो कल्पना भी नहीं की जा सकती है। पुत्र के प्रति दुर्निवार आकर्षण केवल इस काल की बात नहीं है बल्कि वैदिक काल में भी पुत्रों के प्रति आकर्षण का भाव आसानी से लक्षित किया जा सकता है। लेकिन इस वजह से लालन-पालन, शिक्षा-दीक्षा एवं अपने जीवन के बारे में निर्णय को लेकर कन्याओं के साथ विभेद की स्थिति वैदिक काल में न के बराबर दिखाई पड़ती है। स्मृति काल तक आते-आते पुत्रों के प्रति आकर्षण को समाज ने एक नयी स्थिति पर पहुँचा दिया, जहाँ कन्याओं को जन्म देना ही अशुभ एवं दोषयुक्त माना जाने लगा। कन्याओं की भ्रूणहत्या इसी मन:स्थिति की अगली कड़ी के रूप में देखा जा सकता है।

स्त्री का जीवन : अन्तहीन प्रतीक्षा

जब जन्म से लेकर मृत्यु पर्यन्त जीवन की हर अवस्था में स्त्री को पुरुष पर आश्रित माना जाता हो तो यह स्वाभाविक है कि न केवल पति की मौजूदगी में बल्कि उसकी ग़ैर मौजूदगी में भी उसका नियन्त्रण बना रहे। अत: पति के परदेस चले जाने अथवा मृत्यु की स्थिति में भी स्त्रियों को ऐसे निर्देश दिए गए हैं जिनसे पति की अवमानना न हो। याज्ञवल्क्य स्मृति में स्पष्ट तौर पर कहा गया है कि :

"जिसका पति बाहर गया हो, वह क्रीड़ा, शरीर का शृंगार, जन समूह तथा विवाह आदि उत्सवों का दर्शन, हँसी ठिठोली और किसी अन्य व्यक्ति के घर में गमन न करे।"[33]

'मनुस्मृति' के नवें अध्याय में भी पति के परदेस चले जाने पर स्त्री के कर्तव्यों का उल्लेख करते हुए बताया क्या है कि इस दौरान स्त्री को शृंगार, दूसरे के घर जाने जैसे कार्यों का त्याग करते हुए सामान्य जीवन जीना चाहिए :

"जीविका का प्रबन्ध कर पति के परेदस जाने पर स्त्री नियम का पालन करती हुई शृंगार, पर गृह गमन आदि का त्याग करते हुए अपना जीवन यापन करे तथा बिना आजीविका का प्रबन्ध किए पति के परदेस चले जाने पर स्त्री अगर्हित शिल्पों से अपना जीवन यापन करे।"[34]

मनुस्मृति में आगे यह भी कहा गया है कि धमार्थ परदेस जाने वाले पति की आठ वर्ष तक, विद्या अर्जन या यश वृद्धि के लिए परदेस जाने पर छह वर्ष तक और भोग आदि अन्य कार्यों के लिए परदेस जाने पर स्त्री को तीन वर्ष तक प्रतीक्षा करनी चाहिए। इसके बाद वह पति के पास चली जाए।

कौटिल्य के अर्थशास्त्र में भी इस बात का उल्लेख किया गया है कि अध्ययन के लिए परदेस गए हुए ब्राह्मणों की पुत्रहीन स्त्रियों को दस वर्ष तक और पुत्रवती स्त्रियों को बारह वर्ष तक अपने पति के आने की प्रतीक्षा करनी चाहिए। यदि किसी राजकाज के सिलसिले में पति बाहर गया हो तो स्त्री जीवन पर्यन्त उसकी प्रतीक्षा करे। इस प्रकार परदेस जाने वाले अधिकांश स्त्रियों का जीवन एक अन्तहीन प्रतीक्षा में गुजरता था और इस दौरान उससे अपेक्षा की जाती थी कि वह हर प्रकार के आमोद-प्रमोद एवं उत्सव से दूर रहकर अत्यन्त साधारण जीवन व्यतीत करे। पति के परदेस जाने पर स्त्रियों के पुनर्विवाह को भी अधिकांश स्मृतियों एवं सूत्र साहित्य में स्वीकृति नहीं दी गयी है फिर इस दौरान किसी परपुरुष के संसर्ग से यदि स्त्री को सन्तान भी उत्पन्न हो जाए तब तो यह निन्दनीय ही कहा जाएगा। 'याज्ञवल्क्य स्मृति' में वर्णित है कि जो स्त्री पति के जीवित रहने पर या मरने पर अन्य पुरुषों के पास नहीं जाती है वह इस लोक में यश पाती है।[35] 'गौतम धर्मसूत्र' में भी इस बात का स्पष्ट रूप से उल्लेख है कि यदि पति कहीं अज्ञात स्थान पर चला गया हो तो स्त्री छह वर्ष उसकी प्रतीक्षा करे, यदि वह विद्या अर्जन के लिए परदेस गया हो तो पत्नी बारह वर्ष तक प्रतीक्षा करे। यहाँ तक कि यदि पति संन्यासी हो गया हो तो स्त्री को भी सभी सांसारिक विषयों से निवृत्त होकर संयम का जीवन जीना चाहिए।[36] मनुस्मृति में भी कहा गया है कि पति की मृत्यु के उपरान्त भी स्त्री को ब्रह्मचारिणी के रूप में जीवन यापन करना चाहिए। ऐसी पतिव्रता स्त्री परपुरुष के संसर्ग से

सन्तान पैदा किए बिना ही ब्रह्मचारियों के समान स्वर्ग को प्राप्त करती है। मनुस्मृति में यह बात विशेष तौर पर रेखांकित की गयी है कि विवाह सम्बन्धी मन्त्रों में किसी भी शाखा में नियोग की बात नहीं है, और न ही विवाह की विधि में विधवा को पुन: देने का वर्णन है। केवल कौटिल्य जैसे कुछ शास्त्रकारों ने ही शर्तों के साथ स्त्री के पुनर्विवाह का समर्थन किया है। उन्होंने भी विभिन्न कार्यों के लिए परदेस जाने वाले पुरुष की स्त्री को अलग-अलग समय तक प्रतीक्षा करने का सुझाव दिया है। यदि पुत्रहीन स्त्रियों के पति कुछ समय के लिए परदेस गए हों उन्हें एक वर्ष तक और पुत्रवती स्त्रियों को इससे अधिक समय तक अपने पति के आने की प्रतीक्षा करनी चाहिए। यदि पति उनके भरण पोषण का इन्तजाम करके गए हों तो उससे दुगुणे समय तक स्त्रियों को प्रतीक्षा करनी चाहिए। इसके बाद पहले विवाह में दिए गए धन को वापस लेकर उनके बन्धु-बान्धव को चाहिए कि उस स्त्री को दूसरी शादी करने की छूट दे दें। आगे पुन: कहा गया है कि जिस स्त्री का पति संन्यासी हो गया हो या मर गया हो, उसकी स्त्री सात मासिक धर्म तक दूसरा विवाह न करे। उसके बाद वह अपने पति की सगे भाई के साथ विवाह कर ले। यदि सगे भाई बहुत हों तो पति के बाद पैदा हुए एवं भरण पोषण में समर्थ भाई के साथ विवाह कर ले। यदि पति का कोई सगा भाई न हो तो समान गोत्र वाले उसके किसी पारिवारिक भाई के साथ विवाह कर ले। लेकिन अपने पति की सम्पत्ति के हकदार पुरुषों को छोड़कर यदि कोई स्त्री किसी अन्य पुरुष के साथ विवाह करे तो विवाह करने वाला पुरुष, वह स्त्री, उस स्त्री को दान करने वाले तथा उस विवाह में शामिल होने वाले व्यक्ति स्त्री को बहकाने या अनुचित ढंग से उसको काबू में करने के दोषी माने जाएँ और उनको यथोचित दण्ड दिया जाए। इन विवरणों से स्पष्ट है कि कौटिल्य जैसे कुछ धर्मशास्त्रकारों को छोड़कर अधिकांश ने स्त्री के पुनर्विवाह को धर्म संगत नहीं माना है और पुरुष की अपुस्थिति में स्त्री के जीवन को निष्प्रयोज्य मानते हुए उसे राग रंगों एवं शृंगार प्रसाधनों से दूर रहकर अपना शरीर क्षीण करने की वकालत की है। 'पंचतन्त्र' के 'कपोत लुब्धक कथा' में तत्कालीन समाज में विधवा स्त्री की कारुणिक दशा को अत्यन्त प्रभावपूर्ण तरीके से व्यक्त किया गया है। इस कथा के अनुसार अपनी शरण में आए हुए एक बहेलिए की प्राण रक्षा के लिए और उसकी क्षुधा शान्त करने के लिए एक कबूतर अपने को आग में झोंक देता है और अपने मांस से उस बहेलिए का भूख शान्त करता है। कबूतर की मृत्यु के उपरान्त कपोती अनेक प्रकार से विलाप करती हुई विधवा जीवन की निरर्थकता को व्यक्त करती है :

"हे नाथ! आपके बिना मुझे अब इस जीवन से क्या प्रयोजन है? अब मैं जीना

नहीं चाहती हूँ क्योंकि दीन-हीन और पति से विहीन विधवा स्त्री के लिए जीवन का अर्थ ही क्या है?

क्योंकि मान, दर्प, अहंकार और कुल में तथा बन्धु-बान्धवों में आदर और सम्मान तथा नौकर चाकर और दास-दासियों पर हुकूमत ये सब स्त्री के विधवा होते ही नष्ट हो जाते हैं।"[37]

'पंचतन्त्र' का उपर्युक्त उद्धरण तत्कालीन समाज में विधवा स्त्री के जीवन की निस्सारता का जो संकेत करता है, उसके सन्दर्भ हमें धर्मसूत्रों और स्मृतियों में आसानी से मिल जाते हैं। कौटिल्य जैसे कुछ धर्मशास्त्रकार विधवा स्त्री के पुनर्विवाह की बात तो करते हैं, लेकिन उसमें स्त्री के ऊपर अनेक शर्तें लाद दी गयी हैं और इस पूरे प्रसंग में स्त्री की इच्छा-अनिच्छा और चुनाव का कोई स्थान नहीं है।

वंश प्रर्वतक के रूप में स्त्री की भूमिका

स्त्री जीवन का एक महत्त्वपूर्ण आयाम वंश प्रवर्तन का है और वंश प्रवर्तक के रूप में उसकी भूमिका का आकलन भी स्त्री अस्मिता को समझने के लिए अत्यन्त आवश्यक है। इस पुस्तक के आरम्भिक अध्यायों में इस बात पर विस्तार से चर्चा की गयी है कि मानव समाज के आरम्भिक चरण में वंश प्रवर्तन के केन्द्र में स्त्रियाँ ही थीं पुरुष नहीं। इसी कारण मानव सभ्यता के शुरुआती दौर में सन्तानों के नाम माताओं के आधार पर रखे गए हैं। यद्यपि बाद में चलकर यह परम्परा समाप्त हो जाती है लेकिन इसके अवशेष भारतीय समाज में लम्बे समय तक मौजूद पाए जाते हैं। न केवल 'महाभारत' के आदिपर्व में महर्षि वेद व्यास द्वारा वर्णित वंश परम्परा मातृसत्तात्मक है, बल्कि उत्तर वैदिक काल में पुराणों, उपनिषदों में वर्णित सन्तान के नाम जैसे माद्रेय, कौन्तेय, देवकीनन्दन जाबालि इत्यादि इस प्रथा के जारी रहने की ओर संकेत करते हैं। लेकिन धर्मशास्त्र और स्मृतियों के काल तक आते-आते सन्तानों पर माताओं का अधिकार काफ़ी क्षीण हो गया था। 'गौतम धर्मसूत्र' में भिन्न-भिन्न प्रसंगों में सन्तान का अधिकारी कौन होगा इसके सम्बन्ध में वर्णन है। पुत्र या तो जिस पुरुष की पत्नी द्वारा उत्पन्न किया गया है उस पुरुष का या खास परिस्थिति में नियोग द्वारा उत्पन्न करने वाले पुरुष का होगा, किसी भी परिस्थिति में माता के सन्तान होने की बात नहीं कहीं गयी है। इसके अनुसार क्षेत्री (पति) के जीवित रहने पर, उसके रोगी या नपुंसक होने की स्थिति में उसकी प्रार्थना से नियोग द्वारा उत्पन्न पुत्र उस क्षेत्री का ही होता है उत्पन्न करने वाले पुरुष का नहीं।[38] आगे चलकर यह बात भी कही गयी है कि सामान्यत: पुत्र उत्पन्न करने वाले व्यक्ति

(बीजी) का होता है, क्षेत्री का नहीं, लेकिन यदि नियोग से पूर्व ही यदि इस सम्बन्ध में शर्त तय की गयी हो तो पुत्र क्षेत्री का भी हो सकता है। यदि पति ही भरण पोषण का कार्य करता है तो नियोग द्वारा उत्पन्न होने पर भी सन्तान पति (क्षेत्री) का ही होता है नियोग करने वाले व्यक्ति का नहीं।[39] 'आपस्तम्ब धर्म सूत्र' में भी इसका उल्लेख है कि पुत्र उत्पन्न करने वाले पुरुष का ही होता है।[40] आगे इसमें यह भी कहा गया है कि सावधान होकर पुत्रों की उत्पत्ति की रक्षा करो। तुम्हारे खेत में कोई दूसरा बीज न बोए। मनुस्मृति में स्त्री की कल्पना क्षेत्र (खेत) के रूप में और पुरुष की बीज रूप में की गयी है तथा इन दोनों के संयोग से प्राणियों की उत्पत्ति की बात मानी गयी है लेकिन दोनों के परस्पर महत्त्व का निर्णय करते हुए बीज को ही श्रेष्ठ माना गया है :

"बीज तथा क्षेत्र में बीज ही श्रेष्ठ कहा जाता है, अतएव सब जीवों की सन्तान बीच के लक्षणों से ही युक्त होती है।"[41]

आगे उदाहरण देकर यह भी बताया गया है कि भूमि में किसानों के द्वारा एक खेत में ही अनेक प्रकार के बीज बोए जाते हैं। ये बीज अपने-अपने स्वभाव के अनुसार भिन्न-भिन्न रूप वाले उत्पन्न होते हैं।[42] अत: जोर देकर बात कही गयी है कि भूमि का एक रूप होने पर भी बीज की भिन्नता के कारण उत्पाद का स्वरूप परिवर्तन होता है, अतएव सन्तानों की उत्पत्ति एवं उनके गुण निर्धारण में बीज को ही प्रधान मानना चाहिए। यद्यपि आनुवंशिकी विज्ञान के विकास ने आधुनिक काल में इस धारणा को भ्रांत साबित कर दिया है लेकिन यह बात निर्विवाद रूप से कही जा सकती है कि इस काल तक आते-आते वंश प्रवर्तक के रूप में भी स्त्री की भूमिका को गौण स्थान ही दिया गया है एवं निर्णयकारी भूमिका पुरुष को प्रदान की गयी है। इसी प्रकार 'महाभारत' के 'अनुशासन पर्व' के चौवालीसवें अध्याय में विभिन्न वर्णों की सन्तानों के सम्बन्ध में कहा गया है कि ब्राह्मण के तीन (ब्राह्मण, क्षत्रिय और वैश्य) क्षत्रिय के लिए दो (क्षत्रिय और वैश्य) कन्याएँ कही गयी हैं। वैश्य केवल अपनी जाति की कन्या के साथ विवाह करे। इन स्त्रियों से जो सन्तानें उत्पन्न होती हैं, वे पिता के समान वर्ण वाली होती हैं। माताओं के कुल या वर्ण का उन पर कोई प्रभाव नहीं होता।[43]

बहुविवाह प्रथा

महाभारत के इस उद्धरण से एक और सामाजिक प्रथा का संकेत मिलता है, वह है बहु विवाह प्रथा जिसका सन्दर्भ हमें धर्मशास्त्रों, स्मृतियों और साहित्यिक रचनाओं में भी प्रचुरता से मिलता है। बहुविवाह प्रथा के कारण परिवार में स्त्री की स्थिति

कमजोर हो गयी और अपना गरिमापूर्ण स्थान सुरक्षित करने के लिए वह पुरुष की मुखापेक्षी हो गयी। 'याज्ञवल्क्य स्मृति' में भी इस बात का उल्लेख किया गया है कि समान वर्ण वाली स्त्री के होने पर धर्मकार्य में ज्येष्ठा सवर्णा स्त्री को ही लगाया जाए, अन्य को नहीं।[44] कौटिल्य ने भी अपने ग्रन्थ अर्थशास्त्र में बहुविवाह प्रथा का खुला समर्थन करते हुए लिखा है कि :

"जिस स्त्री के विवाह में न तो दहेज मिला है और न ही उसके पास अपना निजी धन है, उसको दहेज तथा स्त्रीधन के बराबर धन देकर और उसके जीवन निर्वाह की व्यवस्था कर पुरुष अनेक स्त्रियों के साथ विवाह कर सकता है क्योंकि स्त्रियाँ पुत्र पैदा करने के लिए ही होती हैं।"[45]

कालिदास के नाटक 'अभिज्ञान शाकुंतल' में बहुविवाह प्रथा के कारण अपनी अस्मिता और पति के परिवार में गौरवपूर्ण स्थान हासिल करने के लिए संघर्षरत स्त्री की व्यथा को अत्यन्त प्रभावशाली ढंग से व्यक्त किया गया है। शकुंतला को विवाह के उपरान्त उसे राजा दुष्यन्त के यहाँ भेजते समय महर्षि कण्व अपने शिष्य शारंगरव के माध्यम से सन्देश भेजते हैं कि :

"हम लोगों को संयमी, तपस्वी तथा अपने कुल को उच्च समझकर आप कम-से-कम अन्य स्त्रियों के समान ही शकुंतला के साथ व्यवहार करेंगे। इससे आगे बढ़कर यदि इसे और भी सौभाग्य मिलता है तो यह इसके भाग्य की बात है।

इसके उपरान्त शकुंतला को भी सम्बोधित करते हुए उसके पिता कण्व कहते हैं :

"तुम यहाँ से अपने पति के घर जाकर अपने से बड़ों की सेवा करना, अपनी सौतों के साथ प्रिय बहन की तरह मधुर व्यवहार करना, पति द्वारा अपमानित किए जाने पर भी क्रोध के कारण विपरीत आचरण मत करना, दास-दासियों के साथ उदारतापूर्वक व्यवहार करना और अपने सौभाग्य पर गर्व करना। जो नव वधुएँ ऐसा आचरण पति के घर पर करती हैं वे गृहिणी का पद प्राप्त करती हैं और जो इसके विपरीत चलती हैं वे अपने कुल की व्याधि बनती हैं।"[47]

उपर्युक्त सन्दर्भों से स्पष्ट है कि बहुविवाह प्रथा के कारण न केवल स्त्रियाँ वंश प्रवर्तन के केन्द्र से खिसककर हाशिए पर आ जाती हैं बल्कि पति के परिवार में गौरवपूर्ण स्थान पाने के लिए पूरी तरह उसकी कृपा पर निर्भर हो जाती है।

स्त्रियों के सम्पत्ति सम्बन्धी अधिकार

इस कालखण्ड में स्त्रियों की स्थिति के सम्यक् आकलन करने के लिए उनके सम्पत्ति सम्बन्धी अधिकारों पर भी गौर करना आवश्यक है जिसे विस्तार से स्मृतियों,

धर्मसूत्रों एवं अर्थशास्त्र में वर्णित किया गया है। सामान्यत: धन के दो प्रकार हैं जिन पर अलग-अलग विचार किए जाने की आवश्यकता है : (i) पारिवारिक धन जो उत्तराधिकार के रूप में एक पीढ़ी से दूसरी पीढ़ी को दी जाती है, और (ii) स्त्री धन।

'गौतम धर्मसूत्र' के अनुसार पिता की मृत्यु के बाद पुत्र उसकी सम्पत्ति प्राप्त करें।[48] आपस्तम्ब धर्म सूत्र में सम्पत्ति के उत्तराधिकार एवं उसके विभाजन के सम्बन्ध में विस्तृत निर्देश दिए गए हैं। इसके अनुसार पिता अपने जीवनकाल में ही पुत्रों में दाय का समान विभाजन करे। पुत्र न होने की स्थिति में निकटतम सम्बन्धी जो उसी गोत्र का हो, वह दाय का अधिकारी होता है। सगोत्र का अभाव होने पर दाय का अधिकारी आचार्य होता है, आचार्य के भी न रहने पर उसका शिष्य उस दाय को ग्रहण कर मृत व्यक्ति के नाम से उस धन को धार्मिक कार्यों में लगाए या स्वयं ही उस धन का उपयोग कर सकता है। पुत्र के न होने पर पुत्री दाय को ग्रहण करे तथा सभी बन्धु बान्धवों के न होने पर राजा उस दाय को ग्रहण कर ले।[49] आपस्तम्ब द्वारा सम्पत्ति के उत्तराधिकार सम्बन्धी सोपान क्रम के विश्लेषण से स्पष्ट तौर पर कहा जा सकता है कि पुत्रहीन व्यक्ति की मृत्यु हो जाने पर उसकी विधवा पत्नी दाय की अधिकारिणी नहीं मानी जाती थी। यह बात हैरान करने वाली है कि पुरुष की सम्पत्ति का उत्तराधिकार पुत्र से लेकर सगोत्र, आचार्य, उस का शिष्य, पुत्री एवं अन्त में राजा को उसका अधिकारी माना गया है लेकिन उस पुरुष के साथ आजीवन निर्वाह करने वाली उसकी पत्नी को इस अधिकार से वंचित रखा गया है। पुत्री को सम्पत्ति का अधिकार सबसे अन्त में दिया गया है, राजा द्वारा उस संपत्ति के अधिग्रहण से पहले। सम्पत्ति के उत्तराधिकार सम्बन्धी यह व्यवस्था निश्चित तौर पर विधवा स्त्री की सामाजिक एवं आर्थिक स्थिति को दयनीय बनाती होगी। लेकिन सभी धर्मशास्त्रकार आपस्तम्ब की इस व्यवस्था से सहमत प्रतीत नहीं होते हैं। 'याज्ञवल्क्य स्मृति' में स्पष्ट व्यवस्था दी गयी है कि पिता की मृत्यु होने के बाद पुत्रों में सम्पत्ति का विभाजन होने पर यदि माता को स्त्री धन नहीं मिला है तो वह समान अंश की अधिकारिणी होती है।[50] आगे यह भी कहा गया है कि यदि बहनों का विवाह नहीं हुआ है तो सभी भाई अपनी सम्पत्ति में से चौथाई अंश देकर उसका विवाह कराएँ।[51] यह बात भी साफ़ तौर पर कही गयी है कि यदि किसी पुरुष के औरस, पुत्रिका पुत्र, क्षेत्रज, गूढ़ज, कानीन, पौनर्भव, दत्तक, क्रीत, स्वयंकृत, दत्तात्मा, सहोढज, अपविद्ध इन बारह पुत्रों में से कोई भी पुत्र न हो तो उस दिवंगत पुरुष की पत्नी, पुत्रियाँ, माता-पिता, भाई, भाइयों के पुत्र, गोत्र में उत्पन्न बन्धु, शिष्य और ब्रह्मचारी में पूर्व के अभाव में बाद वाले व्यक्ति क्रमश: उसकी सम्पत्ति के अधिकारी होते

हैं और यह व्यवस्था सभी वर्णों के लिए एक जैसी होती है।[52] याज्ञवल्क्य की तरह कौटिल्य ने भी 'अर्थशास्त्र' के 'धर्मस्थीय' नामक तृतीय अधिकरण के पाँचवें, छठे और सातवें अध्याय में सम्पत्ति के उत्तराधिकार पर विस्तृत चर्चा की है। कौटिल्य का उत्तराधिकार सम्बन्धी विधान याज्ञवल्क्य की तरह उदार प्रतीत नहीं होता है और इसमें पत्नी को सम्पत्ति के अधिकार की बात नहीं कही गयी है, यद्यपि गौतम और आपस्तम्ब जैसे धर्म सूत्रकारों की तरह पुत्री को विशेष परिस्थिति में दाय का उत्तराधिकारी माना गया है।

'अर्थशास्त्र' में भी अन्य धर्मसूत्रकारों की तरह यह विधान किया गया है कि सामान्यत: पिता की मृत्यु के बाद पुत्र आपस में सम्पत्ति का बँटवारा कर सकते हैं। संयुक्त परिवार में रहने वाले कुटुम्बों के बारे में कहा गया है कि वे चौथी पीढ़ी तक अविभाजित पैतृक सम्पत्ति के हकदार होते हैं बशर्ते वंश परम्परा खण्डित न हुई हो। खण्डित वंश परम्परा की स्थिति में सभी मौजूद भाई पैतृक सम्पत्ति में बराबर के हिस्सेदार होते हैं। जिस पुरुष के कोई पुत्र न हों उसकी सम्पत्ति उसके सगे भाई या साथी ले लें।[53] यहाँ यह बात उल्लेखनीय है कि पैतृक सम्पत्ति में कन्या को निश्चित हिस्सेदारी को मान्यता नहीं दी गयी है बल्कि विवाह आदि महत्त्वपूर्ण अवसरों के लिए केवल आवश्यक धन लेने की अनुमति दी गयी है। इसके अतिरिक्त पत्नी या माता को सम्पत्ति में अधिकार की बात बिल्कुल नहीं की गयी है। सुवर्ण, आभूषण एवं नकदी जैसी सम्पत्ति जिसे 'रिक्थ' कहा गया है, उसके भी उत्तराधिकारी सामान्य रूप से पुत्र ही माने गए हैं। पुत्र के अभाव में वे पुत्रियाँ भी इस धन की अधिकारिणी मानी गयी हैं जो धर्म विवाहों से उत्पन्न हुई हैं। पुत्रियों के अभाव में मृतक पुरुष का जीवित पिता, पिता के अभाव में उसके सगे भाई और उनके अभाव में उनके पुत्र इस सम्पत्ति के अधिकारी घोषित किए गए हैं।[54] अर्थशास्त्र में यह विधान भी किया गया है कि जिस सम्पत्ति का कोई उत्तराधिकारी न हो उसे राजा ले ले और उस संपत्ति में वह मृतक की विधवा के भरण-पोषण तथा मृतक के श्राद्ध कर्म के लिए धन छोड़ दे।[55] यहाँ उल्लेखनीय है कि मृतक पुरुष की पत्नी को उसका स्वाभाविक उत्तराधिकारी नहीं माना गया है, बल्कि अन्य उत्तराधिकारियों की अनुपस्थिति में उस धन को राजा द्वारा गृहीत करने का विधान है तथा विधवा स्त्री को केवल भरण पोषण के लिए धन छोड़ने की व्यवस्था की गयी है। यह बात हैरान करने वाली है क्योंकि सभी वर्णों के सन्तानों को यहाँ तक कि वर्ण संकर सन्तानों को भी जायदाद में बराबर का हिस्सेदार माना गया है लेकिन मृत पुरुष की पत्नी को इससे बाहर रखा गया है।

'मनुस्मृति' में भी पिता के धन का स्वाभाविक उत्तराधिकारी पुत्रों को ही माना गया है। उसके अनुसार माता-पिता के मरने पर सब भाई एकत्रित होकर उनकी सम्पत्ति को बराबर बाँट लें। आगे भाइयों के बीच सम्पत्ति के बँटवारे सम्बन्धी अनुक्रम और उनको मिलने वाले धन के विवरण से भी यह बात साफ़ हो जाती है कि पुत्रियाँ या माताएँ प्रथम चरण में दाय की अधिकारी नहीं मानी जाती थीं। लेकिन पुत्रहीन पुरुष के मामले में उसकी स्त्री समान भागवाली कही गयी है तथा उस पुरुष की माता को भी उसकी पत्नी के समान कहा गया है।[56] इसके उपरान्त पारिवारिक सम्पत्ति में उत्तराधिकार के अनुक्रम का उल्लेख करते हुए बताया गया है कि निकटतम सगोत्री भी मृत व्यक्ति के धन का अधिकारी होता है, उसके बाद क्रमशः सजातीय, आचार्य तथा उसका शिष्य मृत व्यक्ति के धन का उत्तराधिकारी होता है। इसके अतिरिक्त संतानहीन मृत व्यक्ति की पत्नी यदि नियोग द्वारा भी सगोत्री से पुत्र उत्पन्न करे तो वह पुत्र भी मृत व्यक्ति की सम्पत्ति पाने का अधिकारी होता है।

स्मृतियों एवं धर्मशास्त्रों में वर्णित सम्पत्ति के उत्तराधिकार सम्बन्धी विमर्शों के अवलोकन से यह बात स्पष्ट हो जाती है कि पिता की सम्पत्ति का स्वाभाविक अधिकारी सभी धर्मशास्त्रकारों ने एकमत से पुत्र को ही स्वीकार किया है। लेकिन पुत्रहीन पुरुषों के मामले में याज्ञवल्क्य और मनु जैसे कुछ धर्मशास्त्रकारों को छोड़कर अधिकांश ने उसकी स्त्री को दाय की अधिकारिणी नहीं माना है और संपत्ति उत्तराधिकार में पाने वाले व्यक्ति से यह अपेक्षा की गयी है कि वह उस स्त्री का भरण-पोषण करे। यह निश्चित तौर पर स्त्रियों की सामाजिक और आर्थिक स्थिति को कमजोर बनाने वाला विधान था और इसके कारण स्त्रियाँ भविष्य में पर मुखापेक्षी बनकर रह गयीं खासकर ऐसे समाज में जहाँ स्त्रियों के स्वतन्त्र व्यवसाय और विकास की सम्भावना बहुत कम थी। पुत्र के अभाव में गौतम और आपस्तम्ब जैसे कुछ धर्मशास्त्रकारों ने पुत्री को भी सम्पत्ति की अधिकारिणी बताया है लेकिन याज्ञवल्क्य और कौटिल्य जैसे शास्त्रकारों ने उसे विधिवत दाय का अधिकारी न मानते हुए दाय पाने वाले व्यक्ति से उसके विवाह एवं अन्य महत्त्वपूर्ण अवसरों के लिए आवश्यक धन की व्यवस्था करने की बात कही है।

स्त्री धन का अधिकार

अब 'स्त्रीधन' के सम्बन्ध में उत्तराधिकार सम्बन्धी मान्यताओं का विश्लेषण भी आवश्यक प्रतीत होता है। पुराणों, स्मृतियों एवे धर्मशास्त्रों का एक साथ अनुशीलन करने पर ऐसा प्रतीत होता है कि स्त्रीधन के अतिरिक्त अन्य किसी प्रकार के धन पर

स्त्रियों के स्वामित्व को मान्यता नहीं दी गयी है। 'मत्स्यपुराण'[57] और 'मनुस्मृति'[58] में इस बात को स्पष्ट तौर पर रेखांकित किया गया है कि स्त्री, पुत्र और दास ये तीनों ही 'अधन' होते हैं और ये जो कुछ भी अर्जित करते हैं उस पर उनके स्वामी का ही अधिकार होता है। लेकिन 'स्त्रीधन' के सम्बन्ध में उसकी स्वाभाविक उत्तराधिकारी पुत्रियाँ ही मानी गयी हैं। 'विष्णु धर्मोत्तर पुराण'[59] 'अग्नि पुराण'[60] 'याज्ञवल्क्य स्मृति'[61] एवं 'मनुस्मृति'[62] में इस बात को साफ़तौर पर कहा गया है कि माता के धन पर सर्वप्रथम अधिकार पुत्रियों का ही होता है। 'नारदस्मृति' के अनुसार माता का धन उनकी कन्याओं में विभाजित होना चाहिए और कन्याओं के अभाव में उनकी अन्य सन्तानों को मिलना चाहिए। पाराशर ने भी स्त्रीधन पर कन्याओं का ही अधिकार घोषित किया है और पुत्रों के लिए इसका निषेध किया है।[63] 'गौतम धर्मसूत्र' के अनुसार स्त्री की सम्पत्ति उसकी अविवाहिता पुत्रियों को मिलती है, अविवाहिता पुत्रियों के अभाव में निर्धन विवाहिता पुत्रियों को मिलती है।[64] लेकिन स्त्रीधन पर कन्याओं के उत्तराधिकार सम्बन्धी यह व्यवस्था हमेशा लागू नहीं होती थी और अनेक धर्मशास्त्रकारों ने पुत्रों को भी माता की सम्पत्ति में अधिकारी घोषित किया है। 'मनुस्मृति' में एक स्थान पर उल्लेख किया गया है कि विवाह के बाद पतिकुल या पितृकुल से प्राप्त स्त्रीधन को पाने का अधिकार उसके पति के जीवित रहने पर भी पुत्रियों का ही होता है वहीं दूसरी जगह पर यह बताया गया है कि माता के मरने पर सब सहोदर भाई तथा अविवाहित सहोदर बहनें उसके धन को बराबर हिस्से में पाते हैं।[65] 'याज्ञवल्क्य स्मृति' में भी माता के धन पर पुत्रियों का स्वाभाविक अधिकार घोषित किया गया है लेकिन पुत्रियों के अभाव में पुत्रों को भी इसका उत्तराधिकारी बताया गया है। इसी प्रकार बिना सन्तान वाली स्त्री की मृत्यु पर उसके स्त्रीधन को पति एवं बन्धु-बान्धवों द्वारा प्राप्त करने का निर्देश दिया गया है।[66] कौटिल्य ने 'अर्थशास्त्र' में स्त्रीधन दो प्रकार का माना है : वृत्ति और आवध्य। स्त्री के नाम से बैंक आदि में जमा किए गए धन को वृत्ति और विवाह एवं अन्य विशिष्ट अवसरों पर प्राप्त उपहार वस्त्र आभूषण इत्यादि आवध्य कहे गए हैं। कौटिल्य के अनुसार किसी आकस्मिक स्थिति में पति भी स्त्री के धन को खर्च कर सकता है :

"किसी विपत्ति बिमारी, दुर्भिक्ष या अन्य आकस्मिक संकट के निदान के लिए या धर्म कार्य में पति भी स्त्री के निजी धन को खर्च करता है तो यह अनुचित नहीं है।"[67] इसके अलावा 'अर्थशास्त्र' में यह भी विधान किया गया है कि दो सन्तान पैदा होने पर यदि स्त्री और पुरुष दोनों मिलकर उस धन को खर्च करें तब भी कोई

दोष नहीं मानना चाहिए। ऐसे पति-पत्नी जिनका धर्म सम्मत तरीके से विवाह हुआ है, वे कोई सन्तान उत्पन्न न होने पर भी स्त्रीधन को खर्च कर सकते हैं। लेकिन गंधर्व, आसुर, राक्षस तथा पैशाच विधि से सम्पन्न विवाहों के मामलों में पति-पत्नी को स्त्री धन खर्च करने की अनुमति नहीं दी गयी है। 'अर्थशास्त्र' में इस बात का भी स्पष्ट तौर पर विधान किया गया है कि पति के रहते हुए यदि स्त्री मर जाए तो उसके निजी धन को उसकी सन्तानें आपस में बाँट लें। यदि लड़के न हों तो उस धन को लड़कियाँ आपस में बाँट लें। यदि लड़कियाँ न हों तो उसका पति उस धन को ले ले।[68]

स्त्री धन एवं पैतृक धन से इतर मामलों में उसका अधिकार सामान्यत: पुत्रों को दिया गया है। 'गौतम धर्म सूत्र' में कहा गया है कि पिता द्वारा अपनी पुत्री के विवाह के लिए अलग रखे गए धन माता की मृत्यु के बाद सहोदर भाई आपस में बाँट लें।[69] अन्य आचार्यों के मत का हवाला देते हुए यह कहा गया है कि माता के जीवित रहने पर भी यह धन सहोदर भाईयों का ही होता है।

धर्मसूत्रों, स्मृतियों, पुराणों एवं अन्य शास्त्रों में अभिव्यक्त स्त्रीधन सम्बन्धी मान्यताओं के विश्लेषण से यह बात स्पष्ट है कि स्त्रीधन पर पुत्रियों के अधिकार को एकमत से स्वीकार किया गया है, लेकिन गौतम जैसे कुछ धर्मशास्त्रकारों को छोड़कर लगभग सभी ने विवाहिता पुत्रियों को स्त्रीधन का उत्तराधिकारी नहीं माना है केवल अविवाहित पुत्रियों को ही इसका अधिकारी समझा गया है। दरअसल विवाह एवं अन्य विशिष्ट अवसरों पर पिता या पति के कुल से प्राप्त धन को स्त्रीधन कहा गया है तथा इसे अपनी निजी सम्पत्ति मानकर स्त्रियों को अपनी मर्जी से खर्च करने की छूट नहीं दी गयी है। इसके खर्च सम्बन्धी नियमों को भी इस काल में संहिताबद्ध किया गया है और कौटिल्य जैसे कुछ शास्त्रकारों ने विशेष परिस्थिति में पति को भी स्त्रीधन खर्च करने की छूट दी है। 'स्त्रीधन' के अलावा अन्य किसी भी धन पर स्त्रियों के अधिकार को स्पष्ट रूप से नकारा गया है। इसके अतिरिक्त अनेक धर्मशास्त्रकार स्त्रीधन पर पुत्र और पुत्रियों को बराबर अधिकार देने के हिमायती हैं। जिस काल में स्त्री के पास आजीविका के अनेक अवसर उपलब्ध नहीं थे उसमें कुछ धनी एवं आभिजात्य वर्ग की स्त्रियों को छोड़कर उन्हें स्त्रीधन के रूप में मूल्यवान सम्पत्ति मिलने की सम्भावना बहुत कम प्रतीत होती है। इस बात की पुष्टि कौटिल्य के 'अर्थशास्त्र' के तृतीय अधिकरण में 'दायभाग' अध्याय में वर्णित दरिद्र लोगों द्वारा पानी पीने के बरतनों आदि के बँटवारे से भी होती है। फिर भी स्त्रियों के लिए सीमित गतिशीलता वाले समाज में स्त्रीधन उनकी आर्थिक सुरक्षा का एक

महत्त्वपूर्ण उपकरण था, इसमें कोई सन्देह नहीं। इसके अलावा यह प्रावधान भी किया गया है कि बन्धु-बान्धवों ने विवाह या अन्य अवसरों पर दहेज या अन्य रूप में जो धन किसी स्त्री को दिया है, इसे वे वापस भी ले सकते हैं।[70] इसके साथ ही स्त्रीधन के विषय में दो और शर्तों को जोड़ा गया है : यदि पुत्रवर्ती स्त्री पुनर्विवाह करना चाहे तो वह स्त्रीधन की उत्तराधिकारिणी नहीं हो सकती। उस स्त्री के निजी धन के उत्तराधिकारी उसके पुत्र ही होंगे।[71] यदि कोई विधवा स्त्री अपने पुत्रों के भरण पोषण के लिए विवाह करना चाहे तो उसे अपनी निजी सम्पत्ति पुत्रों के नाम करनी होगी।[72] यहाँ तक कि अपनी इच्छा से खर्च करने के लिए प्राप्त स्त्रीधन को भी वह पुनर्विवाह से पहले अपने पुत्रों के नाम लिख दे।[73]

दानवीकरण का अगला दौर : स्त्री चरित्र की निन्दा

अब तक स्मृति काल में स्त्री जीवन के विभिन्न आयामों पर चर्चा की गयी है लेकिन यह तस्वीर तक तक पूरी नहीं होती, जब तक स्त्री जाति के सम्बन्ध में इस काल के साहित्य में व्यक्त विचारों का समग्र आकलन न किया जाए। इस अध्याय में इस बात का उल्लेख किया जा चुका है कि साध्वी और पतिव्रता स्त्रियों की काफी प्रशंसा की गयी है, लेकिन स्त्री जाति की एक नकारात्मक छवि जो जैन एवं बौद्ध साहित्य में मुखर रूप धारण करती है वह स्मृतियों, धर्म सूत्रों, पुराणों और लौकिक कथाओं में पराकाष्ठा पर पहुँचती है। यद्यपि जैन और बौद्ध साहित्य में स्त्री के दावनीकरण का मुख्य कारण भिक्षुओं को नारियों के संसर्ग से दूर रखना था, लेकिन उसका एक अनचाहा प्रभाव यह भी हुआ कि आने वाले समय में स्त्रियों के प्रति यह भावना कमजोर होने के बजाय मजबूत होती गयी और इसने स्त्रियों की सामाजिक छवि को बहुत नुकसान पहुँचाया जिसकी अनुगूंज शताब्दियों तक बनी रही। इस काल के साहित्य में न केवल स्त्री के दुर्गुणों का विस्तार से वर्णन करते हुए उसे असत्यवादी, अविश्वासी, चपल एवं कामासक्त के रूप में चित्रित किया गया बल्कि उसे पुरुषों को धर्म के पथ से विमुख करने वाली भी बताया गया है। जैन और बौद्ध साहित्य में वर्णित स्त्री सम्बन्धी विचारों से स्मृति एवं धर्मशास्त्र कालीन वर्णन इस रूप में भी अलग है कि जहाँ बौद्ध एवं जैन धार्मिक साहित्य एवं लोक कथाओं में स्त्री जाति को अविश्वासी और धर्मभ्रष्ट दर्शाने के बावजूद अधिकांश प्रसंगों में उन्हें क्षमा कर दिया गया है जबकि धर्मशास्त्रों और स्मृतियों में इसके लिए कठोर दण्ड का विधान है जिसमें सार्वजनिक अपमान, कुत्तों से नोचवाने और नाक कान काटने जैसी अंग भंग की सजाएँ शामिल हैं। महाभारत के 'अुशासन पर्व' के उन्नीसवें अध्याय में

अष्टावक्र और उत्तर दिशा (जो स्त्री के रूप में चित्रित है) का संवाद संकलित है। इसमें स्त्रियों के चरित्र का वर्णन करते हुए कहा गया है :

"ये स्त्रियाँ न पिता को जानती हैं, न माता को, न कुल को समझती हैं, न भाईयों को। पति, पुत्र और देवरों की भी वे परवाह नहीं करती हैं। अपने लिए रति की इच्छा रखकर ये समस्त कुल की मर्यादा का नाश कर डालती हैं, ठीक उसी तरह जैसे बड़ी-बड़ी नदियाँ अपने तटों को ही तोड़-फोड़ देती हैं।"[74]

'महाभारत' के 'अनुशासन पर्व' के अड़तीसवें अध्याय में नारद और पंचचूड़ा अप्सरा का संवाद संकलित है, जिसमें नारद के अनुरोध पर पंचचूड़ा अप्सरा नारियों के स्वभाव का वर्णन करती है और उनके अनेक दुर्गुणों को उजागर करती है :

"स्त्रियों का स्वभाव चंचल होता है, उनको समझना अत्यन्त कठिन कार्य है। जैसे विद्वान पुरुष की वाणी दुर्बोध होती है वैसे ही नारियों का भाव जल्द किसी के समझ में नहीं आता है।"[75]

इसमें नारियों को न केवल दुर्बोध और समझ से परे बताया गया है बल्कि यह भी कहा गया है कि भय और बन्धन के कारण ही स्त्रियाँ समाज में सुरक्षित रह सकती हैं। यदि इन्हें इनका भय न हो तो इन्हें मर्यादा में रखना कठिन है।[76]

'पंचतन्त्र' में कहा गया है कि स्त्री, राजा और लता उन्हीं से लिपट जाते हैं जो उनके पास में होता है चाहे वह गुणी हो या निर्गुण। उसी को ये अपना आश्रय और प्रेमपात्र बना लेते हैं।[77] इसकी अनेक कथाओं में स्त्री के दुर्गुणों को बड़े विस्तार से और बढ़ा-चढ़ाकर दिखाया गया है। 'दंतिल गोरंभ कथा' में स्त्री स्वभाव के बारे में लिखा है :

"स्त्रियाँ किसी के साथ प्रेम से बात करती हैं तो किसी दूसरे व्यक्ति की ओर कटाक्ष और हाव भाव के साथ और किसी तीसरे व्यक्ति को मन में याद करती हैं। इस प्रकार स्त्रियों को सच्चा प्रेम किसी के साथ नहीं होता।"[78]

दरअसल इन कथाओं में स्त्रियों को अविश्वसनीय एवं पुरुषों को मतिभ्रष्ट करने वाला दर्शाया गया है और 'महाभारत' की तरह ही इस बात पर जोर दिया गया है कि बन्धन और भय के द्वारा ही स्त्रियों को मर्यादा में रखा जा सकता है। इन कथाओं का मूल मंतव्य स्त्रियों को दुर्गुणों की खान बताकर उनके ऊपर पुरुष सत्ता के नियन्त्रण को मजबूत करना प्रतीत होता है। जैन और बौद्ध धर्म के धार्मिक ग्रन्थों और जातक कथाओं की तरह 'पंचतन्त्र' की अनेक कहानियाँ एक ओर पुरुषों को सरल हृदय ओर निष्कपट तो दूसरी ओर स्त्रियों को अविश्वसनीय और मायावी रूप में चित्रित करती हैं :

जो मूर्ख अपने मन में यह समझता है कि कोई स्त्री मेरे ऊपर अनुरक्त है, वह उसी प्रकार स्त्रियों के वशीभूत हो जाता है जैसे पालतू पक्षी। स्त्रियाँ, पुरुषों को झूठा प्रेम दिखाकर उनके मन में विश्वास पैदा कर उनको अपने वश में कर लेती हैं जैसे पालतू पशु-पक्षियों को चारा डालकर वश में कर लिया जाता है।"[79]

पंचतन्त्र के 'आषाढभूति जम्बुक' कथा में तो स्त्रियों के दुर्गुणों को इतना बढ़ा चढ़ाकर पेश किया गया है कि ऐसा प्रतीत होता है कि संसार में सभी बुराइयों की जड़ स्त्री ही है :

स्त्री संशयों का भँवर, अविनय का घर, साहसों का नगर, दोषों का खजाना, छल कपटों का महल, अविश्वास का उत्पत्ति स्थान, सभी प्रकार की मायाओं का पिटारा, अमृत के लेप से ढका हुआ विष का यह टुकड़ा–'स्त्री' नामक यह यंत्र संसार में धर्म के नाश के लिए ही ब्रह्माजी ने बनाया है।[80]

मनुस्मृति में भी स्त्रियों को स्वाभाविक रूप से कई दुर्गुणों से युक्त कहा गया है :

"शय्या, आसन, आभूषण, काम, क्रोध, कुटिलता, द्रोहभाव और दुराचरण इनको स्त्रियों के लिए मनु ने सृष्टि के प्रारम्भ में ही बना दिया है।"[81]

स्त्री स्वभाव को व्याभिचार युक्त बताकर 'मनुस्मृति' में शास्त्रों के हवाले से बहुत सारी युक्तियाँ व्यभिचार की परीक्षा के लिए बतायी गयी हैं। इसके मूल में यह दुराग्रह जान पड़ता है कि स्त्रियाँ स्वभावत: मर्यादाहीन होती हैं अत: पुरुषों को यत्नपूर्वक उनकी रक्षा करनी चाहिए :

"इन स्त्रियों का जातकर्म आदि संस्कार वैदिक मन्त्रों से नहीं होता है यह धर्मशास्त्र की व्यवस्था है। श्रुति स्मृति से हीन और पापनाशक मन्त्रों के जप का अधिकार नहीं होने से ये स्त्रियाँ असत्य की तरह होती हैं।"[82]

साक्षी के रूप में स्त्री की अविश्वसनीयता

तत्कालीन स्मृतियों, धर्मसूत्रों, पुराणों एवं लोक कथाओं में अभिव्यक्त स्त्रियों की इस कटु निन्दा के कारण उसकी सामाजिक छवि को काफ़ी धक्का पहुँचता है। इसका संकेत हमें न्याय एवं दण्ड विधान के क्षेत्र में स्त्रियों की अविश्वसनीयता के सन्दर्भों से मिलती है। अधिकांश ग्रन्थों में स्त्रियों को साक्षी के तौर पर मान्यता नहीं दी गयी हैं क्योंकि वे विश्वसनीय नहीं मानी जाती हैं। 'याज्ञवल्क्य स्मृति' में उन व्यक्तियों की सूची दी गयी है जो साक्षी होने की योग्यता नहीं रखते हैं और इस सूची में स्त्री को भी शामिल किया गया है :

"स्त्री, बालक, वृद्ध, जुआरी, शराबी, पागल, अभिशप्त, चारण, पाखण्डी,

कपट लेख लिखने वाला, विकलांग, पतित मित्र, धन देने वाला सहायक, शत्रु, चोर, बलात अपहरण करने वाला, प्रत्यक्ष असत्य बोलेने वाला, परिवार द्वारा परित्यक्त इत्यादि व्यक्ति साक्षी नहीं होते हैं।[83]

उक्त सूची में शामिल अधिकांश व्यक्ति या तो अपराध कर्म से सम्बन्धित हैं या अस्थिर मन:स्थिति वाले हैं। लेकिन इसमें स्त्री, विकलांग तथा परिवार द्वारा परित्यक्त व्यक्ति को शामिल करने से निश्चय ही तत्कालीन समाज में उनके प्रति भेदभावपूर्ण स्थिति का संकेत मिलता है। 'मनुस्मृति' में भी साक्षी के लिए अयोग्य माने-जाने वाले व्यक्तियों की लम्बी सूची दी गयी है जिसमें 'यज्ञवल्क्य स्मृति' में वर्णित अधिकांश नामों की पुनरावृत्ति है। इस सूची में अन्य व्यक्तियों के अलावा गवाही में असत्य बोलने वाले, बालक, वृद्ध और स्त्री को भी शामिल करते हुए कहा गया है कि इन व्यक्तियों की बातें अस्थिर होती हैं अत: इन्हें गवाही के उपयुक्त नहीं माननी चाहिए :

"गवाही में असत्य बोलने वाले व्यक्ति, बालक, स्त्री और वृद्ध की बातें अस्थिर होती हैं अत: न्यायाधीश इनकी गवाही को सत्य न मानें।"[84] इसके अलावा 'मनुस्मृति' में साक्षी के योग्य लोगों की भी सूची दी गयी है जिनमें पुत्रवाले व्यक्तियों को शामिल किया गया है :

"गृहस्थ, पुत्र वाले, किसी स्थान पर पहले से निवास करने वाले क्षत्रिय, वैश्य और शूद्र ये लोग मुददई के साक्षी हो सकते हैं। आपत्ति काल को छोड़कर साक्षी कोई भी व्यक्ति नहीं हो सकता है।"[85]

यहाँ यह उल्लेखनीय है कि केवल पुत्रवाले व्यक्ति को साक्षी की योग्यता से सम्पन्न माना गया है। इसमें पुत्री या कन्या को शामिल नहीं किया गया है अन्यथा 'सन्तान' जैसे लिंग निरपेक्ष शब्द का प्रयोग किया गया होता। यह निश्चित रूप से तत्कालीन समाज में पुत्रों के प्रति दुर्निवार आकर्षण और पुत्रियों के प्रति भेदभावपूर्ण स्थिति की ओर संकेत करता है।

भाषा भेद

इसके अलावा भी अन्य कई ऐसे संकेत हैं जो इस काल में स्त्रियों के प्रति भेदभावपूर्ण स्थिति की ओर स्पष्ट संकेत करते हैं। इस काल में रचित अधिकांश साहित्य में जहाँ उच्च वर्ण के पुरुष पात्र संस्कृत भाषा का प्रयोग करते हैं, वहीं निम्न वर्ण से सम्बन्ध रखने वाले सभी व्यक्ति और स्त्रियाँ प्राकृत या स्थानीय भाषा का प्रयोग करते हैं। कालिदास का 'अभिज्ञान शाकुंतल' तथा शूद्रक का 'मृच्छकटिक' इस

दृष्टि से उल्लेखनीय रचनाएँ हैं जिसमें इस भाषा भेद को स्पष्ट रूप से दर्शाया गया है जो तत्कालीन सामाजिक यथार्थ को जानने का एक प्रभावशाली उपकरण है। ऐसा प्रतीत होता है कि इस काल तक आते-आते शिक्षा का अवसर बहुत सीमित हो चुका था और वर्ण आधारित समाज व्यवस्था में यह सबके लिए सुलभ नहीं थी। स्वाभावकि रूप से उच्च वर्णों के व्यक्तियों को छोड़कर संस्कृत का ज्ञान (जो उस समय बौद्धिक विमर्श की प्रमुख भाषा थी) स्त्रियों और निम्न वर्ण के व्यक्तियों तक नहीं पहुँच पाता था, जिससे सामाजिक भेदभाव की स्थिति और मजबूत होती गयी।

पुरुष राजा : स्त्री प्रजा

एक अन्य उपकरण जो इस काल में स्त्रियों के प्रति भेदभाव की स्थिति को दर्शाता है वह है 'दण्ड' की पुरुष के रूप में तथा उससे शासित होने वाले व्यक्तियों अर्थात प्रजा की 'स्त्री' के रूप में संकल्पना। इसका उल्लेख 'मनस्मृति' में इस प्रकार किया गया है :

"वह दण्ड ही राजा है वह दण्ड ही पुरुष है और अन्य सभी व्यक्ति उस दण्ड से शासित होने के कारण स्त्री के समान हैं। वह दण्ड ही नेतृत्व करने वाला है।"[86]

इस उद्धरण में स्पष्ट रूप से 'दण्ड' की संकल्पना पुरुष के रूप में वर्णित कर समाज में पुरुष वर्चस्व की भावना को प्रतिबिम्बित किया गया है। साथ ही शासित होने वाले व्यक्ति की कल्पना 'स्त्री' के रूप में करने से यह भाव भी प्रकाशित होता है कि तत्कालीन समाज में 'पुरुष' की स्थिति शासक की और 'स्त्री' की स्थिति 'शासित' की थी।

क्रियाशीलता का संकुचित दायरा और 'घर' में कैद भारतीय स्त्री

समग्रत: यह कहा जा सकता है कि स्मृति, धर्मशास्त्र एवं पुराण ही नहीं बल्कि तत्कालीन समय की महत्त्वपूर्ण साहित्यिक रचनाएँ–'पंचतन्त्र', 'अभिज्ञान शाकुंतल' एवं 'मृच्छकटिक' इत्यादि एक ऐसे समाज की तस्वीर पेश करते हैं जो वर्ण व्यवस्था के आधार पर एक विभाजित समाज है। इसमें स्त्रियों की क्रियाशीलता का आधार वैदिक काल की तुलना में काफी संकुचित हो गया है और वे जीवन पर्यन्त भेदभावपूर्ण स्थिति का सामना करती हैं। जन्म से लेकर विवाह और मृत्यु पर्यन्त स्त्री के विकास एवं संवर्द्धन के लिए अनुकूल परिस्थितियाँ नहीं मिलती हैं। अनेक अभारतीय जातियों के भारतीय समाज में प्रवेश के कारण समाज में 'वर्णसंकर'

व्यक्तियों की बाढ़ को रोकने के लिए उन पर 'नैतिकता' के अत्यन्त कड़े प्रावधान थोप दिए गए। इसके साथ ही बहु विवाह की प्रथा के कारण परिवार में भी उनकी स्थिति कमजोर हो गयी है और वहाँ भी गरिमापूर्ण स्थान पाना एक स्त्री के लिए चुनौतीपूर्ण हो गया।

वैदिक काल में जो स्त्री युद्ध क्षेत्र से लेकर बौद्धिक विमर्श तक जीवन के सभी क्षेत्रों में अपनी पहचान बना पाती है, उसकी क्रियाशीलता का दायरा उत्तर वैदिक काल में थोड़ा थोड़ा संकुचित अवश्य होता है, लेकिन इस दौरान भी भारतीय विमर्श में उनके महत्त्वपूर्ण योगदान को नकारा नहीं जा सकता है। लेकिन स्मृति और धर्मशास्त्र के काल तक आते-आते स्त्री की क्रियाशीलता का दायरा काफ़ी संकुचित हो जाता है और वह 'घर' की चारदीवारी में कैद होकर पूर्ण रूप से पुरुषों के आश्रित हो जाती है। इन महत्त्वपूर्ण परिवर्तनों की अनुगूँज आने वाले समय में शताब्दियों तक सुनायी पड़ती है जिससे मुक्त होने के लिए स्त्रियों को लम्बी संघर्ष प्रक्रिया से गुजरना पड़ता है।

सन्दर्भ :

1. चतुर्वर्णाश्रमो लोको राज्ञा दण्डेन पालित:।
   स्वधर्मकर्माभिरतो वर्तते स्वेषु वेश्मसु।।
   –अर्थशास्त्र : I.1:3
2. स्वे स्वे धर्मे निविष्टानां सर्वेषामनुपूर्वश:।
   वर्णानामाश्रमाणां च राजा सृष्टोभिररक्षिता:।।
   –मनुस्मृति, VII.35
3. साध्वी कुलं वर्धयति साध्वी पुष्टिगृहे परा।
   साध्वी लक्ष्मी रति: साक्षात प्रतिष्ठा सन्ततिस्तथा।।
   –महाभारत, अनुशासन पर्व: अध्याय : 22
4. दानप्रभृति यातु स्याद्यावदायु: पतिव्रता।
   भर्तृलोकं न त्यजति यथैवारुंधती तथा।।
   –मनुस्मृति, V:21
5. पतिव्रता, पतिप्राणा, पत्यु: प्रियहिते रता।
   यस्य स्यादी दृशी भार्या; धन्य: स पुरुषो भुवि।।
   –पंचतन्त्र, काकोलूकीयं (तृतीय तन्त्र), श्लोक 144
6. अर्थशास्त्र, कौटिल्य, I:58:2
7. कामं तु क्षपयेद्देहं पुष्पमूलफलै: शुभै:।

न तु नामापि गृही त्यात्पत्यौ प्रेते परस्यतु।।

—मनुस्मृति, V:157

8. उपर्युक्त, V:154
9. याज्ञवल्क्य स्मृति, I:75
10. संयतोपस्करा दक्षा हृष्टा व्ययपरांगमुखी।

    कुर्याच्छवशुरयोः पादवन्दनं भर्तृतत्परा।।

    —याज्ञवल्क्य स्मृति, I:83
11. पतिं या नाभिचरति मनोवाग्देहसंयुता।

    सा भर्तृ लोकमाप्नोति सदभिः साध्वीति चोच्यते।।

    —मनुस्मृति, V:165
12. हृताधिकारां मलिनां पिण्डमात्रोपजीविनम्।

    परिभूतामधः शय्यां वासयेत व्यभिचारिणीम्।।

    —याज्ञवल्क्य स्मृति, I:70
13. गौतम धर्मसूत्र, V:14
14. भर्तार लंघयेद्या तु स्त्री ज्ञातिगुणदर्पिता।

    तां श्वभिः खाद्येद्राजा संस्थाने बहुसंस्थिते।।

    —मनुस्मृति, VIII:371
15. नग्ने, विनग्ने, न्यंके, अपितृके, अमातृके इत्यनिर्देशेन विनय ग्राहणम्। वेणुदल रज्जुहस्तानामन्यतमेन वा पृष्ठेत्रिराघातः। तस्यातिक्रमे वाग्दण्डपारुष्यदण्डाभ्या मर्धदण्डाः।

    —अर्थशास्त्र, III:59:3
16. उपर्युक्त, III:59:3
17. उपर्युक्त, III:59:3
18. पतिकुलान्निष्पत्य ग्रामान्तरगमने द्वादशपणो दण्डः स्थाप्याभरणलोपश्च।

    गम्येन वा पुंसा सह प्रस्थाने चतुर्विंशतिपणः सर्वधर्म लोपश्चान्यत्र भर्मदानतीर्थ गमनाभ्याम्।

    —अर्थशास्त्र, IV.60
19. ब्रह्मबन्ध्वां चलनायां नीलः।

    वैशिके न किंचित्।।

    —गौतमधर्मसूत्र, IV:26, 27
20. स्वतन्त्रा त्वं कथं भद्रे ब्रूहि कारणमत्र वै।

    नास्ति त्रिलोके स्त्री काचिद् या वै स्वातन्त्र्यमर्हति।

    पिता रक्षति कौमारे भर्ता रक्षति यौवने।

    पुत्राश्च स्थाविरे काले नास्ति स्त्रीणां स्वतन्त्रता।

    —महाभारतः अनुशासन पर्व, XXI,20-21

21. बाल्ये पितुवशे तिष्ठेत्पाणिग्रहस्य यौवने।
पुत्राणां भर्तरि प्रेते न भजेत्स्त्री स्वतन्त्राम्।।148।।
–मनुस्मृति, V:148

22. अस्वतन्त्रता धर्मे स्त्री।
–गौतम धर्मसूत्र, IX.1

23. रक्षेत्कन्यां पिता विन्नां पतिः पुत्रास्तु वार्धके।
अभावे ज्ञातयस्तेषां न स्वातंत्र्यं क्वचित्स्त्रियाः।।
–याज्ञवल्क्य स्मृति, I:85

24. प्रदानं प्रागृतोः।।21।।
अप्रयच्छन्दोषी।।22।।
–गौतम धर्मसूत्र, IX,21-22

25. अप्रयच्छन्समाप्नोति भ्रूणहत्यामृतावृतौ।
–याज्ञवल्क्य स्मृति, I:64

26. उत्कृष्टाभिरुपाय वराय सदृशाय च।
अप्राप्तामपि ता तस्मै कन्यां दद्याद्यथाविधि।।
–मनुस्मृति, IX.88

27. उपर्युक्त, IX.88(2)

28. उपर्युक्त, IX.89

29. हन्त भोः शकंतुलां पतिकुलं विसृज्य लब्धमिदानीं स्वास्थ्यम्। कुतः
अर्थो हि कन्या परकीय एव तामद्य सम्प्रेष्य परिग्रहीतुः।
जातो ममायं विशदः प्रकामं प्रत्यर्पितन्यास इवान्तरात्मा।।
–अभिज्ञान शाकुन्तलम्, IV:22

30. यस्यास्तु न भवेद भ्राता न विज्ञायेत वा पिता।
नोपयच्छेत तां प्राज्ञः पुत्रिकाधर्मशंकया।।
–मनुस्मृति, III.11

31. उपर्युक्त, III.7

32. सुरापी व्याधिता धूर्ता वन्ध्यार्थघ्न प्रियंवदा।
स्त्रीप्रसूशाश्चाधिवेतव्या पुरुष द्वेषिणी तथा।।
–याज्ञवल्क्य स्मृति, I:73

33. क्रीडां शरीरसंस्कारं समाजोत्सवदर्शनम्।
हास्यं परगृहे यानं त्यजेत्प्रोषितभर्तृका।।
–याज्ञवल्क्य स्मृति, I:84

34. विधाय प्रोषिते वृत्तिं जीवेनिन्यममास्थिता।
प्रोषिते त्वविधायैव जीवेच्छिल्पैरगर्हितैः।।
–मनुस्मृति, IX.75

35. याज्ञवल्क्य स्मृति, I:75

36. प्रव्रजिते तु निवृत्तिः प्रसंगात्।

–गौतम धर्मसूत्र, IX.16

37. पंचतन्त्र, काकोलूकीयं : कपोत लुब्धक कथा, श्लोक 174-15

38. जीवतश्च क्षेत्रे।

–गौतम धर्मसूत्र, IX.11

39. रक्षणातु भर्तुरेव।

–उपर्युक्त, IX.14

40. उत्पादयितुः पुत्र इति ही ब्राह्मणम।

–आपस्तम्ब धर्मसूत्र, II.6.5

41. बीजस्य चैव योन्याश्च वीजमुत्कृष्टमुच्यते।
सर्वभूतप्रसूतिर्हि बीजलक्षणलक्षिता।।

–मनुस्मृति, IX.35

42. उपर्युक्त, IX.38

43. तिस्त्रो भार्या ब्राह्मणस्य द्वे भार्ये क्षत्रियस्य तु।
वैश्यः स्वाजात्यां विन्देत तास्वपत्यं समं भवेत।।

–महाभारत, अनुशासन पर्व, XLIV.11

44. याज्ञवल्क्य स्मृति, I:88

45. शुल्कं स्त्रीधनम शुल्क स्त्रीधनायास्ततप्रमाण माधिवेदनिक मनुरुपां च वृत्ति दत्वां बह्वीरपि विन्देत। पुत्रार्था हि स्त्रियः।

–अर्थशास्त्र, III.2

46. अभिज्ञान शाकुंतलम, IV.17

47. उपर्युक्त, IV.18

48. ऊर्ध्वं पितुः पुत्रा रिक्थं भजेरन्।

–गौतम धर्म सूत्र, X.1

49. आपस्तम्ब धर्म सूत्र, XIV.1-5

50. पितुरुर्ध्वं विभजतां माताप्यंशं समं हरेत्।

–याज्ञवल्क्य स्मृति, II.123

51. उपर्युक्त, II.124

52. पत्नी दुहितरश्चैव पितरौ भ्रातरस्तथा।
तत्सुता गोत्रजा बन्धुशिष्यसब्रह्मचारिणः।।
एषामभावे पूर्वस्य धनभागुत्तरोत्तरः।
स्वर्यातस्य ह्यपुत्रस्य सर्ववर्णेष्वयं विधिः।।

–याज्ञवल्क्य स्मृति, II.

53. अर्थशास्त्र, III.5

54. उपर्युक्त

55. अदायादकं राजा हरेत् स्त्री वृत्ति प्रेतकार्य वर्जमम्, अन्यत्र श्रोत्रिय द्रव्यात्।

–अर्थशास्त्र, III.5

56. असुतास्तु पितुः परन्यः समानांशा प्रकीर्तिताः।
पितामह्यश्च ताः सर्वा मातृकल्पाः प्रकीर्तिताः।।

–मनुस्मृति, IX.4

57. मत्स्यपुराण, I.31

58. मनुस्मृति, VIII.416

59. विष्णु धर्मोत्तर पुराण, III.330.39

60. अग्नि पुराण, 256.4

61. याज्ञवल्क्य स्मृति, II.117

62. मनुस्मृति, IX.195

63. पाराशर स्मृति

64. गौतम धर्मसूत्र, X.22

65. जनन्यां संस्थितायांतु समं सर्वे सहोदरा।
भजेरन्मातृकं रिक्थं भगिन्यश्च सनाभयः।।

–मनुस्मृति, IX.192

66. याज्ञवल्क्य स्मृति, II.144

67. प्रतिरोधकव्यादुर्भिक्षभयप्रतीकारे धर्म कार्ये च पत्युः।

–अर्थशास्त्र, III.2

68. जीवति भर्तरि मृतायाः पुत्रा दुहितरश्च स्त्रीधनं विभजेरन्।
अपुत्राया दुहितरः। तदभावे भर्ता।

–अर्थशास्त्र, III.2

69. गौतम धर्मसूत्र, III.10.23

70. शुल्कमन्वाधेयमन्यद् वा बन्धुभिर्दत्तं बान्धवा हरेयुः।

–उपर्युक्त

71. पुत्रवती विन्दमाना स्त्रीधनं जीयेत। तत्तु स्त्रीधनं पुत्रा हरेयुः।

–अर्थशास्त्र, III.2(1)

72. पुत्र भरणार्थ वा विन्दमाना पुत्रार्थं स्फाती कुर्यात्।

–अर्थशास्त्र, III.2(1)

73. कामकारणीयमपि स्त्रीधनं विन्दमाना पुत्र संस्थं कुर्यात।

–उपर्युक्त

74. महाभारत, अनुशासन पर्व, XIX.94

75. उपर्युक्त, XXXVIII.24

76. उपर्युक्त, XXXVIII.16 एवं 23

77. प्रायेण भूमिपतयः, प्रमदा, लताश्च,

यत्पार्श्वतो भवति तत्परिवेष्टयन्ति।

–पंचतन्त्र, मित्रभेद, श्लोक-36

78. जलपन्ति सार्धमन्येन पश्यन्त्यन्यं सविभ्रमा:।
हृदगतं चिन्तयन्त्यन्यं, प्रिय: को नाम योषिताम्।

–पंचतन्त्र, मित्रभेद, श्लोक-146

79. यो मोहान्मन्यते मूढो रक्तेयं मम कामिनी।
स तस्या वशगो नित्यं भवेर क्रीडा शकुन्तवत्।।

–पंचतन्त्र, मित्रभेद, 150

80. उपर्युक्त, श्लोक 201

81. मनुस्मृति, IX.17

82. उपर्युक्त, IX.18

83. स्त्री बालवृद्धकितवमत्तोन्मत्ताभिशस्तका:।
रंगावतारिपाखण्डिकूट कृद्धिकलेन्द्रिया:।।
पतिताप्तार्थ सम्बन्धि सहाय रिपुतस्कर:।
साहसी दृष्टदोषश्च निर्धूताद्यास्त्वसाक्षिण:।।

–याज्ञवल्क्य स्मृति, II.70.71

84. बालवृद्धातुराणां च साक्ष्येषु वदतां मृषा।
जानीयादस्थिरां वाचमुत्सिक्तमनसा तथा।।
मनुस्मृति, VIII.71

85. मनुस्मृति, VIII.62

86. मनुस्मृति, VII.17

सन्दर्भ ग्रन्थ

1. ऋग्वेद का सुबोध भाष्य (चार भाग), लेखक–पं. श्रीपाद दामोदर सातवलेकर, प्रकाशक और मुद्रक : स्वाध्याय मण्डल (पारडी), प्रथम आवृत्ति : संवत् 2034
2. महाभारत (चौदह भाग)
   प्रकाशक : वसन्त श्रीपाद सातवलेकर, स्वाध्याय मण्डल, पारडी, प्रथम आवृत्ति : संवत् 2025
3. ऐतरेय ब्राह्मण (दो खण्ड), सं. प्रो. उमेश प्रसाद सिंह, प्रकाशक : चौखम्बा विद्याभवन, वाराणसी, संस्करण : 2016
4. शतपथ ब्राह्मण (तीन भाग), मूल संस्करण : डॉ. अल्वर्त बेबर, हिन्दी अनुवाद : पं. गंगा प्रसाद उपाध्याय, प्रकाशक : गोविन्दराम हासानन्द, दिल्ली, संस्करण : 1988
5. वृहदारण्यकोपनिषद (शंकर भाष्य सहित), गीता प्रेस, गोरखपुर
6. छन्दोग्य उपनिषद (शंकर भाष्य सहित), गीता प्रेस, गोरखपुर
7. उपनिषदों की कहानियाँ, लेखक भगवान सिंह, नेशनल बुक ट्रस्ट, संस्करण : 2011
8. आचारांग सूत्रम् एवं सूत्रकृतांगसूत्रम, लेखक : सागरानन्द सूरि, आनन्द सागर सूरि एवं जम्बूविजय, प्रकाशक : मोतीलाल बनारसीदास इन्डोलाजिकल ट्रस्ट, दिल्ली, प्रथम संस्करण : 1978
9. श्री सूत्रकृतांग सूत्र, अनुवाद एवं व्याख्या–पं. हेमचन्द्र जी महाराज, संपादक : अमर मुनि जी, प्रकाशक : आत्म ज्ञानपीठ, मानसा, संस्करण : 1976
10. उत्तराध्ययन सूत्र, सं. डॉ. राजेन्द्र मुनि, युनिवर्सिटी पब्लिकेशन, नयी दिल्ली, संस्करण : 1997

11. जातक (चार खण्ड), सं. भदन्त आनन्द कौसल्यायन, हिन्दी साहित्य सम्मेलन प्रयाग, तृतीय संस्करण : 1994
12. विनय पिटक, सं. राहुल सांकृत्यायन, गौतम बुक सेन्टर, दिल्ली, संस्करण : 2010
13. थेरी गाथा, सं. भरत सिंह उपाध्याय, गौतम बुक सेन्टर, दिल्ली, संस्करण : 2013
14. Legends of Buddhist Saints : Apadanapali : Jonatnan S. Walters, Whitman College, 2017
15. याज्ञवल्क्य स्मृति, सं. : नारायण शास्त्री एवं जगन्नाथ शास्त्री, चौखम्बा संस्कृत सीरिज ऑफिस, वाराणसी, संस्करण : 1997
16. गौतम धर्मसूत्र, सं. : डॉ. उमेशचन्द्र पाण्डेय, चौखम्बा संस्कृत सीरिज ऑफिस, वाराणसी, संस्करण : 1966
17. आपस्तम्ब धर्मसूत्र, सं. : डॉ. उमेशचन्द्र पाण्डेय, चौखम्बा संस्कृत सीरिज ऑफिस, वाराणसी, संस्करण : 1969
18. कौटिलीय अर्थशास्त्र, सं. : वाचस्पति गैरोला, चौखम्बा विद्याभवन, वाराणसी, संस्करण : 2013
19. मनुस्मृति, सं. पं. रामेश्वर भट्ट, चौखम्बा प्रकाशन, वाराणसी, संस्करण : 2021
20. भारतीय विवाह संस्था का इतिहास, लेखक : पं. काशीनाथ विश्वनाथ राजवाड़े, पीपुल्स पब्लिशिंग हाउस, संस्करण : 1998
21. संस्कृति के चार अध्याय : रामधारी सिंह दिनकर, लोकभारती प्रकाशन, इलाहाबाद, संस्करण : 2005
22. भगवान बुद्ध : जीवन एवं दर्शन, धर्मानन्द कोसाम्बी, लोकभारती प्रकाशन, इलाहाबाद, संस्करण : 2008
23. प्राचीन भारत में राजनीतिक विचार एवं संस्थाएँ : प्रो. रामशरण शर्मा, राजकमल प्रकाशन, नयी दिल्ली, संस्करण : 1993

वाणी प्रकाशन ग्रुप

भारतीय ज्ञानपीठ

वाणी प्रकाशन : भारतीय ज्ञानपीठ की पुस्तकों के एकमात्र प्रकाशक एवं वितरक